# 目次

## 正法眼蔵随聞記　二

正法眼蔵随聞記　三

## 正法眼蔵随聞記　五

## 正法眼蔵随聞記　六

# 凡例

一、本書は長円寺本『正法眼蔵随聞記』を底本とした。

一、底本では、各章段の区切りは改行し、朱で○印を打ってある。本書では、その区切りに従い、各巻ごとに章段の番号を付した。例えば、巻一の第三章は、一ノ三とし、巻六の第八章は、六ノ八とする。

一、章段の題は、本文のはじめの言葉をとって付した。

一、底本原文には朱点の句読点がある。本書では、校訂者の責任で、新たに句読点をうち直した。

一、底本原文には、しばしば、一点の濁音符がある。校訂に当って、本書では、原文の濁音符を生かし、さらに新たに付け加えた。

一、底本には、章段の中では、改行がない。本書では、文意の上で、読みやすいよう、改行を行った。

一、底本には引用符など一切存しない。校訂者の責任で読みやすいよう適当に引用符「　」および『　』を付した。

一、底本原文は、片仮名、漢字まじり文で、和化漢文の部分を交える。本書では、片仮名を平仮名に改め、和化漢文の部分には、その個所の次に〔　〕にて読み下し文を挿入したり、あるいは、新たに通しふり仮名を付けたりして、なるべく原文を生かした。

例

衲子須《ク》ニ実《ヲ》以《テ》是《ヲ》答一〔衲子《のっす》、須《すべから》く実を以《もっ》て是を答ふべし〕

如レ是　──→如レ是《かくのごとし》

離レ我見者──→離ニ我見一者《がけんをはなるとは》

一、底本には、たまに「ふり仮名」がある。本書では、底本のふり仮名を生かしながら、新たになるべく多くふり仮名をつけた。

一、底本原本の仮名遣いは、できるだけ原型を保存した。

一、本書では漢字は新字体を用いた。ただし、底本に特有の文字づかいと認めたものは、そのままとした。

一、漢字のふり仮名を新たに付けた場合、普通には呉音を用いた。

一、原文の個所を誤写と認め、削除を適当と認める場合には（　）にて指示した。

例　原文「此ノキワノキワヲ」〔135〕は、本書では「此のきわ（のきわ）を」とする。

一、漢字のふり仮名以外に、校訂者が付加した部分は〔　〕にて指示した。

例　ヨテ其事トドマリヌ、〔117〕──→よ〔つ〕て其事とどまりぬ。

一、底本原本には、頁数が打ってない。本書では、開巻第一頁より一頁ごとに通し番号の頁数を付け、これを欄外に算用数字で示した。本書の行の途中での改頁の個所は、二本の線で示した。

〔141〕例……即、祖＝道なるべし。……

「祖」までが140頁、「道」以下が141頁の意である。

一、原本の巻と頁数との対応は、次のごとくである。

| 巻 | 頁　頁 |
|---|---|
| 一 | 1—17 |
| 二 | 18—45 |
| 三 | 46—75 |
| 四 | 76—91 |
| 五 | 92—111 |
| 六 | 112—141 |

これで判るとおり、第一巻の最後のみ、裏白となっている。この裏白となっている空白の頁は、頁数の中に数えなかった。巻一のはじめから、巻六の最後まで、原本は全部で一四一頁である。

一、本書では、各章ごとに、まず原文を掲げ、次に必要と認めた語句に「注」を与え、次に「訳」（現代語）を示した。

# 正法眼蔵随聞記

〔1〕

# 正法眼蔵随聞記　一

## 一ノ一　はづべくんば、明眼の人をはづべし

示《じ》(1)に云《いは》く、はづ(2)べくんば、明眼《みやうがん》(3)の人をはづべし。

予《よ》在宋の時(4)、天童浄和尚《てんどうじやうをしやう》(5)侍者《じしや》(6)に請《しやう》ずるに云《いは》く、「外国人たりといへども、元子《げんす》(7)器量《きりやう》人《じん》なり」と云《いつ》て、これを請ず。

予《よ》堅く是《これ》を辞す。其故《そのゆゑ》は、「和国《わこく》(8)にきこゑ〔へ〕んためも、学道の稽古《けいこ》のためも、大切なれども、衆中《しゆちゆう》に具眼《ぐがん》の人ありて、外国人として、大叢林《そうりん》(9)の侍者たらんこと、国に人なきが如《ごと》しと、難ずることあらん、尤《もつと》もはづべし」といい〔ひ〕て、書状をもて、此旨《このむね》を伸《のべ》しかば、浄和尚国を重くし、人をはづることを許して、更に請ぜざりし也。

〔注〕

(1) 示《じ》　「垂示《すいじ》」ともいう。師が弟子たちに、教えを示し、教えを垂《た》れること。
(2) はづ　立派な具眼の士に対し、自己の至らなさを恥ずる（反省し自覚し遠慮する）こと。
(3) 明眼《みやうがん》　明らかな眼《まなこ》。明らかな眼をもっていること。
(4) 在宋の時　道元が如浄禅師に就いたのは、入宋三年目の嘉禄元年（一二二五、宋の宝慶元年）である。
(5) 天童浄和尚《てんどうじやうをしやう》　宋の宝慶元年に天童山景徳禅寺の堂頭《どうちょう》和尚（住持）に就任した如浄禅師（一一六三―一二二八）。曹洞宗の雪竇智鑑《せっちょうちかん》禅師の法を嗣《つ》いだ。当時、如浄禅師は六十三歳、道元は二十六歳。
(6) 侍者《じしゃ》　住持、長老の傍にいて、公私にわたり日常の仕事を代行補佐する役僧。
(7) 元子《げんす》　道元の下の字をとって元とよぶ。上の字を欠くのが礼。子は名にそえて親しみをあらわす呼称。
(8) 和国《わこく》　日本国。
(9) 大叢林《そうりん》　叢林とは僧衆が和合して一所に住し修行生活を共にしているのを樹林にたとえた意。原語は Pindavana であり、檀林ともいう。「禅宗の道場」の意に用いる。

〔訳〕

道元禅師が教え示していわれた。

他人《ひと》の見る眼に気を付けようとならば、良く眼の見える人たちが、どのように思うか、に気を付けるべきである。

　私が宋にいたとき、天童山の如浄禅師が、私を侍者にしようとして、「外国人ではあるが、道元君は、立派な人物である」といわれて、私を侍者に任じようとされたことがある。

　私は、かたくこれを辞退した。そのわけは、「日本国にこの評判が聞こえることも、また私が仏道の修行をする上でも、まことに有難い大切なことでありますけれども、多くの人の中には、眼の見える達識の人がおられて、外国人であって、この天童山のような大道場の侍者になることは、まるで大宋国に立派な人物がいないとでもいうかのようである、と非難するかもしれません。これは、最も、気を付けねばならぬことと思います」と申し上げ、この旨を手紙に丁寧にのべて差し上げたところ、如浄禅師も、大宋国の体面を重んじて遠慮する私の気持ちを察して、二度と侍者に招こうとはなさらなかった。

## 一ノ二　我病者なり、非器なり

　示《じ》に云《いはく》、有人《あるひと》の云《いはく》、「我病者也《われびやうじやなり》、非器《ひき》(1)也、学道にたえ〔へ〕ず。法門の最要《さいえう》をきゝて、独住隠居して、性《しやう》(2)をやしなひ、病《やまひ》をたすけて、一生を終《をへ》ん」と云《いふ》に、
　示云《じにいはく》、先聖《せんしやう》(3)必《かならず》しも金骨《きんこつ》(4)に非《あら》ず、古人《こじん》豈皆上器《あにみなじやうき》(5)ならんや。滅後《めつご》(6)を思へば、幾《いく》ばく
〔2〕ならず。在世《ざいせ》(7)を考《かんがふ》るに、人皆《ひとみ》な俊《しゆん》なるに非ず。善人もあ＝り、悪人もあり。比丘衆《びくしゆ》(8)

の中に、不可思議の悪行《あくぎやう》するもあり、最下品《さいげぼん》(9)の器量《きりやう》もあり。然れども卑下して、道心《だうしん》を《〔お〕》こさず、非器なりといつて、学道せざるなし。

今生《こんじやう》もし学道修行せずは、何《いづ》れの生《しやう》にか、器量の物《もの》となり、不病の者とならん。只身命《しんみやう》をかへりみず、発心修行《ほつしんしゆぎやう》する、学道の最要なり。

〔注〕

(1)非器《ひき》　器《うつわ》にあらず。仏道修行にふさわしい素質をもっていない人、生まれつきの素質が良くない人の意。

(2)性《しやう》　生まれつきの本性、本質。

(3)先聖《せんしやう》　いにしえの聖なる人。

(4)金骨《きんこつ》　しっかりした堅固な骨格、体格。

(5)上器《じやうき》　すぐれた素質の人。

(6)滅後《めつご》　釈尊の亡くなった後。

(7)在世《ざいせ》　釈尊の世にありしとき。

(8)比丘衆《びくしゆ》　比丘《びく》（パーリ語 bhikkhu）とは、乞う者の意。世俗をはなれ出家して修行する者を意味する。女子の場合は比丘尼《びくに》（パーリ語 bhikkhunī）という。比丘衆とは、比丘たちの意。

### (9)下品《げぼん》　品質が劣れる人物。

〔訳〕

教え示していわれた。

ある人が「私は病身である。力量もない。仏道（悟りの道）を学び修行するに、耐え得ない者である。そこで仏法の教えの最も大切なところだけを聞いて、家族から離れて独り住い隠居して、心身を大切にし病気養生をして一生を終えようと思います」といったのに対し、

道元禅師は教えていわれた。

昔のすぐれた祖師たちも、必ずしも、筋金入りの強い体の人たちばかりではなかった。仏道を学んだ昔の人たちも、みな、すぐれた素質の人たちばかりではなかった。〔釈尊が亡くなられてのち、すぐれた素質の人が少なくなって、仏法は次第に衰える、ということがいわれているが、〕釈尊が亡くなられてから、まだそれほど経っているわけでもないし、釈尊在世の当時でも、人みなすぐれていたわけでもない。善人がいるかと思えば、悪人もいたのである。修行者の中にも、思いもよらぬ悪い行いの者もあり、最も劣った素質の者もあったのである。それでも、みずから卑下して道を求める心を起さないような者はいなかったし、みずから素質が劣っているといって、道を学ばないような者もなかった。

いま、この一生において、道を学び修行することをしなかったら、どのように生まれかわっても、素質すぐれた人となり、病なき人となることがあろうか。ひたすら、からだのことも、いのちのことも、かえりみず、悟りの道を学ぼうとの心を起し、ひたすら修行するこ

とこそ、最も肝要である。

## 一ノ三　学道の人、衣食を貪ることなかれ

示《じ》に云《いはく》、学道の人、衣《え》食《じき》を貪《むさぼ》ることなかれ。人に皆食分《みなじきぶん》あり、命分《みやうぶん》(1)あり。非分《ひぶん》の食《じき》命《みやう》を求むとも来《きた》るべからず。(2)況《いはん》や学仏道の人には、施《せ》主《しゆ》の供《く》養《やう》あり。常乞食《じやうのこつじき》（に比《〔たゆ〕》す）べからず。常住物《じやうぢゆうもつ》(3)これあり。私《わたくし》の営《いとなみ》にも非《あら》ず。菓蓏《くわら》、乞食《こつじき》、信心施《しんじんせ》の三種の食《じき》、皆是《みなこ》れ清浄食《しやうじやうじき》也。其の余《よ》の、田・商・仕・工の四種は、皆不浄邪命《ふじやうじやみやう》の食《じき》(4)なり。出家人の食《じき》分に非ず。

昔一人の僧ありき。死して冥界《みやうかい》(5)に行《ゆ》きしに、閻王《えんわう》(6)の云《いはく》、「此人《このひと》命分未尽《みやうぶんいまだつきず》、帰すべし」と云《いひ》しに、有る冥官《みやうくわん》の云《いはく》、「命《みやう》分ありといへども、食《じき》分既に尽《つき》ぬ」王の云《いはく》、「荷葉《かえふ》を食《じき》せしむべし」と。然《しかつし》より蘇《よみがへ》りて後は、＝人中《にんぢゆう》の食物《じきもつ》、食することをえず、只《ただ》荷葉を食《じき》して残命《ざんみやう》をたもつ。

〔3〕

然《しか》れば、出家人は、学仏の力《ちから》によりて、食分も尽くべからず。白毫《びやくがう》(7)の一相、二十年の遺恩《ゆゐおん》(8)、歴劫《りやくこふ》(9)に受用《じゆよう》すとも、尽くべきに非ず。行道《ぎやうだう》を専《もつぱら》にし、衣《え》食《じき》を求むべきにあらざるなり。

身体血肉だにも、よくもてば、心も随《したがつ》て好くなると、医法〔方〕等に見ること多し。況《いはん》や学道の人、持戒梵行《ぢかいぼんぎやう》(10)にして、仏祖の行履《あんり》(11)にまかせて、身儀《しんぎ》を〔を〕おさむれば、心地《しんぢ》も随《したがつ》て整《ととのふ》なり。

学道の人、言《ことば》を出《いだ》さんとせん時は、三《み》度顧《たびかへりみ》て、自利々他の為に、利あるべければ、是を言ふべし。利な〔か〕らん時は、止《とどまる》べし。如レ是《かくのごとき》一度には、しがたし。心に懸《かけ》て漸々《ぜんぜん》に習《ならふ》べき也《なり》。

〔注〕

(1)食分《じきぶん》・命分《みやうぶん》　食分《じきぶん》とは、一生涯に食べる食料の量の限度。命分《みようぶん》とは、一生涯の寿命の長さの限度。一生涯にどれだけ食べられるか。一生の寿命の長さはどれほどか。これは、それぞれの人間の努力や心がけによっても違ってくるが、また、個人の努力や心がけだけでは、どうにもならないというところがある。個人の努力や心がけを超えたところがあるという点で、限度があると考えるのである。これは、人間存在の有限性の自覚ということである。欧米の十九世紀以後の社会では、このような人間の有限性の自覚の意識が稀薄になっている、というのが、その一般傾向である。西欧の社会でも、十八世紀までは、一方における人間の主体的自由の意識と共に、他方では人間の有限性の意識も、強く存在した。自由の意識と有限性の意識との間の緊張と平衡の関係が、人間生存を健全にするのであって、このような考えは、ギリシア、インド、中国の思想にも見られる。

(2)長円寺本は「常ノ乞食ニ比スヘカラス」とあり、面山本は「常乞食タユベカラズ」とある。すぐ後続の文に「菓蓏・乞食・信心施ノ三種ノ食、皆是レ清浄食也」とあるのによって、面山本に拠る。

(3)常住物《じやうぢゆうもつ》　常住僧物《じようじゆうそうもつ》ともいう。四種僧物の一。四種僧物とは、出家人の四種の受用物であって、四種常住ともいう。四種の第一が「常住の常住」であって、寺院の田園雑具のごときもので、その寺院の僧たちが受用するもの。第二は「十方の常住」とよばれ、施主が街頭に出て、十方往来の僧たちに施す物。第三は「現前の現前」とよばれ、施主が寺院にゆき、その寺院在住の僧に施す物。第四は「十方の現前」とよばれ、施主が寺院にゆき、十方の僧を招き、施す物。

(4)邪命《じやみやう》の食《じき》　修行者が戒によらず法にかなわずして、衣食を得るをいう。

(5)冥界《みやうかい》　冥道ともいう。広義では、地獄・餓鬼・畜生の三道、狭義では地獄の意。

(6)閻王《えんわう》　閻魔王（yamarāja)。人間の罪を監視し、悪のおそるべきを知らしめる冥界の総司。もとインド神話にて冥界を主宰すると考えられた神。のちに仏教にとりいれられた冥界の主。

(7)白毫《びやくがう》　仏陀の眉間《みけん》にある一本の長い毛。右に巻いて、常に光を放ち、宝石のように見えるもの。仏陀の三十二相の一つ。仏陀（目ざめた者）を、格別な人として尊敬するところから、仏陀には、世の常の人とちがって、格別な身体的特徴があるとして、それを三十二数える。「仏蔵経」了戒品第九に「仏弟子は衣食所須を思いわずらうなかれ。その故は、如来は、福蔵無量にして、白毫相中百千億分のうちの一分を、金利および諸弟子に供養す、たとい一切世間の人、皆同時に出家するも、白毫相の百千億分の一も、尽きることなし」とあるに拠る。

(8)二十年の遺恩《ゆゐおん》　金沢文庫文禅苑清規《しんぎ》「世尊二十年の遺蔭、児孫を蓋覆《がいふ》す。白毫光一分の功徳、受用不尽」。「白毫の一相、二十年の遺恩」とは、釈尊を尊敬し、釈尊の説かれた仏法を学び修行することを尊重するところに発した信仰。仏弟子に対する仏陀の宏大無辺の慈悲の思想に基づく。

(9)歴劫《りやくこふ》　劫《こう》を歴《へ》ること。劫《こう》（kalpa カルパ）とは、古代インドで極めて長い時間の単位として考えられたもの。例えば、四十里四方の立方体の城に芥子粒を満し、三年目ごとに、その一粒を取り去り、遂にその全てを取りつくすに要する時間を一劫とし、これを芥城劫という。また四十里四方の立方体の石を、天人がその軽い羽衣で三年に一度払拭し、遂に、その石が磨滅してなくなるまでの時間を一劫とし、それを払石劫という。また、別の例で四十里の場合を小劫、八十里の場合を中劫、百二十里の場合を大劫と称する。あるいはまた、八万四千歳の人があり、この人の年齢を、百年に一歳ずつ減らしてゆき、遂にこの人が十歳となったとき、再び百年ごとに一歳ずつ増して、再び八万四千歳となるに至る。その一減一増の間を一小劫とよび、二十小劫を一中劫とよび、四中劫を一大劫とよぶ。要するに、極めて長い時間をイメージ化しようとしたインド的想像力の傑作の一つである。

(10) 梵行《ぼんぎやう》　brahma-caryā の訳。梵（ブラフマ）とは「清浄」の意。梵行とは、清らかな行為。

(11) 行履《あんり》　日常一切の行動・行状。

〔訳〕

教え示していわれた。

仏道を学ぼうとする人は、決して衣服や食べ物を、むやみに欲しがってはいけないのだ。人には、それぞれ、その人の一生涯の食べ料がそなわっており、また、寿命がそなわっているのだ。それぞれ与えられた分限以上の食料や寿命をほしがっても、決して得られるものではない。まして仏道を学ぶ人には、施主からの供養があり、また、つねに托鉢して食を乞うことを絶やすべきでないし、また、寺院の共有財産として田園や雑具がある。私的な営みをするまでのことはないのである。木の実・草の実と乞食（托鉢）と信者からの布施という三種の生活資は、みな清浄の生活資である。そのほかの農業や商業や仕官や職人の仕事という四種は、修行者にとっては、生活資を得る正しい在り方のものでなく、そうして得た生活資は不浄のものである。出家人の生活資たるべきではないものである。

昔、一人の僧があった。死んで冥土に行ったところ、閻魔王が、「この人の寿命は、まだ尽きていない。娑婆《しやば》へ帰すがよい」といった。ところが、閻魔の庁の役人の一人が「寿命はまだありますが、食べ料の方は、もう尽きています」という。閻魔王は「蓮《はす》の葉を食べさせるがよい」といった。このようなわけで、その僧は蘇生したのち、人間の食べものを食べることができず、蓮の葉だけを食べて、残りの寿命を保った。

このような次第であるから、出家人というものは、仏道を学ぶという、その功徳《くどく》の力によって、食べ料も、つきるということがないものである。これは、経に説かれているように、釈尊が、その三十二相のうちの白毫相の一分を諸々の仏弟子たちに供養せられたお蔭によるのであり、また釈尊が、その百年ある寿命を二十年あえて縮めて後の世の仏弟子たちに施し遺された恩によるのであって、これは、どんなに長い長い時の間、いただき受け用いても、つきるということがないのである。故に、出家人たるものは、仏道修行に専一して、衣食を求むべきではないのである。

身体血肉さえ、よく保てば、心も随ってよくなると、医学の書にも多く見えている。まして、仏道を学ぶ人は、戒をまもり清らかな行いをして、仏祖の行いのとおりに随い、その身をととのえるならば、心もそれに随って整うことになる。

仏道を学ぶ人は、ものをいおうとするときには、いう前に、よくよく考えて、自分のため相手のためになると思ったら、はじめて言葉に出すべきである。よくないと思ったら、いうべきでない。このようなことも、一挙にはできない。心がけて、段々と習熟すべきである。

# 一ノ四　学道の人、衣食に労することなかれ

雑話《ざふわ》の次《ついで》示《じ》に云《いはく》、学道の人、衣食《えじき》に労することなかれ。

此国は、辺地《へんち》小国《せうごく》なりといへども、昔も今も、顕密《けんみつ》二道に、名を得、後代にも人に知《しら》れたる人〔おほし。或は詩歌管絃の家、文武学芸の才、その道を嗜《たしな》む人もおほし。かくの如き人々(1)〕いまだ一人も、衣食《えじき》に饒《ゆたか》なりと云《いふ》ことを聞かず。皆《み》な貧〃を忍《しの》び、他事をわすれて、一向《いつかう》其の道を好む時《とき》、其の名をも得《えし》也。況《いはん》や学道の人は、世度《せいと》(2)を捨て、わしらず。何としてか饒《ゆたか》なるべき。

〔4〕
大宋《そう》国の叢林《そうりん》には、末代なりといへども、学道の人、千万人の中に、或は遠方より来り、或は郷土より出で来るも、多分皆《みな》貧なり。しかれども愁《うれへ》とせず、只悟道の未だしきことを愁《うれへ》て、或は楼《ろう》上、若《もしく》は閣下《かくか》に、考妣《かうひ》(3)を喪《も》せるが如《ごと》くにして、道を思ふなり。

親《まのあた》り見しは、西川《せいせん》の僧、遠方より来《きたり》し故に、所持物なし。纔《わづか》に墨《すみ》二三個の、直《あたひ》、両《りやう》三百、此の国の両三十に、あたれるをもて、唐土《たうど》〔音〕の紙の、下品《げぼん》なるは、きはめて弱《よはき》を買取り、或《あるひ》は襖《あを》或は袴《くわ》に作《つくつ》て着れば、起居《たちゐ》に壊《やぶ》るるをとして、あさましきをも、

顧《かへ》りみず、愁《うれへ》ず。人、「自《みづから》郷里にかへりて、道具装束せよ」と言《いふ》を聞《きい》て、「郷里遠方なり。路次《ろし》の間に光陰を虚《むなし》くして、学道の時を失《うしなは》ん」ことを愁《うれへ》て、更に寒《さむき》を愁《うれへ》ずし〔5〕て、学道せしなり。然れば、大国には、〃よき人も出来《いできた》るなり。

伝《つた》へ聞く、雪峰《せつぽう》山開山の時は、寺《てら》貧にして、或《あるひ》は絶烟《ぜつえん》、或蒜豆飯《あるひはりよくとうはん》をむして、食《じき》して日を送《おくつ》て学道せしかども、一千五百人の僧、常に絶ゑ《〔え〕》ざりけり。昔の人もかくのごとし、今も又如ㇾ此《かくのごとく》なるべし。

僧の損《そん》ずることは、多く富家《ふけ》よりを《〔お〕》これり。如来在世に、調達《てうだつ》(4)が嫉妬を起ししことも、日に五百車の供養より起れり。只自《じ》を損ずることのみに非《あら》ず。又他をしても悪を作《な》さしめし因縁なり。真《まこと》の学道の人　なにとしてか富家《ふけ》なるべき。直饒《たとひ》浄信の供養も、多くつもらば、恩の思《おもひ》を作《な》して、報《はう》を思ふべし。

此《この》国の人は、又我《わ》がために、利を思《おも》ひて、施《せ》を至《いた》す。笑《わらつ》て向《むか》へる者に、能くあたる、定《さだま》れる道理也。他の心に随《したがは》んとせば、是《これ》学道の礙《さはり》なるべし。只飢《うゑ》を忍び、寒《かん》を忍びて、一向《いつかう》に学道すべき也。

〔注〕

(1)「おほし」以下「かくの如き人々」までの文、長円寺本には欠如。後続の文意により、面山本により補って読む。

(2)世度《せいと》　長円寺本には「世渡」、面山本には「渡世」とあり。世を渡る道、世途、世路。

(3)考妣《かうひ》　考は亡父。妣は亡母。

(4)調達《てうだつ》　提婆達多《デーバダッタ》(Devadatta)　釈尊の従兄弟。釈尊の弟子となったが、阿闍世《あじゃせ》王の帰依をうけ、五百の衆僧を率いて伽耶山に精舎を営み、釈尊にそむき、独立した。

〔訳〕

いろいろ話されたついでに、教えていわれた。

仏道を学ぶ者は、衣食のことを心配するな。

わが国は、インド、中国のような文化の中央から、遠くはなれた小国ではあるけれど、昔も今も、顕教や密教において有名となり後の世までも名を知られた人は多い。あるいは詩歌管絃の家柄の人や文武学芸にすぐれた人など、それぞれ、その道で努めはげんだ人も多い。そのような人々で、いまだひとりも、衣食に豊かであったということは聞いたことがない。みな、貧をしのび、ほかのことは忘れて、ひたすら、その道を求めてはげんだからこそ、有名ともなったのである。ましてや、仏道を学ぶ者は、世渡りのことは捨て去り、名利を求めて奔走するようなことはしないものだ。どうして豊かであるわけがあろう。

大宋国の禅道場には、世は末代であるとはいっても、仏道を学ぶ者が何千、何万とあり、その中には、遠方から来た者もあり、またその土地からの者もあるが、多くはみな貧乏である。しかし、貧乏を苦にしてはいない。ただ、悟の道の至らないことのみを苦にしている。

ある者は禅堂の上で、ある者は禅堂の下で、あたかも亡き父母の喪《も》に服しているように、静粛に坐禅修行をしているのだ。

自分が実際に見たところだが、四川省出身の僧があった。遠方から来たので、所持品とては何もなかった。わずかに墨を二つか三つ、値段にして二、三百文、わが国の二、三十文相当のものを持っていたが、それで、かの地の紙の下等品の極めて弱いのを買い、これで上着と下ばきを作って着ていたから、起《た》ったり坐ったりするときに、破れる音がして、いかにもひどいものだったが、当人は気にかけず少しも苦にしていなかった。はたの人が、「お前は郷里に帰って用具や衣装をととのえてきたらよい」といったが、「郷里は遠方だ。その道中の時間が勿体《もったい》ない。仏道を修行する時間が、それだけ失くなってしまうのが惜しい」といって、少しも寒さを苦にすることなく、修行にはげんだのである。こういうわけだから、大国には、立派な人も出てくるのである。

次のような話が伝えられている。昔、雪峰義存禅師（八二二—九〇八）が雪峰山を開かれたとき、寺が貧しくて、かまどの烟が絶えたこともあったし、また、普通ならば選んで捨てる雑穀の八重なり豆を蒸して食べたりして、命をつなぎ、仏道を学んだということだが、それでも、一千五百人もの多くの修行僧がいつも集まっていたということである。昔の人の修行ぶりはこのようであった。今もまた、このようでなくてはならぬ。

僧が身をあやまるのは、豊かさから起るものなのだ。釈尊在世の当時、提婆達多《デーバダッタ》が釈尊をねたんで事を起したのも、阿闍世《あじゃせ》王から、毎日、五百車の供養があったことがもとである。

富は、自分を損うばかりでなく、他人をして悪をなさしめる因縁となるものである。まことの修行者は、どうして富貴であってよかろうか。たとえ浄らかな信仰による供養でも、多額になったら、施しをして報恩ということを考えなくてはならない。

それにわが国の人は、自分の利益を考えて僧に供養する。にこにこ愛想のいい者には、人当りもよくなる。これは人情自然の道理である。だが、こうして相手の心に追従しようとするのは、修行のさわりとなる。ただただ飢えをしのび、寒さに耐えて、ひたすらに仏道を学ぶべきなのだ。

## 一ノ五　古人いはく、聞くべし、見るべし

〔6〕

一日示云《じにいはく》、古人云《いはく》、「聞くべし、見るべし」又云《またいはく》、「へ《〔経〕》ずんば、見るべし、みずんばき《〔聞〕》くべし」言《いふこころ》は　きかんよりは、見るべし。見んよりは、ふ《〔経〕》べし。いまだへ《〔経〕》ずんば、見るべし。いまだみ＝ずんば、聞《きく》べしと也。

又云《いはく》、学道の用心《ようじん》、本執《ほんしふ》を放下《はうげ》すべし。身の威儀《ゐいぎ》を改むれば、心も随《したがつ》て転《てん》ずる也。先律儀《まづりつぎ》の戒行《かいぎやう》を守らば、心も随《したがつ》て改《あらたま》るべき也。宋土には、俗人等の、常の習《ならひ》に、父《ぶ》母《も》の孝養《けうやう》の為に、宗廟にして、各《おのおの》集会《しふゑ》して、泣《なく》まねをするほどに、終《つひ》には実《まこと》に泣《なく》な

り。学道の人も、はじめ道心なくとも、只強《しひ》て道を好み学せば、終には真《まこと》の道心も、を〔お〕こるべきなり。

初心の学道の人は、只衆《しゆ》に随《したがつ》て、行道《ぎやうだう》すべき也。修行《しゆぎやう》の心故実《こしつ》等を、学し知らんと、思ふことなかれ。用心故実《こしつ》等も、只一人　山にも入り、市《いち》にも隠《かく》れて、行《ぎやう》ぜん時、錯《あやまり》なく、よく知りたらば、よしと云ふ事也。衆に随《したがつ》て行ぜば、道を得べきなり。譬《たとへ》ば舟に乗りて行《ゆく》には、故実《こしつ》を知らず、ゆく様《やう》を知らざれども、よき船師にまかせて行けば、知りたるも、知《しら》ざるも、彼岸《ひがん》に到《いた》るが如し。善知識に随《したがつ》て、衆《しゆ》と共に行《ぎやうじ》て、私《わたくし》なければ、自然《じねん》に道人《だうにん》也。

〔7〕

学道の人、若し悟《さとり》を得ても、今は至極《しごく》と思《おもう》て、行道を＝罷《やむる》ことなかれ。道は無窮なり。さとりても、猶《なほ》行道すべし。良遂座主《りやうすゐざす》　麻谷《まよく》に参《さんぜ》し、因縁を思ふべし。

〔訳〕

ある日、教え示していわれた。

古人は次のようにいっている、「聞くがよい。見るがよい」と。また次のようにいっている、「経験したことがないなら、見るがよい。見たことがないなら、聞くがよい」と。そのいう意味は、「聞くよりは見るがよい。見るよりは経験するがよい。まだ経験したことがないなら、せめて見るがよい。まだ見たことがないなら、せめて聞くがよい」ということである。

また、次のようにいわれた。

仏道を学ぶ心がけは、本来的な執着をなげすてることである。自分の体の姿勢・動作を正しくすれば、心もこれに応じて正しくなるものだ。まず、戒律に従って正しい生活をすれば、心もこれに応じて改まるものだ。宋の国では、俗人たちの一般の風習として、亡くなった父母への孝養のために、先祖代々の霊をまつる廟《びょう》に皆が集まって、泣くまねをしているうちに、やがては本当に泣いてしまう。仏道を学ぶ人も、そのはじめから道を学ぼうとする心がまえがなくても、ひたすら道を求め学ぶように努力していれば、やがては本当の心がまえができてくるものなのだ。

初心の学道の人は、ひたすら皆の者と一緒に同じように修行していればよいのだ。修行の心得とか、手本とすべき昔からの先例とかを、知ろうとする必要はないのだ。このような修行のための心得とか手本となる先例などというものは、ただひとりで山にはいり、あるいは市井《しせい》にかくれて修行しようとするとき、よく知っていれば間違いがなくてよい、というだけのことである。皆と一緒に修行していれば、仏道を得ることができるとしたものである。例えば、舟に乗ってゆく場合、手本とすべき先例も知らず、進み方も知らずとも、良い船頭《せんどう》にまかせてゆけば、よく知っている者もよく知らぬ者も、同じように、目的の岸に到達するごとくである。高徳の賢者に従って、私心なく皆の者と一緒に修行すれば、おのずとそのまま仏道の人であるのだ。

道を学ぶ人は、たとえ悟りを得ても、これでもうよいと思って、修行をやめてしまってはならぬ。道は無窮なのだ。悟っても、なお修行しなくてはならぬ。昔、中国で、立派な学僧であった良遂座主が、麻谷山宝徹禅師に参禅した因縁を考えてみるがよい。

## 一ノ六　学道の人は後日をまつて、行道せんと思ふことなかれ

示云《じにいはく》、学道の人は後日《ごにち》を待《まつ》て、行道《ぎやうだう》せんと思ふことなかれ。只《ただ》今日今時を過ごさずして、日々時々を勤むべき也。爰《ここ》にある在家人、長病《ちやうびやう》あり。去年の春の比《ころ》、相契《ちぎり》て云《いは》く、「当時の病、療治して、妻子を捨て、寺の辺《ほとり》に庵室《あんじつ》を構へて、一月両度の布薩《ふさつ》に逢《あひ》、日々の行道　法門談義を見聞《けんもん》して、随分に戒行を守りて、生涯《しやうがい》を送らん」と云《いひ》しに、其《その》後種々に療治すれば、少しき減気《げんき》在りしかども、又増気《ぞうき》在りて、日月空《むなし》く過して、今年正月より、俄《にはか》に大事になりて、苦痛次第に責《せむ》る程《ほど》に、思ひきりて日《ひ》比支《ごろし》度《たく》する庵室の具足、運《はこ》びて造る程《ほど》の隙《ひま》もなく、苦痛逼呈《せむるほど》に、先《ま》づ人の庵室を借りて移〔8〕り居て、纔《わづか》に一両月《りやうげつ》に死去しぬ。前夜菩薩戒受《をうけ》、三宝に帰して、＝臨終よくて終りたれば、在家にて狂乱して、妻子に愛を発《おこ》して、死なんよりは、尋常《じんじやう》なれども、去年

思《おもひ》よりたりし時、在家を離《はなれ》て寺に近づきて、僧に馴《なれ》て一年行道して終りたらば、勝《すぐ》れたらましと、存《ぞんず》るにつけても、仏道修行は、後日を待つまじきと、覚《おぼゆ》るなり。

身の病者《びやうじや》なれば、病を治《ぢ》して後に、好く修行せんと思はば、無道心の到《いた》す処《ところ》也。四《し》大和合《だいわがふ》の身、誰か病なからん。古人必《かならず》しも、金骨に非ず。只志の到りなれば、他事を忘れて行ずる也。大事身に来《きた》れば、〔小〕少事は覚えぬ也。仏道を大事と思《おもう》て、一生に窮《きはめん》と思《おも》ふて、日々時々を空《むなし》く過さじと思ふべき也。

古人の云《いはく》、「光陰莫二虚度一《むなしくわたることなかれ》」(1)若此《もしこ》の病を治《ぢせ》んと営む呈《ほど》に除《のぞか》ずして、増気して、苦痛弥《いよいよ》逼《せま》る時は、痛《いたみ》の軽かりし時《とき》、行道せでと思ふなり。然《しか》れば痛《いたみ》を受けては、重くならざる前にと思ひ、重くなりては、死せざる前《さ》きにと思ふべき也。病を治するに

〔9〕

除《のぞこ〔ほ〕》をるもあり。治する〃に増ずるもあり。又治《ぢせ》ざるに、除《のぞ》くもあり。治せざれば増ずるもあり。これ能々《よくよく》思ひ入るべき也。

又行道の居所等を支度し、衣鉢《えはつ》等を調《ととの》へて、後に行《ぎやうぜ》んと思ふことなかれ。貧窮《ひんぐう》の人、世をわしらざれ。衣鉢の資具乏《とぼしく》して、死期《しご》日々に近《ちか》づくは、具足を待《まつ》て処を待《ま》ち行道せんと、思ふ呈《ほど》に、一生空《むなし》く過すべきをや。只衣鉢《えはつ》等なくんば、在家も仏道は、行ずるぞかしと思ふて、行ずべき也。又衣鉢等は、たゞあるべき僧躰の荘《かざり》なり。実《まこと》の仏道は、其《それに》もよらず。得来《きた》らば、あるに任《まか》すべし。あながちに求《もとむる》ことなかれ。

ありぬべきをもたじと思ふべからず。わざと死せんと思《おもう》て、治せざるも、亦外道《げだう》の見也。仏道には、「命を惜《をし》むことなかれ。命を惜《をし》まざることなかれ」と云也《いふなり》。より来らば、灸治《きうぢ》一所瀉薬《しややく》一種なんど、用い〔ひ〕んことは、行道の礙《さはり》ともならず。行道を指置《さしおき》て、病を先とし、後に修行せんと思ふは礙《さはり》也。

〔注〕

(1)石頭希遷《せきとうきせん》（七〇〇—七九〇）の『参同契《さんどうかい》』末尾の句。

〔訳〕

教え示していわれた。

仏道を学ぶ者は、後日をまって修行しようと考えてはならぬ。ただ、今日《こんにち》ただいまの時を空しくすごすことなく、毎日毎日、毎時毎時、つとめはげまなくてはならぬ。ここにある在家人で、長い間、病気の人があったが、去年の春のころ、私に誓っていうようは、「この病がなおったら、妻子を捨て、寺の近くに庵室をつくり、毎月二度の持戒懺悔の集会にも出席し、毎日の修行や教理の説法など見聞し、分に随って戒律を守り、生涯を送りたい所存である」といった。が、その後、いろいろ治療したので、病気が快方に向ったのであるが、やがてまた病気が重くなり、仏道修行もできないまま空しく月日をすごした。今年の正月から俄に重態となり、病苦がひどくなった。常日《つねひ》ごろ準備していた庵室用の道具を運んで庵室を構えるひまもなく、病苦のはげしきままに他人の庵室を借り受けて、そこに移ったが、わずか一、二ヵ月の間に、死んでしまった。それでも死ぬ前夜には菩薩戒をうけ、三宝に帰依して、正式の仏弟子となり、臨終は立派にして亡くなったから、在家のままで妻子への愛着に心も乱れて死ぬよりはよかった。しかし、去年思い立ったとき、在家の生活を離れ、寺に近づき、僧団の生活にも親しみなれて、一年間、正式に仏道修行して亡くなったのなら、もっとよかったと思われる。それにつけても、仏道修行には後日を待つということではいけないと思うのである。

自分が病気であるから病をなおしてから、立派に修行しようと思うのは、道心のないことの致すところである。人間の体は、地水火風の四大元素の和合から成り立っているのであるから、誰でも、病気にならぬというわけにはゆかない。昔の人、必ずしも筋金入りの体ではない。ただ、志が切にひたすらなので、ほかの事は忘れて修行に打ち込んだのである。大事にぶつかれば、小さなことは、ものの数ではない。仏道を大事と考え、生あるうちに窮めようと思って日々時々を、むなしく過すまいと、考えるべきである。

古人もいっている「光陰、むなしく渡《わた》ることなかれ」と。病身の人が、病をなおそうとしている間に、むしろ病気が重くなって、苦しみがひどくなると、苦痛が軽かったときに仏道修行をしないで残念であった、と思うのである。だから、病苦を受けては、重くならない前に修行しようと思い、重くなったら死なない前に修行しよう、と思うべきである。病気は、治療すれば治るのもあり、治療しても、重くなるのもある。また、治療しないでも治るのもあり、治療しないと重くなるのもある。病気とはこういうものだ。よく考えてみるがよい。

また、仏道修行のために居所などを支度したり衣服や食事、道具などを調《ととの》えたりしてから、修行しようと考えてはいかぬ。貧しい人は、このような支度準備のため、無理をする必要はないのだ。衣鉢の装具が足りなくても、死の時期は毎日近づいているのだ。装具が揃い庵室ができてから仏道修行しようと考えているうちに、一生は空しくすぎてしまうではないか。それでよいか。衣鉢などがなかったら、在家でも仏道修行はできるぞと考えて、修行すべきなのだ。また、衣鉢などというものは、僧として在るべき形をととのえる飾りにすぎない。まことの仏道は、こんなものにはよらない。入手できたら、あってよい。無理して手に入れようとしてはならぬ。入手できるのに、持つまいなどと思ってもならぬ。わざと死のうと思って、病を治療しないのも、また仏道にそむいた考えである。仏道では、「命を惜しんではいけないし、命を惜しまないでもいけない」というのだ。機会があれば、灸を一所もすえ、煎薬一種を服用することは、仏道修行のさまたげとはならない。行道をさしおき、病を先きに治してからのち修行しようと考えることが、いけないのだ。

## 一ノ七　海中に龍門といふ処あり

〔10〕

示云《じにいはく》　海中に龍門と云処《いふところ》あり。浪頻《なみしきり》に作《うつ》也。諸《もろもろ》の魚《うを》　波の処を過ぐれば、必ず龍と成る也。故に龍門と云《いふ》也。今は云《いは》く、彼処《かの》 浪も、他処に異ならず。水も同《おなじ》く、しはゆき水也。然れども、定《さだま》れる不思議にて、魚此《うをこの》処を渡れば、必ず龍と成る也。魚の鱗《いろこ》も改まらず、身も同身《おなじみ》ながら、忽《たちまち》に龍と成る也。衲子《のっす》の儀式も、是《これ》をもて知《しる》べし。処も他所に似《にた》れども、叢林に入れば、必ず仏となり、祖となるなり。食《じき》も人と同《おなじ》く服し、飢《うゑ》を除き、寒《さむき》を禦《ふせぐ》ことも、同じけれども、只頭を円《まろ》にし、衣《え》を方《けた》にして、斎粥《さいしゅく》等にすれば、忽に衲子《のっす》となる也。成仏作祖《じゃうぶつさそ》も、遠く求むべからず。只叢林に入ると、入《いら》ざると也。龍門を過《すぐ》ると、過《すぎ》ざると也。

〔11〕

又云《いはく》 俗の云《いはく》、「我《わ》れ金《こがね》を売れども、人の買《かふ》こと無《なけ》れば也」仏祖の道も如《かくのごとし》レ是。道を惜《をし》むに非ず。常に与《あたふれ》ども人の得ざる也。道を得ることは、根の利鈍には依らず。人々皆《みな》法を悟るべき也。只精進《しやうじん》と懈《け》怠《だい》とに〃よりて、得道の遅速あり。進怠の不同は、志の到《いた》ると到《いたら》ざると也。志の到《いたら》ざることは、無常を思はざるに依《よる》なり。念々に死去す。畢竟暫くも止らず。暫くも存《ぞん》ぜる間《あひだ》、時光《じくわう》を虚《むなしく》すごすこと無《なか》れ。「倉の鼠《ねずみ》 食《じき》に飢ゑ、田を耕す牛の、草に飽《あか》ず」と云意《いふこころ》は、財《たから》の中に有れども、必ずしも食《じき》に飽かず。草の中に栖《す》めども、草に飢《うう》る。人も如《かくのごとし》レ是。仏道の中にありながら、道に合《かなは》ざるもの也。希求《けぐ》の心止《やま》ざれば、一生安楽ならざる也。

道者《だうしや》の行《ぎやう》は、善行《ぜんぎやう》 悪行《あくぎやう》、皆《みな》、を《〔お〕》もはくあり。人のはかる処に非《あら》ず。昔、恵《ゑ》心《しん》僧《そう》都《づ》、一日庭前に、草を食《じき》する鹿を、人をして打ちをわ〔お は〕しむ。時に人あり、問《とふて》云《いはく》、此《この》「師、慈悲なきに似たり。草を惜《をしん》で畜生を悩《なやま》す」僧都云《いはく》、「我れ若《もし》是を打《うた》ずんば、此鹿、人に馴《なれ》て、悪人に近づかん時、必ず殺されん。此故に打つ也」鹿を打《うつ》は、慈悲なきに似《にた》れども、内心の道理、慈悲余れること如《かくのごとし》レ是。

〔訳〕

教え示していわれた。

海中に龍門というところがある。浪がしきりに立つところである。諸々の魚が、この波のところを通り過ぎると、必ず龍となる。そこで龍門というのである。さて、話というのはこうだ。この龍門というところ、浪も他のところのと異なっているわけでない。水も同様塩からい水だ。さりながら、不思議なことに、魚がこのところを通り過ぎると、必ず龍となってしまうのだ。魚の鱗が変ずるわけではない。魚の身も同じでありながら、たちまちに龍となるのだ。禅僧の儀礼制式のあり方も、これと同様だと思うがよい。場所も他のところと同じだが、禅林の道場に入れば、必ず仏となり祖となるのである。食べものも着るものも変わりがあるわけではない。飢をしのぎ寒さを防ぐこと同様なのだが、ただ頭をまるめ袈裟をつけて、正午に一回の正規の食事と朝のおかゆという禅林のきまりに従って生活すれば、たちまち立派な禅僧となるのだ。仏となり祖師となるのに造作はないのだ。ただ禅道場にはいるか、はいらないのかの違いだけなのだ。魚が龍門を過ぎるか過ぎないかの違いだけなのである。

また次のようにいわれた。

世俗の世間で「自分は金を売っているのに、他人が買わないのだ」ということがいわれる。仏祖の道も是と同じなのである。道を惜しんで与えないのではない。常に与えているのだが、受けとろうとしないのだ。道を得ることは、生まれつきの賢愚によるのでない。人間はみな法を悟り得るものなのだ。ただ、努力しているか怠けているかによって、道を得るのに早いか遅いかの違いが生ずるのだ。努力するか怠けるかの違いは、道を求める志が切実であるかないかの違いによる。志が切実でないのは、無常を思わないからだ。時々刻々、人間は死につつあるのだ。総じて、少しも止ることがない。しばらくでも存命の間、時をむなしく過すことがあってはならぬ。

「倉の中にいる鼠は腹をすかしており、田を耕す牛は、草に飽きることがない」という言葉がある。その意味は、食糧の一杯ある倉の中にいながら満足することがない。草の一杯あるところにいながら、なお草を求めて飢えている、ということだ。人間も同じである。仏道のまっただ中にいながら、仏道を知らないのだ。悟りというものが、何処かほかのところにあると思って求めている間は、一生安楽になることがないのだ。

仏道を体得した人の行いは、善行につけ悪行につけ、みな深い考えに出ている。ほかの人の考えおよぶところでない。昔、恵心僧都が、ある日、庭前で草を食べていた鹿を、人に命じて、打ち追いやった。そのとき、ある人が問うていった、「あなたは、まるで慈悲のないようななされかただ。草を惜しんで畜生を苦しめなされた」と。僧都がいわれるに、「私がもし、あの鹿を打ち追いはらうことをしなかったら、あの鹿は人に馴れて、悪人に近づくような時、必ず殺されるであろう。この故に、打ったのだ」と。慈悲の心がないように見えても、心の内の道理には、まことに慈悲の心があふれていること、このとおりである。

## 一ノ八　人法門を問ふ

〔12〕

一日　示云《じにいはく》、人《ひと》法門を問ふ、或《あるひ》は修行の方法を問《とふ》ことあらば、衲子須ク㆓実ヲ以テ是ヲ答㆒。〔衲子《のつす》、須《すべから》く実を以《もつ》て是を答ふべし〕若《もしく》は他の非器を顧《かへり》み、或《あるひ》は初心未入《みにふ》の人、意得《こころう》べからずとて、方便不実を以《もつ》て、答《こたふ》べからず。菩薩戒の意《こころ》は、直饒《たとひ》小乗の器、小乗道を問《とふ》とも、只、大乗を以《もつ》て、答《こたふ》べき也。如来一期《によらいいちご》の化儀《けぎ》も、爾前《にぜん》方便の権教《ごんきやう》は、実に無益《むやく》也。只、最後実教のみ、実《まこと》の益《えき》ある也。然《しか》れば他の得不得をば論ぜず、只、実を以《もつ》て答《こたふ》べき也。

若し此中《このうち》の人を見ば、(1)実徳を以《もつ》て、是《これ》をうる事を得べし。仮徳を以《もつ》て、是をうる事を得べし。外《げ》相《さう》仮《け》徳《とく》を以《もつ》て、是を見るべからず。

〔13〕

昔、孔子に一人《いちにんあつ》有て来帰《らいき》す。孔問《とう》て云《いはく》、「汝《なんぢ》、何を以《もつ》てか来《きたつ》て我に帰《き》する」彼《か》の俗云《いはく》、「君子参内の時《とき》、是を見しに、顒々《ぎやうぎやう》として威勢あり。依《よつ》て是《これ》に帰《き》す」孔子、弟子をして、乗物装束《のりものしやうぞく》金銀財物《ざいもつ》等を取り出《いだし》て是を与《あたへ》き。「汝《なんぢ》、我に帰するに非ず」

又云《いはく》、宇治の関白殿、有時《ある》、鼎殿《かなへどの》に到《いたつ》て火を焼《た》く処を見る。鼎殿＝見て云《いはく》く、「何者ぞ左右《さう》なく御所の鼎殿へ入るは」と云《いつ》て、をい〔おひ〕出されて後《のち》、さきの悪《わろ》き衣服を、脱《ぬぎ》改《あらため》て、顒々《ぎやうぎやう》として取《とり》装束して出給《いでたまふ》。時に前《さき》の鼎殿、遥《はるかに》みて恐れ入《いつ》てにげぬ。時に殿下《てんが》装束を竿《さを》に掛《かけ》られて、拝《はい》せられけり。人、是《これ》を問ふ。「我、人に貴《たつと》びらるるも、我《わが》徳に非ず。只、此の装束の故也」愚《おろか》なる者の人を貴《たつと》ぶこと如ㇾ是《かくのごとし》。経教《きやうげう》の文字等を貴《たつとぶ》ことも又如ㇾ是《かくのごとし》。

古人云《いはく》「言満㆓天下㆒無㆓口過㆒、行満㆓天下㆒亡㆓怨悪㆒」(2)。〔言、天下に満ちて口過なく、行、天下に満ちて怨悪《ゑんを》なし」是則《これすなはち》言ふべき処を言《いひ》、行《おこなふ》べき処行《ところをおこな》ふ故也。至極要道の行也。世間の言行は私然《しねん》を以《もつて》計《はか》らい〔ひ〕思ふ。恐らくは過《とが》のみあらん事を。衲子《のつす》の言行《げんぎやう》、先証是定《せんしやうこれさだま》れり。私曲《しきよく》を存《ぞん》ずべからず。仏祖行来《ぎやうじきた》れる道也。

〔14〕

学道の人、各自己身《おのおのみづからおのがみ》を顧《かへり》みるべし。身を顧《かへりみ》ると云《いふ》は、身心《しんじん》何か様《やう》に持《たもつ》べきぞと顧《かへりみる》べし。然《しかる》に衲子《のつす》は則《すなは》ち是釈子《これしやくし》也。如来の風儀を慣《ならふ》べき也。身口意《しんくい》の威儀《ゐいぎ》、皆《み》な千仏行《ぎやう》じ来《きた》れる作法あり。＝各其儀《おのおのそのぎ》に随《したがふ》べし。俗猶《なほ》「服、法に応じ、言、道に随《したがふ》べし[3]」と云へり。一切私《わたくし》を用《もちゐ》るべからず。

〔注〕

(1)「此中の人を見ば」以下の一文、岩波文庫改訂版『正法眼蔵随聞記』面山本は次のごとし。「若し箇中《このうち》の人を見ば、実徳を以て是を見るべし。外相仮徳を以てこれを見るべからず」

岩波書店『日本古典文学大系』81および筑摩書房『正法眼蔵随聞記』水野弥穂子訳は、何れも「此中《コノウチ》ノ人(之)ヲ見バ」と「之」を補って読む。そして「此中の人」を「箇中の人」と同じとし、「仏道修行にいそしむ人」の意にとる。

小学館『日本古典文学全集』27所収、安良岡康作校注・訳『正法眼蔵随聞記』は「此中の人」を「法門を問い、修行の方法を問う人」の意にとる。

(2)『孝経』卿大夫章第四。この句は、『景徳伝燈録』第二十八「南陽慧忠」章、および『宏智広録《わんし》』第一にも引用され、禅僧の自由自在な境界をあらわすに用いられる。

(3)『孝経』卿大夫章第四、「先王の法服にあらざれば、あえて服せず。先王の法言にあらざれば、あえて道《い》わず」なお、道元『正法眼蔵』「袈裟功徳」巻。

〔訳〕

ある日、教え示していわれた。

仏法の教えをたずね、あるいは修行の方法をたずねる人があったら、禅僧は、必ず真実のことをもって、これに答えるべきである。そうでなく、相手の理解力の弱さを顧慮したり、相手が初心者で素養もない場合には、到底判らぬであろうと考えたりして、真実でないが判りやすい第二義的な方便の説き方で、答えてはいけないのだ。大乗菩薩道を実践しようとする者のいましめの趣旨は、たとえ小乗しか判らぬ者が、小乗の道をたずねても、ただ大乗の教えによって答えるべきだというにある。釈尊一代の教化のなされ方も、真実の教えを説かれる前の権《か》りの教えは、まことに無益なものであって、ただ最後の真実の教えだけが、まことと有益なのである。したがって、相手に判ろうと判るまいとに関りなく、ただ真実の教えでもって答えるべきなのだ。

この世の中の人を見れば、その人の実際の性質によって交りを得ることもできようし、またその人の性質のうわべにあらわれたところで、交りを結ぶこともできよう。しかし、外面のすがたや外にあらわれたところで、人を見てはいけないのである。

昔、孔子のところに、一人の男が孔子を慕ってやって来た。そこで孔子が聞いた、「お前は、なんで私のところへやって来たのか」その男が答える、「先生が宮廷に参内されますとき、お姿を拝見しましたが、まことに気高く御威光がありました。それで、先生を慕っておそばに来たのです」と。それを聞いて孔子は、弟子に命じて、乗り物、衣裳、金銀、財宝などを、持ってこさせて与え、いうようは、「お前が慕って来たのは、私自身ではない」と。

また、道元禅師はいわれた。

宇治の関白殿（藤原頼通《ふじわらのよりみち》）が、あるとき、宮中の鼎殿《かなえ》（湯殿の湯をわかすところ）に行って火を焚《た》いているところを御覧になった。そのとき、鼎殿の役人が、その姿を見てとがめた。「何者だ、案内もなく御所の鼎殿へ入ってきたのは」と、関白殿は追い出された。そこで、さきの見苦しい衣服をぬぎ改め、いそいで立派な装束をつけ、おごそかに、いかめしく、お出ましになった。そのとき、先きの鼎殿の役人は、はるかにその姿を見、恐れ入って逃げ去ってしまった。そのとき、関白殿下は、その装束を竿にかけ、うやうやしく、これにお辞儀をなさったのだ。そばにいた人が、何でお辞儀をされたのかと問うたところ、関白殿の答えは次のようであった、「私が、人に尊敬されるのも、私の徳の故ではない。ただ、この装束の故である」と。愚かな人が、人を尊敬するありさまは、このようなものである。経文や教義の文字などを有難がるのも、また同様である。

古人は、いっている。「為政者の言葉が、社会全般に行きわたっていて、その言葉にあやまりがない。為政者の行いが、社会全般に行きわたっていて、怨《うら》みそしる者がない」と。これは即ち、いうべきことをいい、行うべきことを行うからである。これが徳の至れるもの、道の最も大切なところを、いい行っていることである。世の常の人の言行は、自分の思いはからいで、なされる。おそらく、間違ってばかりいることになろう。だが、禅僧の言行には、はっきりした先例があるのだ。自分で勝手に考えてしてはいけない。釈尊や歴代の祖師たちが、ふみ行ってきた道があるのだ。

仏道を学ぶ者は、それぞれ自己自身を、かえりみるべきである。自己自身をかえりみるというのは、自分の体と心とを、どのように持したらよいか、とかえりみることである。ところで禅僧は、これ即ち、釈尊の弟子である。したがって釈迦如来のなされたとおりを、見ならうべきなのである。体《からだ》の処しよう、口のきき方《かた》、こころの保ちかた、すべてについて、目ざめた仏《ほとけ》たちが、行ってこられたやり方があるのだ。各人みな、その作法にしたがうがよい。俗世間でさえも「衣服は、先王の定められた正しい衣服を着し、言葉は、先王の定められた正しいいいかたに従っていう」といっている。一切、自分勝手に考えてやってはいけないのだ。

## 一ノ九　当世学道する人

示云《じにいはく》、当世学道する人、多分法を聞時《きく》、先《まづ》好く領解《りやうげ》する由《よし》を知られんと思《おもう》て、答の言《ことば》の好《よか》らん様を思ふほどに、聞くことは耳を過《すご》す也。詮《せん》ずる処、道心なく、吾我《ごが》を存《ぞん》ずる故也。只須《ただすべからく》先づ我を忘れ、人の言はん事を好く聞《きい》て、後に静に案《あん》じて、難もあり不審もあらば、逐《おって》も難じ、心得たらば、逐《おつ》て帰すべし。当坐に領する由を呈せんとする、法を好《よく》も聞《きか》ざる也。

〔訳〕

教え示していわれた。

当世、仏道を学ぶ者は、多くは法を聞くとき、まず、自分の理解力のよいところを知ってもらおうと思い、うまい応答の言葉を考えたりしているものだから、法話が耳をすりぬけてしまうのだ。要するに、道心がなく、自分というものを捨てきれないからだ。ただひたすら、まず自己を忘れ、相手のいうことをよく聞いて、あとで静かに考えて、難点や疑問があったなら、あらためて問いただすのだ。よく判ったのなら、あらためて、得心するがよいのだ。その場で、よく判った様子をみせようとするのは、法をよく聞いていない証拠だ。

## 一ノ十　唐の大宋〔太宗〕のとき

示云《じにいはく》、唐の大宋〔太宗〕の時、異国より千里馬《せんりのうま》を献ず。帝是《これ》を得て喜ばずして自《みづから》思《おも》はく、「直饒《たとひ》千里の馬なりとも、独り騎《のっ》て千里に行くとも、従《したが》ふ臣下なくんば、其詮《そのせん》なきなり」因《ちなみに》、巍徴《ぎちよう》を召《めし》て是を問《とふ》。巍徴云《いは》く、「帝の心と同《おな》じ」依《よっ》て彼《か》の馬に金帛《ぱく》を負《おは》せて還《かへさ》しむ。

〔15〕今は云《いはく》、帝猶身《なほみ》の用ならぬ＝物をば持《もた》ずして是を還《かへす》。況《いはんや》衲子《のつす》、衣鉢の外の物、決《けつ》定《ぢやう》して無用なるか。無用の物是《これ》を貯《たくはへ》て何かせん。俗猶《なほ》一道を専《もつぱら》にする者は、田苑荘園《でんゑんしやうゑん》

等を持《ぢす》る事を要とせず。只一切の国土の人を、百姓眷属《はくせいけんぞく》とす。地相法橋《ぢさうほつけう》、子息に遺嘱《ゆゐぞく》するに、「只《ただ》道を専にはげむべし」と云へり。況《いはん》や仏子は万事を捨て、専《もつぱら》一事をたしなむべし。是《これ》用心也。

〔訳〕

教え示していわれた。

唐の太宗の時、外国から、一日に千里走るという馬を献上した。太宗は、この名馬を得て喜ばず、みずから御考えになるようは、「たとい、千里の馬であるといっても、自分ひとり、その馬にのって千里を行ったとしても、付き従う臣下がなければ、どうにもならぬ」と。そこで魏徴を召して、意見を聞いた。魏徴もまた、同じ意見であると答えた。そこで、かの馬に、黄金と絹を負わせ、もとの国へ返させた。

さて、よく聞くがよい。皇帝でさえも、御自身の役に立たぬ物は、お持ちにならず、これを返している。ましてや、禅僧は、衣鉢のほかのもの、まったく無用であろう。無用のものを貯えて何になろう。俗世間の者でも、一つの道に専心する人は、田畑、荘園を所有することを重要だとは考えない。ただ、一切の国土の人を、自分の領地の人々、自分の一族の者と考えるのだ。

地相法橋は子息に遺言して、「ただ道をひたすらはげむべし」といった。ましてや仏弟子は、あらゆる事を捨て、ひたすら一事に専心すべきである。これが心得である。

## 一ノ十一　学道の人、参師聞法のとき

示云《じにいはく》、学道の人、参師《さんし》聞法《もんぽふ》の時、能々窮《よくよくきはめ》て聞《きき》、重《かさね》て聞《きい》て決定《けつぢやう》すべし。問《とふ》べきを問《と》はず、言ふべきを言はずして過《すぐ》しなば、我《わが》損なるべし。師は必ず弟子の問ふを待《まつ》て発言《ほつごん》する也。心得《こころえ》たる事をも、幾度《いくたび》も問《とう》て決定《けつぢやう》すべき也。師も弟子に能々《よくよく》心得《え》たるかと問《とう》て、云ひ聞かすべき也。

〔訳〕

教え示していわれた。

仏道を学ぶ者は、師のところへ行って法を聞くとき、よく追究して聞き、くりかえし聞いて、明確に納得《なつとく》しなければいけない。問うべきことも問わず、いうべきこともいわないでいたら、自分が損することになろう。師は、必ず弟子が質問するのを待って、答えてくれるのである。判っている事でも、何度もたずねて、はっきりとさせるべきである。師も弟子に、よく判ったかと聞いて、いい聞かせるべきものだ。

## 一ノ十二　道者の用心

示云《じにいはく》、道者《だうじや》の用心、常の人に殊《こと》なる事有り。故《こ》建仁寺の僧正《そうじやう》在世の時、寺絶食《ぜつじき》す。有《あ》る時、一人の檀那《だんな》、請《しやう》じて、絹《きぬ》一疋施《ほどこ》す。僧正悦《よろこび》て自《みづから》取《とつ》て懐中《くわいちゆう》して、人にも持《もた》せずして、寺に返《かへつ》て知事《ちじ》に与《あたへ》て云《いは》く、「明旦《みやうたん》の浄粥《じやうしゆく》等に作《な》さる〔べし〕」

〔16〕然《しかる》に俗人のもとより、所望して云《いはく》、恥《はぢ》がましき事有《あつ》て、絹二三疋入《いる》事あり。少々にてもあらば、給《たまは》るべきよしを申す。僧正則《すなは》ち先《さき》の絹を取返して即ち与へぬ。時に此の知事の僧も、衆僧《しゆぞう》も、思ひの外に不審《ふしん》す。後に僧正自《みづから》云《いは》く、「各《おのおの》僻《ひが》事にぞ思はるらん。然れども我《わ》れ思《おもは》くは、衆僧面々《しゆぞうめんめん》仏道の志《こころざし》ありて集《あつま》れり。一日絶食《ぜつじき》して餓死すとも苦《くるし》かるべからず。俗の世に交《まじ》はれるが、指当《さしあたつ》て事闕《かく》らん苦悩を助《たすけ》たらんは、各々《おのおの》の為にも、一日の食《じき》を去《さつ》て、人の苦を息《やすめ》たらんは、利益《りやく》勝《すぐ》れたるべし」道者の案じ入れたる事如《かくのごとし》レ是。

〔訳〕

教え示していわれた。

仏道をおさめた人の心くばりは、常人とは違っていることがある。すでに亡くなられた建仁寺の僧正、栄西《えいさい》禅師（一一四一―一二一五）が、まだ在世のときのことだが、寺の食料がつきて、一同みな絶食となったことがある。そうしたある時、たまたま一人の施主が僧正を招待し、絹一疋を布施した。僧正は悦び、みずから手にして懐に入れ、人にも持たせず、大切に寺に持ちかえり、知事の僧に与え、「明朝の食事（浄粥＝おかゆ）の費用に当てるがよい」といった。

ところが、ある俗人のところから、「まことにお恥ずかしい事情がありまして、絹二、三疋入用となりました。少しでも御座いましたら、頂戴致したく存じます」という旨の願い出があった。僧正は直ぐに先の絹を知事から取りかえして、与えてしまった。そのとき、この知事の僧も、ほかの僧たちもみな、僧正のなされ様を、思いがけぬ事に思い、いぶかしく思った。後になって、僧正の方から皆の者にいわれるに、「みんなは、私のしたことを、間違っていると思うかもしれない。だが、私の思うには、お前たち皆の者はそれぞれ仏道に志があって、ここに集まっているのだ。一日、何も食べないで、飢死したところで、差しつかえはないのだ。俗世間にある者が、差し当って必要なものがなくて困っている。その苦しみを助けたならば、お前たち各々のためにも、一日なにも食べないで、それで人の苦しみをなくしてやるのは、はるかに利益《りやく》たちまさっているであろう」と。仏道に達した人の深い考えは、およそこのようである。

## 一ノ十三　仏々祖々、皆もとは凡夫なり

示云《じにいはく》、仏々祖々、皆本《みなもと》は凡夫《ぼんぶ》也。凡夫の時は、必ず悪業《あくごふ》もあり、悪心もあり、鈍もあり、癡《ち》もあり。然《しかれ》ども皆改《あらた》めて、知識に従《した》がひ、教行《けうぎやう》に依《より》しかば、皆仏祖と成りし也。今の人も然《しか》るべし。我が身、〔お〕ろかなれば、鈍なれば、と卑下する事なかれ。〔17〕今生《こんじやう》に発心《ほっしん》せずんば、何《いづれ》の時をか待《まつ》べき。好むには必ず〓得べき也。

〔訳〕

教え示していわれた。

み仏たちも、祖師たちも、みな、もとは凡夫であったのだ。凡夫のときは、必ず悪い行いもあり、悪い心もあった。にぶくもあり、愚かでもあった。さりながら、皆それを改めて、立派な師匠に従い、仏法の教えにより修行したから、みな、仏となり、祖師となったのだ。今の人も、そうなくてはならぬ。自分が愚かであるからとか、自分はにぶいからとかいって、卑下してはならぬ。この世に生きてあるうちに志を立てなかったなら、いずれのときに志を立てるというのか。求めれば必ず得られるのだ。

## 一ノ十四　俗の帝道の故実をいふに

示云《じにいはく》、俗の帝道の故実《こしつ》を言《いふ》に云《いはく》、「虚襟《きよきん》に非《あらざ》れば、忠言を入れず」言《いふこころ》は、己見《こけん》を存ぜずして、忠臣の言《ことば》に随《したがつ》て、道理に任せて帝道を行《おこなふなり》也。

衲子《のつす》の学道の故実《こしつ》も、又如レ是《かくのごとく》なるべし。若し己見《こけん》を存せば、師の言《こと》ば耳に入らざる也。師の言《こと》ば耳に入《いら》ざれば、師の法を得ざるなり。

又只《ただ》法門の異見《いけん》を忘るるのみに非ず、又世事《せじ》を返《かへ》して、飢寒《きかん》等を忘《わすれ》て、一向《いつかう》に身心《しんじん》を清めて聞《きく》時、親《したし》く聞《きく》にてある也。如レ是《かくのごとく》聞《きく》時、道理不審も明めらるる也。真実の得道と云《いふ》も、従来の身心《しんじん》を放下《はうげ》して、只　直下《ぢきげ》に他に随ひ行けば、即ち実《まこと》の道人《だうにん》にてある也。是れ第一の故実《こしつ》也。

〔訳〕

教え示していわれた。

俗世間の帝王たる者の模範とすべき心得の言葉に、「心をむなしくして胸を開いていなければ、忠言を容れることができぬ」というのがある。そのいう意味は、帝王たる者はおのれの意見をすて、忠臣の言葉にしたがい、道理にまかせて帝王たる者の道を行うということである。

修行者の仏道を学ぶ上での模範とすべき古くからの基本も、また、これと同様である。もし自己流の考えがあれば、師の言葉も耳にははいらぬものだ。師の言葉が耳にはいらぬならば、師の仏法を、わがものとすることができぬ。

また、ただ、教法の上での違った見解を懐《いだ》かないだけでなく、俗世の事を持ちこまず、飢え寒さなど一切を忘れ、ひたすら身心を浄《きよ》らかにして耳を傾けるとき、身近かに聞くことができるのである。このように聞くとき、道理も不審も、明らかにすることができるのだ。真実の得道というのも、今までの身心をなげすて、ただまっすぐに、師にしたがいゆけば、これ即ち、まことの仏道の人であるのだ。これが、何よりの基本である。

正法眼蔵随聞記　一　終

〔18〕

# 正法眼蔵随聞記　二

## 二ノ一　『続高僧伝』の中に

一日示曰《じにいはく》、『続高僧伝』(1)の中に、或る禅師の会《ゑ》(2)に、一僧あり。金像の仏と、又仏《ぶつ》舎利《しやり》(3)とを崇用《あがめもちゐ》て、衆寮《しゆれう》等にも有《あつ》て、常に焼香礼拝《せうかうらいはい》し、恭敬供養《くぎやうくやう》す。有時《あるとき》、禅師の云《いはく》、「汝《なんぢ》が崇むる処の仏像舎利は、後には汝《なんぢ》が為に不是《ふぜ》あらん」其《その》僧不ㇾ肯《うけがはず》。師云《いはく》、「是天魔波旬《てんまはじゆん》(4)の付処《ふしよ》也。早く是を不ㇾ捨《すてざらんや》」其僧、憤然として出づれば、師、僧の後《しりへ》に云懸《いひかけ》て云《いはく》、「汝《なんぢ》、箱を開《ひらい》て是を見《みる》べし」怒《いかり》ながら是を開《ひらい》て見れば、果《はた》して毒蛇　蟠《わだかまつ》て臥《ふせ》り。

是を思《おもふ》に、仏像舎利は如来の遺骨《ゆゐこつ》なれば、恭敬《くぎやう》すべしといへども、又一《ひと》へに是を仰ぎて得悟《とくご》すべしと思はゞ、還《かへつ》て邪見《じやけん》也。天魔毒蛇の所領《しよりやう》と成る因縁《いんねん》也。仏説に功徳あるべしと見〔え〕たれば、人天《にんでん》の福分《ふくぶん》と成る事、生身《しやうじん》と斉《ひと》し。惣《すべ》て三宝の境界《きやうがい》、恭敬《くぎやう》す

〔19〕

れば、罪滅し功徳《くどく》を得る事、悪趣《あくしゆ》の業《ごふ》をも消し、人天《にんでん》＝の果をも感ずる事は実《まこと》也。是《これ》によりて、仏の悟《さとり》を得たりと執《しふ》するは僻見《へきけん》也。仏子《ぶつし》と云《いふ》は、仏教に順じて直《ぢき》に仏位に到らん為には、只《ただ》、教に随《したがつ》て、工夫弁道《くふうべんだう》すべき也。其《そ》の教に順ずる、実《まこと》に行《ぎやう》と云《いふ》は、即《すなはち》、今の叢林《そうりん》の宗《むね》とする只管打坐《しくわんたざ》也。是を思《おもふ》べし。

〔20〕

又云《いはく》、戒行持斎を守護すべければとて、又、是をのみ宗《むね》として是を奉公《ほうこう》に立て、是に依《よつ》て得道すべしと思ふも、又、是《こ》れ非《ひ》也《なり》。只、衲僧《なつそう》の行履《あんり》、仏子の家風《かふう》なれば、従《したが》ひゆく也。是れを能事《よきこと》と云へばとて、あながち是《これ》をのみ宗《むね》とすべしと思ふは非《ひ》也。然《しかれ》ばとて、又、破戒放逸《はかいはういつ》なれと云《いふ》に非《あら》ず。若亦如レ是《もしまたかくのごとく》執《しふ》せば、邪見也、外道《げだう》也。只、仏家の儀式、叢林の家風なれば、随順しゆく也。是を宗《むね》とすと、宋土《そうど》の寺院に住せし時も、衆僧《しゆぞう》に見ゆべからず。

実《まこと》の得道の為には、只、坐禅功夫《くふう》、仏道の相伝《さうでん》也。是《こ》れに依って一門の同＝学、五根房、故用祥《こようじやう》(5)僧正の弟子也。唐土の禅院にて持斎《ぢさい》を固《かた》く守りて戒経《かいきやう》を終日誦《じゆ》せしをば、教《をし》へて捨《すて》しめたりし也。

弉公《じやう》(6)問《とうて》云《いはく》、叢林学道の儀式は百丈《ひやくぢやう》の清規《しんぎ》(7)を守るべきか。然《しかる》に、彼に、はじめに、「受戒護戒をもて先とす」と見《みえ》たり。亦《また》、今の伝来相承《さうじよう》の根本戒をさづくと見《みえ》たり。当家《たうけ》の口決面授《くけつめんじゆ》にも、西来《せいらい》相伝の戒を学人に授《さづ》く。是、則《すなはち》、今の菩薩戒也。然《しか》るに今の戒経に「日夜に是を誦せよ」と云へり。何《なん》ぞ是を誦《じゆする》を捨《すて》しむるや。

師云《いはく》、然《しか》り。学人 最《もつとも》百丈の規縄《きじよう》を守《まも》るべし。然《しかる》に其《その》儀式、護戒坐禅等也。「昼夜《ちうや》に戒を誦し、専ら戒を護持す」と云事《いふこと》は、古人の行李《あんり》にしたがふて、祇管打《しくわんた》坐《ざ》すべき也。坐禅の時、何《いづれ》の戒か持《たも》たれざる、何《いづれのく》功徳《どく》か来らざる。古人の行《ぎやう》じを〔お〕ける処の行《あん》
〔21〕履《り》、皆、深 心《ふかきこころ》あり。私の意楽《いげう》を存《ぞん》ぜずして、只、衆に従《したがつ》て、古人の行《あん》＝履《り》に任《まか》せて行じゆくべき也。

〔注〕

(1)『続高僧伝』三十巻、唐の道宣（五九五―六六七）の著。梁の慧皎の著『高僧伝』十四巻に引き続いて、梁の天監年間（五〇二―五一九）より唐の貞観年間（六二七―六四九）にいたる高僧の伝記。ちなみに『高僧伝』はまた『梁高僧伝』ともいい、後漢の永平十年（六七）より梁の天監十八年（五一九）に至る高僧の伝記である。

(2)会《ゑ》 一人の師のもとに集っている門下の集団、集会《しゆうえ》、会座《えざ》。門下の人々。会下（えか、えげ）とも称する。

(3)仏舎利《ぶつしやり》 釈尊の遺骨。分骨され塔に収められ崇敬された。後には遺骨の代わりに宝石を

用いる。

(4) 天魔《てんま》波旬《はじゆん》　欲界の最上位、第六天の魔王。その名は波旬《はじゆん》(pāpīyas)。

(5) 用祥《ようじやう》　栄西禅師の号「葉上」坊の音を異字で写したもの。「用浄房」、「用上房」という場合もある。このような異字音写はしばしば行われた。

(6) 弉公《じやう》　弉公の「公」は尊称。随聞記書写の際に懐弉禅師を敬《うやま》って「公」を補ったもの。

(7) 百《ひやく》丈《ぢやう》の清規《しんぎ》　百《ひやく》丈《じようえ》懐海《かい》(七二〇—八一四)の制定した禅院規則。古清規ともいう。本文は今に伝わらぬ。後、長蘆宗頤《ちようろそうさく》の『禅苑清規』(一一〇三)が行われ、これにより古清規をうかがうことができる。道元もまたこれに拠る。

〔訳〕

ある日、教え示していわれた。

『続高僧伝』の中にある話だが、ある禅師の門下に、一人の僧があった。彼は金造の仏像と仏舎利(釈尊の遺骨)とを有難がって大切に所持し、衆寮(看読寮)などで、いつも香をたいて礼拝し、うやうやしく供養していた。

ある時、師の禅師がいわれた、

「お前が有難がっている仏像や舎利は、やがてお前のために、よくないことになろう」と。しかし、その僧は承知しなかった。そこで師はいった、「そんなものは、天魔である波旬《はじゆん》が、とりつくところだぞ。早く、それを捨てないか」と。その僧が憤然として立ち去ろうとしたとき、そのうしろから師は、声をかけていった、「その箱を開いて見るがよい」その僧が怒りながら、その箱を開いてみると、はたして毒蛇がとぐろをまいていた、という。

この話で考えるに、仏像や舎利は、釈尊の遺影であり遺骨であるから、うやうやしく、崇《あが》めるべきものであるとはいえ、また、ひたすらこれを崇めれば、悟りに達することができるであろうと思うなら、それはかえって間違った考えである。それは天魔や毒蛇のとりことなる縁因なのだ。仏《ほとけ》の説かれた経典に、仏像舎利を礼拝供養すれば功徳《くどく》がある、と見えている。仏像舎利の礼拝供養が、人間界、天上界においてしあわせを得る縁因となるのは、生《な》身の釈尊を崇敬するのと同じである。総じて、仏・法・僧の三宝のすべてのものは、これを大切にうやまえば罪をほろぼし功徳を得ること、地獄・餓鬼・畜生・修羅の世界に生まれることになる悪業をも消し、人間界・天上界に生まれる果報を身に受けること、真実である。だが、仏像舎利を崇敬さえすれば、仏の悟りが得られるものと思いこむのは、間違った考えなのだ。

仏の弟子というものは、仏の教えに従い、まっすぐに、目ざめた者即ち仏の位に到ろうとするものであるから、そのためには、ただ教えにしたがって、ひたすら修行に努力せねばならないのである。その、教えにしたがった、まことの修行というのは、即ち、今この修行道場で、最も大切とする、ひたすら坐禅することなのである。このことを、よく考えよ。

また、道元禅師はいわれた。

戒行《かいぎょう》（戒律に従っての行い）、持斎（一日一回正午の食事というきまり）は、守らなければならないといっても、またこれのみを第一にして、これを仕事として努力することにより、悟りが得られると思うのも、間違っている。戒行持斎は、禅の修行者が今まで履《ふ》み行ってきたことであり仏弟子の家風なのだから、これに従って行うだけのことである。これが良いことであるからといって、ひたすら、これのみを第一とすべきだと思うのは、間違いである。だからといって、また、戒を破り、勝手気ままでよい、というのではない。もしこのように思いこむなら、これまた間違った考えであり、仏道にはずれた行いである。戒行持斎は仏道修行者のきまったやり方であり、禅寺修行場の家風であるから、これに従ってゆくだけのことである。これを第一とするということは、宋国の寺院にいたときにも、どの修行僧にも見られなかったことである。

真に、悟りを得るためには、ただ坐禅の努力あるのみで、これが、仏祖、相親しく伝え来ったところである。五根房は、私と同門の仲間で、故葉上僧正栄西禅師の弟子であるが、この人は唐土の禅院にいたとき、持斎をかたく守り、戒律を記した経典を、一日中となえていたのであるが、さとして、やめさせたことがある。これも以上のようなわけだからである。

懐弉《えじょう》が質問していう。

「禅寺道場で道を学ぶための生活の規定としては、百丈禅師の制定した『百丈清規《しんぎ》』を守るべきかと存じます。ところで『百丈清規』のはじめのところには、受戒・護戒をもって先とするとあります。また、現在伝えられ受けつがれてきた根本戒を授けるとあります。また、禅家で師匠が弟子に親しく直接に口伝えに教えるのにも、インドから相伝えて来た戒を、修行者に授けます。これが現在の菩薩戒です。ところで、戒律を記した経典には、日夜にこれを誦せよ、とあります。何で、戒律を誦《とな》えることを、やめさせるのですか」

道元禅師は、これに答えていわれた。

そのとおりである。修行者は、何よりも、『百丈清規』を守らなければならない。ところでそこで制定されているのは、護戒・坐禅等である。昼夜に戒律を誦し、もっぱら戒を護るということは、古人の行ったところに従って、ひたすら坐禅すべきことをいう。坐禅のとき、どんな戒でも、たもたれぬということがあろうか。どのような功徳でも、もたらされぬということがあろうか。古人が行ったやり方というものは、みな、深い意味があるのだ。自分勝手な思いをもたず、ただ皆の者と一緒に、古人の行いしさまに従って、修行してゆくべきである。

## 二ノ二　人、その家に生まれ、その道に入らば

一日示云《じにいはく》、人《ひと》、其《そ》の家に生《うま》れ、其《その》道に入らば、先づ、其の家の業《げふ》を修《しゆす》べし、知《しる》べき也。我《わ》が道に非ず、自《おの》が分《ぶん》に非《あら》ざらん事を知り修するは即《すなはち》非也。

今、出家の人として即《すなはちぶつけ》仏家に入り、僧道に入らば、須《すべから》く其《その》業を習《ならふ》べし。其儀を守

ると云《い》ふは、我執《がしふ》を捨て、知識(1)の教《をしへ》に随《したが》ふ也。其大意《そのだいい》は、貪欲無《どんよくなき》也。貪欲無《どんよくなか》らんと、思はゞ、先《まづ》須レ離ニ吾我一也。〔先《ま》づ、須《すべから》く吾我《ごが》を離るべきなり〕吾我《ごが》を離るゝには、観《くわん》無常《むじやう》、是れ第一の用心也。

世人多《おほく》、我《われ》は元来《もとより》、人《ひと》に、能《よし》と言《いは》れ思はれんと思ふ也。其《それ》が即《すなはち》、よくも成得《なりえ》ぬ也。只、我執を次第に捨て、知識の言《ことばに》随《したが〔ひ〕》いゆけば、昇進する也。「理を心得《え》たる様に云へども、しかありと云へども、我《われ》は其の事が捨《す》得《て》ぬ」と云《いつ》て、執し好み修するは、弥《いよいよ》、沈淪《ちんりん》する也。

禅僧の能く成る第一の用心、祗管《しくわん》打坐すべき也。利鈍賢愚を論ぜず、坐禅すれば自然に好くなるなり。

〔注〕

(1)知識　善《ぜん》知識の略。善親友、勝友ともいう。正法を説いて人を仏道に入らせ解脱させる人。高徳の賢者、指導者、師匠。禅では、師家。

〔訳〕

ある日、教えていわれた。

人、それぞれの家に生まれ、その家業の道に入るについては、まず、その家業を修め身につけなくてはならぬと知るべきである。その家業でなく自分の身分でないことを学び身につけようとするのは、心得違いである。

いま出家者として仏門に入り、僧の道に入るならば、ぜひともその業を習わねばならぬ。そのやり方を守るというのは、我執をすて、師の教えに従うことをいう。その大切な点は、むさぼりの欲をなくすことである。むさぼりの欲をなくそうと思うなら、まず自分というものから離れなければならぬ。自分というものから離れるには、無常を観ずること、これ第一の心得である。

世の中の人、もとより多くは、自分が他人からよくいわれ思われようと思うものだ。だからこそ、よくいわれ、よく思われるようにはなり得ないのである。ただ、自分に対する執着を次第に捨てて、師のいうとおりに、ついてゆけば、進歩するのだ。「道理がよく判っているようにいうが、それはそうだといっても、自分は、このことを捨て去ることができぬ」などといって固執し、自分の好みにしたがってやっていると、ますます下落するのだ。

禅僧が立派になる第一の心得は、ただひたすら坐禅すべきことである。さといか、にぶいか、賢いか愚かであるかを論ぜず、ひたすら坐禅すれば、おのずと立派になるのだ。

## 二ノ三　広学博覧は、かなふべからざること

〔22〕

示曰《じにいはく》、広学博覧《はくらん》は、かなふべからざる事也。一向《いつかう》に思ひ切《きつ》て留《とどま》るべし。只、一事に付《つい》て用心故実《こしつ》をも習ひ、先達《せんだつ》の行履《あんり》をも尋《たづね》て、一行《いちぎやう》を専《もつぱら》はげみて、人師《にんし》先達《せんだつ》の気色《けしき》すまじき也。

〔訳〕

教え示していわれた。

広く学び、博く書を読むことは、とてもできることではない。むしろ、すっぱりと思い切ってやめるがよい。ただ一つのことについて、心得《こころえ》や模範とすべき先例を習い、先人の行いしあとを尋ね、一つの行《ぎよう》に専らはげんで、決して先生ぶったり先輩顔をしたりしないことである。

## 二ノ四　如何なるかこれ不昧因果底の道理

或時、弉《じやう》、師に問《とう》て云《いはく》、「如何是《いかなるかこれ》、不昧因果底《ふまいいんぐわてい》(1)の道理」

師云《いはく》「不動《ふどう》因果也」

云《いはく》「なにとしてか、脱落《だつらく》せん」

師云《いはく》「歴然一時見也《れきねんいちじげんなり》」

云《いはく》「如レ是《かくのごとく》ならば、果《くわ》、引起《ひきおこ》すや」

師云《いはく》、「惣《すべ》て如レ是《かくのごとく》ならば、南泉猫児《なんせんめうに》を截《きる》事(2)。大衆已《だいしゆすで》に不ニ道得一《いひえず》。〔道《い》ひ得ず〕即《すなはち》、猫児を斬却《ざんきやくしをはん》了ぬ。後に趙州《でうしう》、脱ニ草鞋一《さうあいをだつして》、戴出《いただきいで》し、又、一段の儀式《ぎしき》也」

又云《いはく》、「我《われ》、若《もし》、南泉なりせば、即《すなはち》、道《いふ》べし、『道得《いひえ》たりとも、即《すなはち》、斬却せん。道《いひ》不レ得《えず》なりとも、即、斬却せん。何人《なんぴと》か、猫児を争ふ、何人か猫児を救ふ』

大衆に代《かはつ》て道《いは》ん。『既に道得《だうて》す。請《こふ》、和尚、斬ニ猫児一《めうにをきらんことを》』

又大衆に代《かはつ》て道《いは》ん、『南泉、只知ニ一刀両段一不レ知ニ一刀一段一《ただいつたうりやうだんのみをしっていったういちだんをしらず》』〔と〕」

〔23〕

弉云、「如何《いかなるか》、是、一刀一段」

師云《いはく》、「大衆、道不レ得《いひえず》。良久不対《りやうきうふたい》ならば、泉、道《いふ》べし、『大衆已《すで》に道得《だうて》＝す』と云《いっ》て、猫児《めうに》を放下せまし。古人云《いはく》、『大用現前《だいゆうげんぜん》して不レ存二軌則一《きそくをそんせず》』〔と〕」

又云《いはく》「今の斬猫《ざんめう》は、是《これ》、即、仏法の大用《だいゆう》、或は一転語なり。若《もし》、一転語に非《あら》ずば、山河《せんが》大地《だいぢ》妙浄明心《みやうじやうみやうしん》とも云《いふ》べからず。又、即心是仏とも云《いふ》べからず。即、此《この》一転語、言下《ごんか》にて猫児躰《めうにがたい》、仏身《ぶつしん》と見《み》、又、此《この》語を聞《きい》て、学人も頓《とん》に悟入すべし」

又云《いはく》、「此《この》斬猫、即《すなはち》是《これ》、仏行《ぶつぎやう》也」

「喚《よん》で何とか道《いふ》べき」

「喚《よん》で斬猫とすべし」

又云《いはく》「是《これ》、罪相《ざいさう》なりや」

云《いは》く「罪相也」

「何としてか脱落せん」

云《いはく》「別《べつ》、並具《ならびぐす》」

云《いは》く、「別解脱戒《べつげだつかい》とは如レ是《かくのごときを》道《い》ふか」

云《いは》く「然也《しかなり》」又云《いはく》、「但《ただし》、如レ是《かくのごときの》料簡《れうけん》、直饒《たとひ》好事《かうず》なりとも不レ如レ無《なからんにはしかじ》」

奘問《とうてい》云《いはく》、「犯戒《ぼんかい》と言《いふ》は、受戒以後の所犯《しよぼん》を道《いふ》か。只又《ただしまた》、未受以前の罪相をも犯戒《ぼんかい》と道《いふ》べきか」

師、答云《こたへていはく》、「犯戒の名は、受後の所犯《しよぼん》を道《いふ》べし。未受以前、所作の罪相をば、只、罪相罪業と道《いつ》て不レ可レ道二犯戒一《ぼんかいといふべからず》」

〔24〕

問云《とうていはく》、「四十八軽戒《きやうかい》の中に、未受戒の所犯を犯と名見《なづくとみ》ゆ、如何《いかん》」

答云《こたへていはく》、「不レ然《しからず》、彼《か》の未受戒の者、＝今《いま》受戒せんとする時、所造の罪を懺悔《ざんげ》する時、今の戒に望《のぞ》めて十戒を授《さづくる》に犯二軽戒一《きやうかいををかせるを》犯《ぼん》すと云《いふ》也。以前所造罪《しよざうのつみ》を犯戒と云《いふ》に非《あら》ず」

問云《とうていはく》、「今受戒せん時、所レ造罪《つくるところのつみ》を懺悔せん為《ため》に、未受の者をして懺悔せしむるに、『十重四十八軽戒を教へて、読誦せしむべし』と見《みえ》たり。又下文《しものもん》に、『未受戒の前にして説戒すべからず』と云《い》へり、二度の相違如何《いかん》」

答云《こたへていはく》、「受戒《じゆかい》と誦戒《ずかい》とは別也《べつなり》。懺悔の為に戒経を誦ずるは、猶《なほ》、是《これ》、念経《ねんきん》なるが故に、未受の者、戒経を誦せんとす。彼が為に戒経を説《とか》ん事、不レ可レ有レ咎《とがあるべからず》。下文《しものもん》には、『利養《りやう》の為《ため》の故に、』未受の前に是を説くことを修せんとす。最《もつと》も是を教《をしふ》べし」

問云《とうていはく》、「受戒の時は、七逆《しちぎやく》の懺悔《ざんげ》すべし、と見ゆ、如何《いかん》」

答云《こたへていはく》、「実《まこと》、懺悔すべし。受戒の時、不レ許事《ゆるさざること》は、旦《しばらく》、抑止門《おくしもん》とて抑《おさふ》る儀《ぎ》也。又、未受に上の文は、破戒なりとも還《また》得受せば、清浄《しやうじやう》なるべし。懺悔すれば清浄也。未受に不レ同《おなじからず》」

〔25〕

問云《とうていはく》、「七逆、既に懺悔を許さば、又、受戒すべきか如何」

答云《こたへていはく》、「然也《しかなり》。故僧正、自所レ立《みづからたつところ》の義《ぎ》也。既に懺悔を許《ゆるさ》ば、又、是《これ》、受戒すべし。逆罪なりとも、悔《くひ》て受戒せば、可レ授《さづくべし》。況《いはんや》、菩薩《ぼさつ》は、直饒《たとひ》、自身は破戒の罪を受《うく》とも、他の為に受戒せしむべし」

〔注〕

この章のはじめ以下「果、引起すや」まで、底本では、前章（二ノ三）に続いているが、いま、内容上、章の切り方を改めた。

(1)不昧因果底《ふまいいんぐわてい》（因果を味《くら》まさず。または因果に味からず）　宏智《わんし》禅師頌古《じゆこ》百則の中の第八則「百丈野狐《ひやくじようやこ》」の話《わ》に出てくる最も重要な語である。百丈野狐の話は『天聖広燈録《てんしようこうとうろく》』（巻第八）にある。「不昧因果底」の「底」は「ところ」「の」という意。助辞。

昔、百丈懐海《ひやくじようえかい》禅師（七二〇―八一四）が、法堂に出て提唱《ていしよう》のたびごとに、衆にまじって一老人が、その法話を聴聞していた。提唱が終わって衆が散じると、老人もまた、いなくなる。ところがある日、衆が散じても、老人ひとり残っていた。そこで百丈懐海禅師が、老人に向い、「あなたは、どういう人か」と聞いた。すると老人が答えるには、「私は、過去、釈迦牟尼仏以前の迦葉《かしよう》仏の時代に、この山に住んでいた者です。ところがあるとき、一修行者から質問を受けました、『大いに修行し悟りを得たような人は、再び因果の法に落ちることがあるか、あるいは、ないか』というのです。これに対し、私は、『不落因果《ふらくいんが》（因果に落ちることはない）』と答えたのです。ところが、このため、私は畜生道に堕《お》ち、野狐《のぎつね》の身になってしまい、今日に至りました。一体、何と答えたら正しい答えになるのか、お教え下さい。大いに修行し悟りを得たような人は、再び因果に落ちることがあるのでしょうか、ないのでしょうか」といった。

百丈禅師は、これに答えていった。

「不昧因果《ふまいいんが》」（因果を昧《くら》まさず）

そういわれた途端、老人には悟りが開けた。老人は厚く礼をのべ、「お蔭で、野狐の身から解脱《げだつ》することができました。私の身は、うしろの山の中にあります。何とぞ、亡僧の礼にならって弔《とむら》っていただきたく存じます」といって姿を消した。あとで裏山に行ってみると、岩かげに、一匹の野狐の死骸があった。薪を積んでこれを焼き、厚く葬ったという。

この百丈野狐の話を、道元は『正法眼蔵』「大修行」と「深信因果」で論じている。この寓話の中心になっているのは、「不昧因果」である。この寓話でこの語は「不落因果」と対照されている。

大いに修行した人は、もはや、因果応報、生死流転の道に落ちない、それから解脱することができる、というのが、「不落因果」であるが、もし、そのように考えるとすれば、因果応報生死流転のこの現実をはなれて、何か悟りの世界が別にあるように考えることになる。悟りというのも修行というのも、この現実を離れてあるのではない。因果応報生死流転のこの現実は明々白々で歴然たるものがある。「不昧因果」（因果に昧《くら》からず。因果を昧《くら》まさず。）とは、要するに、このような因果の道理を明らめよ、ということである。

(2) 南泉斬猫《ざんみょう》の話《わ》は、宏智《わんし》頌古《じゅこ》百則の第九則で、『景徳伝燈録』（巻第八）にある。

南泉普願《なんせんふがん》禅師（七四八―八三四）の禅林で、あるとき、東堂と西堂との僧たちが、猫を可愛がって奪い合いになった。たまたま南泉和尚が、その場に来あわせ、これを見て、やにわにその猫の子を取りあげ、皆の者に示していった。「さあ、何か一句いえ。いい得たら、この猫の子を助けてやろう。何もいえないなら、斬り殺してしまうぞ」

衆僧なにも答えることができなかった。そこで南泉和尚は、その猫の子を一刀両断に斬り殺してしまった。そこへ、一番弟子の趙州《じょうしゅう》（従諗《じゅうしん》　七七八―八九七）が外から帰ってきた。南泉和尚が趙州に、「お前ならば何と答える」といったところ、趙州は、即座に、はいていたはきものを脱ぎ、これを頭にのせて、すっと出て行ってしまった。南泉和尚は、これを見て、「もし、お前がいたら、猫を殺さないで、すんだものを」といった。

趙州が、足にはいていたはきものを、頭にのせて出て行ったのは、いかにも奇矯なやり方のようであるが、雲門禅師もいうとおり、こんなときに、別に、きまったやり方というものがあるわけではない。

〔猫を殺す前ならとにかく、猫を斬ってしまってから、さあ一句いえ、といわれたところで、いまさら、どうにもなりません。あべこべの話ですな〕

〔訳〕

あるとき、懐弉《えじよう》が道元禅師に問う。

「不昧《ふまい》因果（因果を味《くら》まさず）という道理は、どういうことですか」

師、道元は答える、「不動《ふどう》因果ということだ」

弉がいう、「では、どうして因果から解脱できるのですか」

師はいう、「因果は、はっきりと、一時にあらわれているのだ」

弉がいう、「そうだとすると、どうして結果を、引き起しますか」

師はいう、「すべてを、そのように考えるとしたら、南泉和尚が猫の子を斬り殺したことを考えてみよ。あのとき、南泉和尚の問いかけに、まわりにいた僧たちのうち誰ひとり、これに答えることができなかった。そこで南泉和尚は、その猫の子を、斬り殺してしまったのだ。後に「趙州が草鞋を脱いで頭に戴いて出ていったのは、また一段と格別のやり方だ」

さらに道元禅師は懐弉に教えていう、

「私がもし南泉和尚であったなら、次のようにいおう。『皆の者が一句いい得たとしても、猫を斬り殺してしまうぞ。また、いい得なかったとしても、猫を斬り殺してしまうぞ。猫を奪いあって争っていたのは一体誰だ。猫を救おうというのは一体誰だ』と」

道元禅師はさらに懐弉に教えていう、

「私がそのときまわりにいた大衆であったら、こういおう、『すでに一句、いい得ております。さあ、和尚さま、その猫の子をさっさと斬り殺しなさい』と」

さらに懐弉に教えていう、

「また、大衆であったら、こういおう、『南泉和尚さまは、猫の子を、一刀のもとに両断することは御存知でも、一刀一段にすることは御存知ない』と」

そこで、懐弉は聞く、

「一刀一段というのは、どういうことですか」

道元禅師が答える、

「大衆が何にもいい得ず、しばらく答えることができずにいたら、南泉和尚は、次のようにいっていいのだ、『お前たちは、すでに一句いい得たぞ』こういって、その猫の子を、放してやればよい。古人（雲門文偃《うんもんぶんえん》禅師、八六四―九四九）もいっている、『大きな働きが目の前に現われ行われるとき、きまったやり方などというものはない』と」

また懐弉に教えていう、

「南泉和尚が猫を斬り殺したのは、仏法の大いなるはたらきなのだ。あるいは、一転語（世界をひっくりかえして、人々を悟りに入らせる機縁となる一句）なのだ。もし、そうでないとすれば、山河大地妙浄明心（山河大地全世界が、そっくりそのまま、浄く明らかな心そのもの）ということもできず、また、即心是仏（こころが、そのまま、仏である）ということもできない。即ち、この一転語を聞くやいなや、猫の児の体を、そのまま、仏の体と見、またこの語を聞いて、仏道の修行者は、ただちに悟りに入ることができるのだ」

また道元禅師は懐弉に教えていう、

「この斬猫は、そのまま、仏行である」

弉「では、斬猫であって仏行であるのを、何といったら、いいのですか」

師「やはり、斬猫といってよいのだ」

弉「それは、殺生の罪ではありませんか」

師「そのとおり、罪である」

弉「どうしたら、その罪から、のがれられますか」

師「殺生罪と仏の行いとは別であって、しかも、両者を兼ね具えているのだ」

弉「別解脱戒（別々に戒を守ることによって解脱を得ること）というのは、そういうことをいうのでしょうか」

師「そのとおりである」そしてさらにいう、

「ただし、猫を斬り殺して、悟りに入らせるというようなやり方は、たとえ結構だとはいっても、ないにこしたことはない」

懐弉が道元禅師に質問していう、

「犯戒《ぼんかい》（戒を犯す）というのは、戒を受けてから以後、戒を犯した場合をいうのですか。あるいはまた、戒を受けぬ前に、罪を犯した場合をも、いうのでしょうか」

道元禅師は答える、

「犯戒というのは、受戒以後、戒を犯した場合をいうのである。受戒以前に罪を犯した場合は、ただ、罪相（罪のすがた）・罪業（罪のしわざ）といって、犯戒とは、いわないのだ」

懐弉「梵網経の四十八軽戒《きょうかい》の中に、未受戒のときに罪を犯したのを犯《ぼん》といっておりますが、どういうわけでしょうか」

道元「そうではない。未受戒の者が、戒を受けようとするとき、それまでに造った罪を懺《ざん》悔《げ》するに当って、いま受けようとする戒に照して考えて、十重禁戒・四十八軽戒を犯しているのを犯といっているのである。受戒以前に造った罪は犯戒とはいわない」

懐弉「これから戒を受けようとするとき、いままでに造った罪を懺悔するために、その未受戒の者を懺悔させるに当って『十重禁戒・四十八軽戒を教えて、読誦させよ』〔第四十一軽戒〕とあります。ところが、そのあとの個所〔第四十二軽戒〕では、『未受戒の者の前では、戒を説いてはならない』とあります。この二箇所のちがいは、どうしたわけでしょうか」

道元「受戒《じゅかい》（戒を受けること）と誦戒《ずかい》（戒を声を出して読むこと）とは別である。懺悔のために戒経を声を出して読むのは、なお念経《ねんきん》（経の内容を念じながら経文を読むこと）であるから、未受戒の者も、戒経を声を出して読もとするのである。未受戒の者のために、戒経の内容を説明してやるのは、少しも差し支えないのである。あとの経文〔第四十二軽戒《きょうかい》〕

の箇所では、『利養のための故に』未受戒の者に戒を説くことを、いましめているのである。利養のための故にでないなら、受戒者に懺悔させるため、何よりも戒の内容を説明し教えてやらねばならぬ」

懐弉「受戒のとき、七逆罪（出仏身血《すいぶつしんけつ》、殺父《せっぷ》、殺母《せつも》、殺和上《せつわじょう》、殺阿闍梨《せつあじゃり》、破羯磨転法輪《はかつまてんぼうりん》僧、殺聖人《せつしょうにん》）の者には、受戒させてはならぬ〔第四十、四十一軽戒〕ともありますが、また、七逆罪の者も、懺悔させよ〔第五軽戒〕ともあります。これは、どのように解したらよいのですか」

道元「七逆罪の者にも、懺悔させなくてはいけないのである。受戒に際し、七逆罪を犯した者には、戒を受けさせないというのは、抑止門《おくしもん》といって、一旦は、悪を抑え、しりぞけるためのものである。経文にあるとおり、破戒の者でも、懺悔して、再び戒を受けるならば、清浄となるのである。懺悔すれば、清浄となるのだ。未受戒の者（不清浄の者）とはちがうのだ」

懐弉「七逆罪の者も懺悔させるとすれば、その上で、受戒させてよいわけですか」

道元「そのとおりである。亡くなった栄西禅師が御自身で定められたところである。すでに懺悔を許したなら、またこれに受戒させるべきなのだ。逆罪の者であっても、悔いて受戒を求めたら、戒を授けるべきである。ましてや菩薩は、たとえ自分は破戒の罪を受けるとも、ひとのために受戒させるべきなのだ」

## 二ノ五　悪口をもて僧を呵嘖

〔26〕

夜話《やわ》に云《いはく》、悪口をもて、僧を呵嘖し毀呰《きし》する事莫《なか》れ。悪人不当なりと云《いふ》とも、無二左《さうな》右一《く》、悪毀《にくみそ》しる事莫《なか》れ。先づ何《いか》にわるしと云《いふ》とも、四人已上集会《いじやうしふゑ》しすべければ、僧の体《てい》にて、国の重宝なり。最《もつとも》、帰敬《ききやう》すべき者也。若《もしく》は住持長老にてもあれ、若《もしく》は、師匠知識にてもあれ、不当ならば、慈悲心老婆心にて能《よく》教訓誘引すべき也。其時《そのとき》、直饒《たとひ》可レ打《うつべき》をば打ち、可二呵嘖一《かしやくすべき》をば呵嘖すとも、毀呰《きし》謗言《はうげん》の心を不レ可レ起《おこすべからず》。

先師《せんじ》天童浄和尚、住持の時、僧堂にて、衆僧坐禅の時、眠を警《いましむる》に履《くつ》を以《もつ》て是を打《うち》、謗言《はうげん》呵嘖せしかども、僧、皆、被レ打事《うたるること》を二喜び、讃嘆《さんだん》しき。

或時又上堂《じやうだう》の次《つい》でには、常に云《いはく》、「我已《われすで》に老後の今は、衆《しゅ》を辞し、庵《あん》に住して老《おい》を扶《たすけ》て居る《を》べけれども、衆《しゅ》の知識として、各々の迷《まよひ》を破り、道を助けんが為に、住持人たり。因レ是《これによつて》、或は呵嘖の言を出《いだ》し、竹篦打擲《しつぺいちやうちやく》等の事を行《ぎやう》ず。是《これ》、頗《すこぶ》る恐《おそれ》あり。然《しか》れども、代レ仏《ほとけにかはつて》、揚二化義一《けぎをあぐる》式なり。諸兄弟《しよひんでい》、慈悲をもて是を許し給へ」と言《いへ》ば、衆僧流涕《るでい》しき。

如レ是《かくのごとき》の心を以てこそ、衆をも接し、化をも宣《のぶ》べけれ。住持長老なればとて、猥《みだ》りに衆を領《りやう》じ、我《わが》物に思ふて呵嘖するは非《ひ》也。況《いはんや》、其《その》人に非《あらず》して人を《〔の〕》短《たん》を謂《いひ》、他の非を謗《そ》しるは非《ひ》也。能々《よくよく》用心すべき也。他の非を見て、わるしと思《おもう》て、慈悲を以《もつ》てせんと思はゞ、腹立つまじき様に方便《はうべん》して、傍《かたはら》の事を言ふ様にて、こしらう《〔ふ〕》べし。

〔訳〕

夜話（夜、坐禅の際のお話し）でいわれた。

悪口をいって僧を叱り責め、そしりとがめることをしてはならぬ。たとえ悪人で道理に反していても、むやみに、にくみそしってはならぬ。まず、いかに悪いといっても、四人以上集まっているのであれば、これはもう立派なサンガ（僧団）の形をなしているのであって、国の大切な宝〔仏・法・僧の三宝の一つ〕である。最も敬まい尊び信頼せねばならぬものである。禅林の最高指導者である住持であっても長老であっても、あるいは、師匠であっても指導僧であっても、道理にはずれた弟子がいたら、慈悲の心、おもいやりの心をもって、教えさとし、正しい道に導きいれるべきである。そのとき、たとい、打たねばならぬ者を打ち、叱り責めなくてはならぬ者を叱り責めるとしても、決して悪しざまに悪口をいってそしりとがめようなどという心を起すことがあってはならぬ。

亡くなった私の師匠天童如浄和尚が住持の折のことだが、僧堂でみなみな坐禅しているとき、居ねむりをしている者がいると、浄和尚は自分の履《くつ》で打ちすえ、ののしり叱ったが、僧たちは、みな打たれることを喜び、有難がったものだ。

あるとき、また法堂で衆僧の前で提唱の折、浄和尚は常にいわれた、「私は、すでに年老いてしまっているから、今は、皆の者と一緒に生活するのをやめ、草庵に住んで、老後を養っているのがよいのだが、皆の者の師匠として、各人の迷いを破り、その仏道修行を助けようために、住持の職についている。このために、あるときは、叱責の言葉を出し、またあるときは竹篦《しっぺい》で打ちのめしたりなどしている。だが、これは、まことに恐れ多いことなのだ。さりながら、これは仏になり代わって、大いに教化の実をあげるために、やらねばならぬ事である。皆の者、兄弟たちよ。慈悲の心をもって、これを許してくれよ」と。これを聞いて、衆僧、みなみな涙を流したものだ。

このような心でもってこそ、多くの者を親しく指導し教化することができるのである。住持長老であるからといって、むやみに皆の者を規制し、自分勝手になるもののように考えて叱責したりするのは、間違っている。ましてや、そのような位置にないのに、人の短所を言い、他人の過ちをそしるのは、よろしくない。よくよく気をつけねばならぬ。他人の過ちを見て、悪いことだと思い、慈悲の心で教化しようと思ったら、相手の人が腹を立てないよう工夫《くふう》して、直接的にでなく間接的に、なにかほかの事に托して教え導くのがよいのだ。

## 二ノ六　故鎌倉の右大将

〔27〕
又物語《ものがたりに》云《いはく》、故《こ》鎌倉の右大将、始め、兵衛佐《ひやうゑのすけ》にて有《あり》し時(1)、内府《だいふ》(2)の辺《ほとり》に、一日、はれの会《ゑ》に出仕の時、一人の不当人在りき。其時、大納言(3)に〔は〕をゝ《〔おほ〕》せて＝云《いはく》、「是を制すべし」将の云《いはく》、「六波羅に、を《〔おほ〕》せらるべし。平家の将軍也」大納言の云《いはく》、「近々《ちかぢか》なれば」大将の云《いはく》、「其の人に非ず」と。是れ美言《びげん》なり。此の心にて後に世をも治めたりし也。今の学人も其の心あるべし。其《その》人に非《あらず》して人を呵《か》する事莫《なか》れ。

〔注〕
(1)源頼朝の「兵衛佐」在任は、平治元年（一一五九）十二月十四日より同月二十八日までの期間。当時、頼朝十三歳。
(2)内府《だいふ》　内大臣。平治元年には藤原公教。翌永暦元年八月には松殿基房。基房は道元の祖父。

(3)平治元年の大納言は、藤原宗能。当時七十五歳。この頼朝の話は、他に所伝がないから、道元が祖父を通じて聞いた話であろうと推定されている。ただし、面山本は「内府」を「内裡《だいり》」とする。

〔訳〕

また、お話の中で、こんなことをいわれた。

亡くなった鎌倉の右大将、源頼朝公が、兵衛佐《ひやうえのすけ》（近衛武官次席）であったとき、ある日、綺麗《きら》びやかな晴《は》れの儀式の宴があって、内大臣の側近に出仕していた。そのとき、ひとりの狼藉者《ろうぜきもの》があった。

そのとき大納言には、「あの者を取り抑えよ」とお言葉があった。

頼朝公は「六波羅《ろくはら》にお命じ下さい。六波羅の清盛公は、平家の総指揮官であります」と答えた。

大納言は「しかし手近かに、お前という者がいるではないか」といったが、頼朝公は、「私は武人ではありますが、平家の侍を取りしまる立場の者ではありませぬ」といった。

この頼朝公の言葉は、立派である。このような心がけであったから、後に天下の支配者ともなったのである。いま仏道を学ぶ者も、このような心がけがなくてはならぬ。その立場になかったら、ひとを叱り取りしまるようなことをしてはならないのだ。

## 二ノ七　昔、魯の中〔仲〕連

夜《や》話云《わにいはく》、昔、魯《ろ》の中〔仲〕連と云《いふ》将軍ありて、平原君が国に有《あつ》て、能《よ》く朝敵を平《たひら》ぐ。平原君、賞して、数多《あまた》の金銀等を与へしかば、魯の中〔仲〕連辞して云《いはく》、「只、将軍の道なれば、敵を討能《うつのう》を成す已而《のみ》。賞を得て、物を取《とら》んとには非《あら》ず」と謂《いつ》て、敢《あへ》て不レ取《とらず》と言《いふ》。魯中〔仲〕連、廉直とて名《めい》よの事也。

俗、猶、賢なるは、我《われ》、其人《そのひと》として、其道《そのみち》の能を成すばかり也。代りを得んと不《おも》レ思《はず》。学人の用心も、如レ是《かくのごとく》なるべし。仏道に入《いつ》ては、仏法の為に、諸事を行《ぎやう》じて、代《かはり》に所得あらんと不レ可レ思《おもふべからず》。内外《ないげ》の諸教に、皆、無《む》所得《しよとく》なれとのみ進むるなり。（心ヲ取《とる》）

〔28〕

法談の次《ついで》に示して云《いはく》、直饒《たとひ》＝我《われ》、道理を以《もつ》て道《いふ》に、人、僻《ひが》事を言《いふ》を、理を攻《せめ》て言勝《いひかつ》は悪《あし》き也。次《つぎ》に、我《わ》れは現に道理と思へども、「我《わ》が非《ひ》にこそ」と言《いつ》て、負《まけ》てのくも、あしばやなると言《いふ》也。

只、人をも言不レ折《いひをらず》、我《わ》が僻事《ひがこと》にも謂《いひ〔お〕》をほせず、無為にして止《や》めるが好《よき》也。耳に聴《きき》入《いれ》ぬ様《やう》にて忘るれば、人も忘れて、怒《いか》らざる也。第一の用心也。

〔訳〕

夜のお話のときいわれた。

昔、魯《ろ》仲連という将軍があった。平原君に仕えて、よく敵軍を退《し》りぞけた。平原君が、その功を賞して、数多くの金銀を与えたところ、魯仲連は、これを辞退して、「敵を討伐するのは、将軍たるものの当然の任務でありますから、なしたまでのことです。賞を得て物をいただこうためではありませぬ」といって、どうしても受け取らなかったという。魯仲連は廉直の士として、ほまれ高いことであった。

俗人でも、賢者は、自分がその任にある者として当然なすべきはたらきをするだけである。その代償を得ようとは思わぬのだ。仏道を学ぶ者の心がけも、このようでなくてはならぬ。仏道にはいったら、仏法のために諸々の事を行じ、決してその代償を得ようなどと思ってはならぬ。仏教の教えでも、仏教以外の教えでも、みな、無所得であれとのみ勧めているのだ。（以上、要点ヲ記ス）

法談の折に教えていわれた。

たとえ自分が道理をもっていっている場合でも、相手が間違ったことをいったのに対し、これを理づめで攻めていい負かすのは、いけないことだ。次に、自分では、たしかに道理と思っても、「私の方が間違っていると思います」などといって、負けて引きさがるのも、軽はずみというものだ。

ただ、相手をもいい負かさず、自分の方の間違いだとしてもしまわずに、決着をつけずそのままにして、やめてしまうのがよいのである。耳に聞きいれぬようにして忘れてしまえば、相手も忘れて怒らないものである。これ第一の心がけである。

## 二ノ八　無常迅速なり、生死事大なり

示云《じにいはく》、無常迅速《むじやうじんそく》也、生死事大《しやうじじだい》也。暫《しばらく》、存命《ぞんみやう》の間《あひだ》、業を修《しゆ》し、学を好《このまん》には、只、仏道を行《ぎやう》じ、仏法を学すべき也。文筆詩歌《しいか》等、其詮《そのせん》なき也。捨べき道理、左右《さう》に及ばず。仏法を学し仏道を修するにも、尚《なほ》、多般を兼《かね》学すべからず。況《いはん》や教家《けうけ》の顕密の聖《しやう》教《げう》、一向に閣《さしおく》べき也。〔ふ〕仏祖の言語《ごんご》すら、多般を好み学すべからず。一事専《もつぱら》にせん、鈍根劣器のもの、かなうべからず。況《いはん》や、多事を兼《かね》て、心想を調《ととの》へざらん、不可なり。

〔訳〕

教えていわれた。

無常迅速《むじょうじんそく》（人事、世間、一切の事象は、すみやかに、うつろいゆく、過ぎ去りゆく）なり。生死事大《しょうじじだい》（人間の生と死との真相を明かにするは、人間の生涯における最も重大な事）

なり。しばらくの命《いのち》ある間に、何か業《わざ》を身につけ学ぼうとするならば、なによりも、さとりの道（仏道）を行《ぎょう》じ、さとりの真理（仏法）を学ぶべきである。文章を書き詩歌をよむなどのことは、無益なことである。これを捨てるべきは当然で議論の余地がない。さらに、仏法を学び、仏道を行ずるに当っても、やはり多方面にあれこれと兼学してはならぬ。ましてや学僧たちの顕教・密教の聖なる教えなど、全くやらずにおくべきである。諸仏・祖師たちの言葉ですら、あれもこれもと多方面に学ぶべきではない。ただ一つのことを専心することでも、生まれつき才智がにぶく器量が劣っている者には、なかなか出来がたいことだ。ましてや、多方面を兼学しては、心のはたらきを静かにととのえることができなくなってしまうであろう。いけないことである。

## 二ノ九　昔、智覚禅師

〔29〕

示云《じにいはく》、昔、智覚禅師(1)と云《いひ》し人の発心《ほっしん》出家の事。此《この》師は初《はじめ》は官人《くわんにん》也。才幹《に》富《み》(2)正直《しやうぢきの》賢人也。有時《あるとき》、国司たりし時、官銭を盗《ぬすん》で施行《せぎやう》す。旁人《ばうにん》、是を官奏す。帝、聴《きい》て大《おほき》に驚き怪《あや》しむ。諸臣皆怪《あやし》む。罪過已《すで》に不レ軽《かろからず》、死罪に行《おこ》なはるべしと定《さだま》りぬ。

爰《ここ》に帝、議して云《いはく》、「此臣は才人也、賢者也。今ことさら此《この》罪を犯す。若《もしくは》、深心《ふかきこころ》有《あらん》か。若《もし》、頸《くび》を斬《きら》ん時、悲愁《かなしびうれへ》たる気色《けしきあら》有ば、速《すみやか》に可レ斬《きるべし》。若《もし》、其の気色《けしきなく》無んば、定めて深心《ふかきこころ》有り、不ㇾ可ㇾ斬《きるべからず》」

勅使、ひきさりて欲ㇾ斬時《きらんとする》、少《すこし》も愁《うれへ》の気色《けしき》無し。返りて喜ぶ気色あり。自《みづから》云《いはく》、「今《こん》生《じやう》の命は、一切衆生《しゆじやう》に施《ほどこす》」と。使、驚き恠《あやしん》で返り奏聞す。

帝、云《いはく》「然《しか》り。定《さだめ》て深心《ふかき》有らん。此事有るべしと、兼《かね》て是を知れり」仍《よつ》て其《そ》の故を問《とふ》。

師、云《いはく》、「官を辞して命を捨て、施《せ》を行《ぎやう》じて衆生に縁を結び、生《しやう》を仏家《ぶつけ》に稟《うけ》て、一《いつ》向《かうに》、仏道を行《ぎやう》ぜんと思《おもふ》」と。

〔30〕

帝是を感じて、許して出家せしむ。仍《よつて》、延寿と名を賜《たまふ》。可ㇾ殺《ころすべき》を、是を留むる故＝也。

今の衲子《のつす》も是ほどの心を、一度《ひとたび》発《おこ》すべき也。命《いのち》を軽《かろ》くし、生《しやう》を憐《あはれ》む心深くして、身を仏制に任《まか》せんと思ふ心を発すべし。若《もし》、前《さき》より、此《この》心一念も有らば、失はじと保つべし。これほどの心、一度不発《おこさず》して、仏法悟《さと》る事はあるべからず。

〔注〕

(1)智覚禅師　永明延寿（九〇四―九七五）。中国の人。法眼宗第三祖。はじめ呉越王に仕え、二十八歳で出家。

(2)才幹《に》富《み》　長円寺本「誇《ホコル》レ富《ニ》」とあり誤写か。面山本により上記のごとく読む。

〔訳〕

教えていわれた。

昔、智覚禅師という方《かた》が発心出家した事の次第は次のようであった。この方は、はじめ官吏であった。才幹ある人で正直な賢者であった。あるとき国司であったとき、公金を用いて貧しい人々に施した。彼のそばにいた人が、そのことを皇帝に申し上げた。皇帝はこれを聞き、大いに驚き不審に思った。朝廷の役人たちも、みな不審に思った。その罪ははなはだ重い。死罪にすべきだと事はきまった。

そのとき、皇帝は諸臣とはかり「この者は学才があり賢者である。いま、敢えてそのような罪を犯すのは、もしかすると、深い考えがあってのことではないであろうか。そこで頸《くび》を斬るときに、悲しみ嘆《なげ》く様子《ようす》があったなら、さっさと斬ってしまうがよい。もしも、そのような様子がなかったら、きっと深い考えあってのことであるから、頸を斬ってはならぬ」といった。

帝の命令をうけた役人が、引き出して斬ろうとしたとき、すこしも悲しむ様子がなく、かえって、うれしそうな様子であった。そして自身いうことには「この世に生まれた命は、一切の生きとし生けるものに施すのだ」という。その役人は、これを聞いて驚き不審に思い、事の次第を皇帝に申し上げた。

皇帝はいった、「なるほど、きっと深い考えあってのことだ。そういう事ではないかと、かねて思っていたとおりである」と。そこで、何故そのようなことをしたのか、その理由が問われた。

その人はいう、「私は、官職から退き、命をなげ出し、施しを行い、生きとし生けるものと仏縁を結び、次の世には、仏門の人となって、ひたすら仏道を行じようと思うのである」と。

皇帝は、この言葉に心をうたれ、罪をゆるして出家させた。そして「延寿《えんじゅ》」という名を賜った。殺さるべきところ、殺されないで、寿命がのびたからである。

いまの世の修行者も、このくらいの志を、一度は起こさなくてはならぬのだ。命を軽んじ衆生をあわれむ心を深くもって、自分の身を、仏の定められたところに従って行じようとの心を起さなくてはならぬ。もし、前からこのような志がすこしでもあったなら、それを失わぬよう持ち続けるのでなくてはならぬ。このくらいの心を一度は起さなければ、仏法を悟ることはできはしないのだ。

## 二ノ十　祖席に禅話を覚り得る故実

夜話《やわ》に云《いは》く、祖席に禅話を覚得故実《さとりうるこしつ》は、我本《わがもとより》知り思ふ心を、次第に知識の言《ことば》に随《したがつ》て改めて去《ゆ》く也。仮令《けりやう》、仏と云《いふ》は、我《わが》、本《もとより》知《しつ》たる様《やう》は、相好《さうがう》(1)光明《くわうみやう》具足し、説法利生の徳有《あり》し、釈迦弥陀《しやかみだ》等を仏と知《しつ》たりとも、知識、若《もし》、「仏と云《いふ》は、蝦蟇蚯蚓《がまきういん》ぞ」と云《い》はゞ、蝦蟇蚯蚓《がまきういん》を、是ら仏と信じて、日比《ひごろ》の智恵を捨也《すつるなり》。此《この》蚯蚓上《うへ》に、仏の相好光明、種々の仏の所具の徳を求るも、猶、情見改《じやうけんあら》たまらざる也。只、当時の見ゆる処を、仏と知る也。若、如レ是《かくのごとく》、言《ことば》に従《した》が〔つ〕て、情見本執を改めもて去けば、自《おのづから》、〔31〕合《かな》ふ処あるべき也。然《しかる》に、近代の学者、自《みづか》らが情見を執して、己見にたがふ時＝は、「仏とは、とこぞ有《ある》べけれ」、又、我《わが》存ずる様にたがへば、「さは有《ある》まじ」なんどゝ言《いつ》て、自《みづから》が情量に似《にた》る事や有ると迷ひありく呈《ほど》に、を〔お〕ほかた仏道の昇進無き也。亦、身を惜《をしみ》て、「百尺《ひやくせき》の竿頭《かんとう》に上《のぼつ》て、手足を放《はなつ》て、一歩進め」(2)と言時《いふとき》は、「命有《あつ》てこそ、仏道も学《がく》せめ」と云《いつ》て、真実に知識に随順せざる也。能々可ニ思量一《よくよくしりやうすべし》。

〔注〕

(1) 相好《さうがう》　仏の顔かたち。三十二相と八十種好の意。相は大、好は細。

(2)『景徳伝燈録』巻十。長沙景岑《けいしん》の偈。
「百尺竿頭不動ノ人、然モ得入スト雖モ未ダ真ト為サズ。

百尺竿頭、須ク歩ヲ進ムベシ。十方ノ世界、是レ全身」

百尺もある長い竿の先端にビクともしないで立っている奴がいる。ふらふらしていないところをみると、なかなか出来た奴だが、まだ本物ではないわい。どうだ、その竿の先端のさらに先へもう一歩のぼってみろ。十方の全世界、すべてこれ、俺の体そのものだぞ。

〔訳〕

夜話にいわれた。

師が、法を説かれる席で、禅の法話を聞いて、よく理解するための心得《こころえ》として大切なことは、自分がもとよりよく知っていると思う気持ちを、師の言葉に従って、段々と改めてゆくことである。例えば、仏《ほとけ》というのは、自分が前から知っているところでは、そのすぐれた顔かたちやひかり輝く光明をそなえ、法を説き衆生を済度する徳のあるお釈迦様・阿弥陀様のことだと理解していたとしても、もし師が、仏というのは、ひきがえるや、みみずだといったら、ひきがえるや、みみずを、これが仏であると信じて、日ごろの理解を捨てるのだ。みみずが仏であるといわれたからといって、みみずのうちに、仏の顔かたちや光明や、仏がそなえているさまざまの徳を探しもとめるようでは、なお自分勝手な考え方が改まっていないことなのだ。ただ現在見えるところを、そのまま仏と心得るのだ。もしも、このように、師の言葉に従って、自分勝手な見方や本来的な執着心を改めてゆけば、自然と仏道にかなうところがあるはずである。ところが、近ごろの修行者は、自分の勝手な考えに固執し、自分の見解とちがうときには、「仏とは、かようしかじかのものであるはずである」とか、自分が考えているのとは違っていると、「そんなはずはない」などといって自分の推量の当てはまるところがないかと、あちこち探しあるくので、まったく悟りの道での前進がないのだ。

また自分の身を惜しんで、「百尺の竿のさきに昇って手足をはなし一歩を進めよ」といわれたとき、「命あってこそ、悟りの道を学ぶこともできよう」などといって、師に心から従わないのである。よくよくこのところを思いみるべきである。

## 二ノ十一　人は世間の人も衆事を兼ね学して

〔32〕

夜話云《やわにいはく》、人は、世間の人も、衆事を兼《かね》学して、何《いづ》れも能《よく》もせざらんよりは、只一事を能《よく》して、人前にしても、しつべきほどに、学すべき也。況や出世の仏法は、無始《むし》より以来《このかた》、修習せざる法也。故に今も、うとし。我が性《しやう》も拙《つた》なし。高広なる仏法の事を、多般を兼《かね》れば、一事をも成《じやう》ずべからず。一事を専《もつぱら》にせんすら、本性昧劣《まいれつ》の根器、今生に窮《きは》め難《がた》し。努々《ゆめゆめ》学人、事を専《もつぱら》にすべし。

弉問云《とうていはく》、若然《もししからば》、何事いかなる行か、仏法に専ら好み修《しゆす》べき。

師云《いはく》、機に随《したがひ》、根に随《したがふ》べしと云へども、今祖席に相伝して専《もつぱら》す〃る処《ところ》は坐禅也。此の行、能《よく》、衆機《しゆき》を兼《かね》、上中下根等《ひとしく》、修し得べき法也。我《われ》、大宋天童先師の会下《ゑげ》にして、此《この》道理を聞《きい》て後、昼夜定坐《ぢやうざ》して、極《ごく》熱極寒には発病しつべしとて、諸僧、暫《しばら》く放下《はうげ》しき。我《われ》、其時自《みづから》思はく、「直饒《たとひ》発病して死《しぬ》べくとも、猶、只、是を修《しゆす》べし。

不《やまず》レ病して修せずんば、此身労しても何の用ぞ。病《やまひ》して死なば本意也。大宋国の善知識の会《ゑ》にて修し死《しに》て、よき僧にさばくられたらん、先《ま》づ結縁《けちえん》也。日本にて死なば、是《これ》ほどの人々に、如法仏家の儀式にて、沙汰すべからず。修行して未《いまだかなはざるさき》レ契 先きに死せば、好《よき》結縁として、生を仏家にも受《うく》べし。修行せずして、身を久《ひさし》く持《たもつ》ても、無《せんなきなり》レ詮也。何の用ぞ。況や身を全くし病不《おこさず》レ作と思ふ程に、不《しらず》レ知、又海にも入《いり》、横死にも逢はん時は、後悔如何」。如《かくのごとく》レ是、案じつづけて、思切《おもひきつ》て昼夜端坐せしに、一切に病不《おこらず》レ作。

〔33〕 如今《いま》、各々も、一向に思切《おもひきつ》て修して見よ。十人は十人ながら、可《とくだうすべき》ニ得道一也《なり》。先師＝天童のすすめ、如《かくのごとし》レ是。

〔訳〕

夜話にいわれた。

俗世間の人でも、多くの事を同時に学んで、そのどれも、よくはできないよりは、ただ一つの事に練達して、人前に出ても恥かしくないほどに学ぶべきである。ましてや、俗世間を超えている仏法（悟りの理法）は、永遠の昔より今に至るまで、修めたことも習ったこともない理法である。故に、現在でも、よく判っていないのだ。我々人間の生まれつきも、劣っている。高く広やかな仏法について、多くのことを兼学すれば、一つの事すら成就することができない。一つの事を、専心まなぶことすら、生まれつき劣っている素質のものは、その生きてあるうちに、窮めることができぬ。悟りの道を学ぶ者は必ず一つの事に専心しなくてはいけないのだ。

懐弉が質問していう。

それでは、仏法の中で、どのような事、どのような修行を、えらんで専心したらよいのでしょうか。

道元禅師はいわれる。

それは、その人の生まれつきの素質によるのではあるが、いま禅門で代々相伝えて専一にするところは、坐禅である。この坐禅の行は、どんな人にも向いていて、生まれつき素質のよい人にも劣った人にも、同じように修することができる法である。私が大宋国で天童先師の門下にあったとき、この道理を聞いて以後、昼も夜もしっかりと坐禅したものだ。極暑極寒の折には、病気になるといけないといって、多くの僧が坐禅をやめたが、そのとき、私が自分で考えたのは、「たとえ病気になって死ぬことになろうとも、ひたすら坐禅をはげむことにしよう。病気でもないのに坐禅修行をしなかったら、この身をいたわっても何の役にも立たぬ。病気になって死んだら本望だ。大宋国のすぐれた師匠のもとで、修行したあげく死んだら、立派な僧たちに始末してもらえるであろう。これは何よりもまず第一に、来世に成仏し得ようすぐれた縁を結ぶことになる。日本で死んだら、これほどの人々によって、法にかなった仏教の儀式で葬ってもらえないわけだ。修行して悟りに至らぬうちに死んだら、これがよい因縁となって、来世には、再び仏門の人となることができよう。修行しないで、生きながらえても、仕方がない。何の役にも立つまい。ましてや、命ながらえ病気もせず、よかったと思っているうちに、航海の途中で海に投げ出されて死ぬかもしれず、あるいは災難にあって不慮の死にあうかもしれぬ。そのときの後悔はいかばかりであろうか」このように思案しつづけて、思い切って昼夜しっかりと坐禅したのだが、すこしも病気にはならなかった。

いま皆々各自、ひたすら決心して坐禅修行してみよ。十人が十人ながら、さとりの道が得られるのだ。亡き師、天童如浄禅師の勧められたところも、このようであった。

## 二ノ十二　人は思ひ切って命をも捨て

示云《じにいはく》、人は思切《おもひきつ》て命をも捨て、身肉手足《しんにくしゆそく》をも斬《きる》事は、中々せらるゝ也。然れば、世間の事を思ひ、名利《みやうり》執心の為にも、如レ是《かくのごとく》思ふ也。只、依来《よりきた》る時に触《ふれ》、物に随《したがつ》て、心器を調《ととのふ》る事、難《かた》き也。学者、命を捨《すつ》ると思《おもう》て、暫く推し静めて、云《いふ》べき事をも、修すべき事をも、道理に順ずるか、順ぜざるかと案じて、道理に順ぜば、いひもし、行《ぎやう》じもすべき也。

〔訳〕

教えていわれた。

人間というものは、ひとたび決心してやる気になれば、命をすてることも、自分の身体の肉や手足を斬ることも、なかなかどうして、できるものである。そうであるから、俗世間でなさねばならぬことを考え、名誉や利益や、自分が是非ともやりとげたいと思うことのためにも、そのように命を捨ててもと考えるのである。ただ、事が差し迫ってきた時機に応じ事態にしたがって、心のはたらきを調えることが難しいのだ。悟りの道を学ぶ者は、命を捨ててやると思うにしても、しばらくその心をおし静めて、いうべきことでも修すべきことでも、道理にかなっているか、かなっていないかと、思いめぐらし、道理にかなっているならば、いいもし、行いもするようでなくてはならぬ。

## 二ノ十三　学道の人、衣粮を煩はすことなかれ

示云《じにいはく》、学道の人、衣粮《えりやう》を煩《わづらは》す事莫《なか》れ。只、仏制を守《まもつ》て、心《こころを》世事に出《いだ》す事莫《なか》れ。仏言《のたまは》く、「衣服《えぶく》に糞掃衣《ふんざうえ》あり、食《じき》に常乞食《じやうこつじき》あり。何れの世にか、此《この》二《ふたつ》の事、尽《つく》る事有《あら》ん」無常迅速なるを忘れて、徒《いたづ》らに世事に煩《わづらふ》事《こと》莫《なか》れ。露命の暫く存せる間、只、仏道を思《おもう》て、余事《よじ》を事《じ》とする事莫《なか》れ。

〔34〕或人《あるひと》、問《とうて》云《いはく》、「名利《みやうり》の二道は、捨離しがたしと云へども、行道の大《おほき》なる礙《さはり》なれば、不レ可レ不レ捨《すてずんばあるべからず》、故に捨レ是《これをすつ》。衣粮《えりやう》の二事は小縁なり＝と云へども、行者の大事なり、糞掃衣、常乞食、是は上根《じやうこん》の所行、又、是、西天《さいてん》の風流也。神丹《しんだん》の叢林には常住物等あり。故に其《その》労なし。我国の寺院には、常住物なし。乞食《こつじき》の儀も即《すなはち》絶《たえ》たり、不レ伝《つたはらず》。下根不堪《ふかん》の身、如何《いかん》がせん。爾《しか》らば、予《よ》が如きは、檀那《だんな》の信施を貪らんとするも、虚《こ》受《じゅ》の罪、随《したがひ》来《きた》る。田商仕工を労むも、是《これ》、邪命食《じやみやうじき》なり。只、天運に任せんとすれば、果報、又、貧道なり。飢《き》寒来らん時、是《これ》を愁《うれへ》として行道を碍《さへ》つべし。或人《ある》、諫《いさ》めて云《いはく》、『汝《なんぢ》が行儀、太《はなはだ》あらじ。時機を顧《かへりみ》ざるに似たり。下根なり。末世也。如レ是《かくのごとく》、修行せば、又退転の因縁と成ぬべし。或《あるひ》は一檀那をも相語らひ、若《もしく》は、一外護《げご》をも契《ちぎつ》て、閑居静所《げんごじやうしょ》にして、一身を助《たすけ》て、衣粮に労《らうする》事《こと》無くして、仏道を行《ぎやう》ずべし。是、即、財物等を貪《むさぼる》に非《あら》ず。時の活計を具して修行すべし』と。此《こ》の言《ことば》を聞《きく》と云へども、未ニ信用一《いまだしんようせず》、如レ是《かくのごとき》用心如何《いかん》」

〔35〕答《こたへて》云《いはく》、夫《それ》、納《のっ》＝子《す》の行履《あんり》は仏祖の風流を労すべし。三国殊《こと》なりと云へども、真実学道の者、未レ有ニ如レ是事一《いまだかくのごときのことあらず》。只、心を世事にいたす事莫《なか》れ。一向に道を学すべき也。仏言《のたまは》く、「衣《え》鉢《はつ》の外《ほか》は、寸分も不レ貯《たくはへざれ》。乞食の余分、飢《うゑ》たる衆生に施す」直饒《たとひ》受来《うけきた》るとも、寸分も不レ可レ貯《たくはふべからず》。況や馳《ち》走《そう》有《あら》んや。

〔36〕

外典《げでん》に云《いはく》、「朝聞レ道《あしたにみちをきかば》夕《ゆふべ》に死《しす》とも可也」〔と。〕直饒《たとひ》、飢死《うゑじに》、寒死《こごえじに》すとも、一日一時なりとも、仏教に随《したがふ》べし。万劫千生《まんごふせんしやう》、幾回《いくたび》か生じ幾回《いくたび》か死せん。皆是、如レ是《かくのごとき》の世縁妄執《まうじふ》也。今生一度《ひとたび》仏制に順《したがつ》て飢死せん、是《これ》、永劫《やうごふ》の安楽なるべし。

何況《いかにいはんや》未だ一大蔵教の中にも、三国伝来の仏祖有《あつ》て、一人も飢死寒死《うゑじにこごえじにし》たるを不《きか》レ聞《ず》。世間衣粮の資具、生得命分《の》なり。依レ求不レ来《もとむるによつてきたらず》、不レ求非レ不レ来《もとめずともきたらざるにもあらず》。正《まさ》に任運《にんうん》として心をを〔お〕く事莫《なか》れ。末法也、下根也、と云《いつ》て、今生に不レ発《おこさずば》、何《いづ》れの生にか得道せん。直饒《たとひ》、空生迦葉《くうしやうかせふ》の如《ごとく》に非《あら》ずとも、只、随分に学道すべき也。

外典云《いはく》、「西《せい》施《し》毛嬙《まうしやう》に非《あら》ざれども、色を好む者は色を好む。飛兎緑耳《ひとりよくじ》に非《あら》ざれども、馬を好む者は馬を好む。龍肝豹胎《りようかんへうたい》に非《あら》ざれども、味《あぢはひ》を好む者、味を好む」只、随分の賢を用《もちふ》るのみ也。俗猶有二此儀一《なほこのぎあり》。又、如レ是《かくのごとく》なるべし。

況や又、仏二千年の福分を以《もつ》て、末法の我等に施す。是因《これによつ》て、天下の叢林、人天供養《にんでんの》不レ絶《たえず》。如来神通の福徳自在なる、猶、馬麦《めみやく》を食《じき》して夏を過《すご》しまし〳〵き。末法の弟子、豈、是を不レ慕《したはざらん》や。

問云《とうていはく》、破戒にして空《むなし》く人天の供養を受け、無道心にして徒《いたづら》に如来の福分を費《つひや》さんよりは、在家人にしたがうて、在家の事を作《なし》て、命いきて、能《よく》修道せん事如何《いかん》。

答云《こたへていはく》、誰か云《いつ》し、破戒無道心なれと。只、強《しひ》て道心をを〔お〕こし、仏法を行ずべき也。何況《いかにいはん》や持戒破戒を論ぜず、初心後心をわかたず、斉《ひとし》く如来の福分を与《あたふ》とは見《みえ》たり。未《いまだ》、破戒ならば還俗《げんぞく》すべし、無道心ならば修行せざれ、とは不レ見《みえず》。誰人《たれびと》か、初
〔37〕めより道心ある。只、如レ是《かくのごとく》、発《おこ》＝し難きを発し、行じ難きを行ずれば、自然《じねん》に増進する也。人々皆、有二仏性一《ぶつしやうある》也。徒《いたづら》に卑下する事莫《なか》れ。
又云《いはく》、文選《もんぜん》に云《いはく》、『国為一人興先賢為後愚廃』〔国は一人の為に興り、先賢は後愚の為に廃《すた》る〕。言《い》ふ心《こころ》は、国に賢一人不二出来一《いできたらざれば》賢の跡廃《あとすたるとなり》也。是《これ》を思《おもふ》べし。

〔訳〕

教えていわれた。

悟りの道を学ぶ者は、衣食に心をわずらわしてはならぬ。ただ、仏の定められたきまりを守って、心を世間の俗事に向けてはならない。

仏はいっておられる。「衣服としては、糞掃衣《ふんぞうえ》（俗世の人が捨てた衣の布をつづり合わせて作った衣）があり、食物としては、常乞食《じようこつじき》（毎日、托鉢によって食物を乞うこと）がある。この二つの事は、いつの世になっても、尽きる事がない」と。人の世は無常であり、速かに過ぎ去りゆくものであることを忘れ、いたずらに、世事に心をわずらわすことがあってはならぬ。はかない露の命がしばらくでも在る間に、ひたすら悟りの道に専心して、そのほかの事に心をわずらわしてはならぬ。

ある人が訊ねていう。

「名誉と利益とを求める心は、なかなか捨てがたいものではありますが、悟りの道を行ずる上で大きな障碍ですから、捨てないわけには参りません。衣と食との二つは、小さなかかわりごとであるとはいっても、修行する者にとっては、大切なことであります。糞掃衣と常乞食というのは、釈尊在世時の摩訶迦葉尊者のような、天性とりわけすぐれた方にして、はじめてできることであって、これまた西天《さいてん》（インド）でのやり方であります。神丹《しんたん》（中国・シナ）の禅林には、禅林所属の財産があります。ですから衣食のための苦労もありません。わが国の寺院には、寺院の財産というものもなく、乞食の行も、絶えており伝わっていません。素質も劣り能力もない者は、どうしたらよいのでしょう。でありますから私のような者は、檀信徒の信心による布施を受けようとしても、ただ戴くばかりで、修行も拙《つた》なく、法を施すこともできず、いたずらに資格なくして布施を受けるという罪を犯すことにならざるを得ないのです。田を耕し商を営み、あるいは仕官し職人仕事をするなどは邪命食《じゃみょうじき》（僧として正しくない生計の道）です。そこで運をただ天にまかせようとすれば、前世の報いの結果、福分とぼしく、徳のない貧しい僧たらざるを得ません。飢えや寒さに襲われるとき、これにわずらわされて、道を行ずることも、妨げられましょう。ある人が、私に意見をしていいました、『お前のやり方は、大変間違っている。時代の相違や生まれつきのちがいを考えにいれていないようだ。いまは末世で、人の生まれつきも劣っているのだ。お前のように考えて修行していたら、せっかくの修行もあともどりすることになってしまうだろう。だから、檀家のひとりももって面倒をみてもらうとか、庇護者のひとりも頼んで援助してもらうとかして、静かなところで閑居して、自分の体を大切にし、衣食のわずらいなく、悟りの道を行じたらよい。これは財物などをむさぼることではない。その時々の生計をととのえて修行するのがよいのだ』と。このようにいわれましたが、私には、まだ納得がゆきません。一体、このことは、どのように考えたら、よろしいでしょうか」

道元禅師は答えていわれた。

そもそも禅僧たるものの身の処し方は、釈尊や祖師がたのなされた仕方にならうよう心がけるべきである。インドと中国と日本とは、それぞれ事情が異なっているとはいっても、まことに道を学ぶ者が、そのように衣食の配慮をした上で修行するなどということは、いまだかつてないことだ。決して、心を俗世間のことに向けてはならぬ。ひたすらに悟りの道を学ぶべきなのだ。

釈尊はいっておられる、「着物と食器のほかは、いささかも私物として貯えるな。食を乞うて、食物に余りがあれば、飢えている衆生に施すのだ」と。たとえ余分にいただいて来ても、少しも貯えてはならぬのだ。ましてや、食事のために奔走することなど、もってのほかである。

外典《げでん》（仏典以外の典籍。ここでは『論語』里仁篇）にいう、「朝《あした》に道を聞かば、夕《ゆうべ》に死すとも可なり」と。たとえ飢え死に、こごえ死にしようとも、一日でも一ときでも、仏の教えに従うべきなのだ。万劫《まんごう》（一劫とは、例えば、四十里四方の石を、百年に一度、天人がその薄い羽衣でひとなでし、そのため石が磨り切れてなくなるまでの期間。万劫とは、この一万倍。インド人の想像力が生み出した時の長さ――一ノ三注(9)〈二四頁〉参照）の時の長さの間の、数かぎりない輪廻《りんね》転生《てんしょう》の間に、人は幾たび生まれ、幾たび死ぬことか。これはみな、俗世のことにかかずらう妄執《もうしゅう》によるのだ。いま、たまたま生を享《う》けてある間に、ひとたび仏の定めたきまりに従って、それで飢え死にするようなことがあったならば、未来永劫の安楽であり得よう。

　ましてや、仏教のすべての経典の中にも、インド・中国・日本と教えを伝えてきた仏（覚者）や祖師がたの中で一人でも飢え死にした方《かた》があったとは、いまだかつて聞いたことがない。世間にあって着もの食べもののそなえは、生まれつきの福分として、その分け前がそなわっているのだ。求めたところで、多くやってくるわけのものではない。求めなくても、与えられないわけのものではない。それこそ運として天にまかせて、それに心をわずらわしてはならぬ。末法の世であり生まれつきが劣っているなどといって、いま生きてあるうちに、悟りの道を志す心を起さなかったら、今後、いつの世に生まれ変わっても、悟りの道を得ることはないであろう。たとえ、須菩提《しゅぼだい》（釈尊の十大弟子の一人。Subhūdi の意をとって空生と訳す）や迦葉《かしょう》尊者のほどではなくとも、ただその分にしたがって、悟りの道を学ぶべきなのだ。

　外典（『貞観政要』巻一）にも次のようにある、『西施《せいし》・毛嬙《もうしょう》（何れも古代中国の代表的美女）ほどではなくとも、色好みの者は、やはり美女をもとめる。飛兎《ひと》・緑耳《りょくじ》（何れも中国古代の代表的名馬の称）ほどではなくとも、馬を好む者は、やはり良馬をもとめる。龍肝《りようかん》・豹胎《ひようたい》（何れも、珍味の代表的なるもの）ほどではなくとも、美食家はやはり珍味を求める』と。そこで王者たるものは、古代の聖賢のような賢者が現在いなくても、いまの世にある賢者を、自己の分に応じて登用すべきなのだということである。俗世でも、なおこのような道理が説かれている。修行者もまたこのようでなければならぬ。

ましてや釈尊は、その百年の寿命をあえて二十年縮めて、その福分を、末法の世のわれらにまで、施しをなされたのである。このために、天下の禅林には、人間界天上界からのさまざまの供養が絶えることがないのだ。釈迦如来は、神通力によって福徳自由自在のお方であったが、それにもかかわらず、馬の飼料とする麦を食して、一夏《げ》九十日の安居の期間を、おすごしになったこともある。末法の世にあるわれら弟子たちとして、どうしてこれらのことを、敬慕せずにいられるであろうか。

そこである者が質問した。

戒を破りながら、いたずらに人間界・天上界からの供養を受け、また道を修める心なくして、いたずらに釈尊の福分を頂戴するよりは、むしろ俗世の人のやり方にしたがって、俗世の事をなし、命ながらえて、仏道を修めるようにするのは、いかがでしょう。

禅師は答えていわれた。

破戒・無道心であれと、誰がいったか。ただひたすらに、悟りの道に志し、悟りの道を行ずべきなのだ。まことというまでもなく、戒を守ると破るとに関わりなく、初心者も経験者にも区別なく、同じように、釈迦如来の福分を与えると経典に見えている。破戒の者は還俗《げんぞく》せよ、無道心ならば修行するな、などとは、説いていない。はじめから、道心ある者があろうか。悟りの道を志す心は、強いてふるい起すべきものなのだ。このように、起しがたい道心を起し、行い難い道をあえて行じてゆけば、おのずと進歩するところがあるのだ。人間には、みな、仏性（悟に至る性質）があるのだ。いたずらに卑下してはならぬ。

また、禅師はいわれた。

『文選《もんぜん》』（周・秦より梁に至る詩文集、三十巻。以下の引用は巻十九にあり）にいわく「一国は一人のために興り、先賢は後愚のために廃《すた》る」と。その意味は、国に賢者一人出でなければ、先賢のなしたところも、すたれてしまう、ということである。この一人というのが大切だ。このところを考えてみよ。卑下せず、一人でも、道心をおこし努めはげむことだ。

## 二ノ十四　世間の男女老少

雑話《ざふわ》の次《ついで》に云《いはく》、世間の男女《なんによ》老少、多《おほ》く雑談《ざふだん》の次《ついで》、或は交会淫色《けうくわいいんじき》等の事を談《だん》ず。是《これ》を以《もつ》て心を慰《なぐさみ》とし、興言《きようげん》とする事あり。一旦《いつたん》、心も遊戯《ゆけ》し、徒然《とぜん》も慰むと云《いふ》とも、僧は尤《もつとも》禁断すべき事也。俗猶、よき人、実《まこと》しき人の礼儀を存《ぞん》じ、げにくしき談《だん》の時、出来《いできた》らぬ事也。只、乱酔放逸《らんすゐはういつ》なる時の談なり。況《いはん》や、僧は専ら仏道を思《おもふ》べし。希《け》有異《うい》躰《てい》の乱《らん》僧の所言《しよごん》也。

〔38〕

宋土の寺院なんどには、惣《すべ》て雑談《ざふだん》をせざれば、左右《さう》に及ばず。我《わが》国も、近ごろ建仁寺の僧正存生《ぞんじやう》の時は、一向、あからさまにも如レ是《かくのごとき》の言語《ごんご》、不二出来一《いできたらず》。滅後《めつご》も、在世の門《もんで》弟子《し》等《ら》、少々残留《のこりとどまりし》時は、一切に言《いは》ざりき。近ごろ、七八年より以来《このかた》、今出《いまで》の若《わか》人達《うどたち》、時々談也《だんずるなり》。存外《ぞんぐわい》の次弟《しだい》也。

聖教《しやうげう》＝の中にも、「麁強悪業令レ人覚悟《そきやうのあくごふはひとをしてかくごせしむれども》、無利の言説《ごんぜつ》は能障二正道一《よくしやうだうをさふ》」只、打出《うちいだ》し言《い》ふ語《ことば》すら、無レ利言説《りなきごんせつ》〔は〕わ、障道《しやうだう》の因縁《いんねん》也。況《いはん》や、如レ然《しかのごとき》言説ことばに引《ひか》れて、即ち、心も起りつべし。尤《もつと》も、用心すべき也。わざとことさらいで、かくなん、いはじとせずとも、あしき事と知《しり》なば、漸《ぜん》々に退治《たいぢ》すべきなり。

〔訳〕

いろいろなお話の折りにいわれた。

俗世間の老若男女、あつまって雑談のとき、多くの場合、色ごと猥談《わいだん》のたぐいを話しあうことがある。こうして心をたのしませ、おもしろ、おかしく話し合うのだ。一時は、心もあそび解き放たれ、退屈しのぎの気ばらしになるといっても、こういうことは僧たるものとしては、最もしてはならないことである。俗人でも、立派な人や誠実な人が、礼儀をわきまえて、まじめな話をしているときには、こんな話は出ようがない。ただ酒に酔いすぎて、しまりがなくなったときの話である。ましてや、僧たるものは、ひたすら悟りの道に専念すべきである。それは、有るべからざる行儀はずれの乱行僧のいうことだ。

宋国の寺院などでは、すべて雑談をすることがないのだから、いうまでもないことだ。わが国でも、近時、建仁寺の僧正、栄西禅師が御在世のときには、全く、かりそめにも、その様なみだらな話しは誰もしなかったものだ。僧正がお亡なりになって後も、僧正の直弟子たちが、わずかでも存命の間は、一切そのようなことはなかった。最近、七、八年以来、いまどきの若い僧たちの間で、しばしば行われているのだ。もってのほかの有りさまである。

仏書の教え〔源信僧都『往生要集』巻中。岩波書店刊「日本思想大系」6、一七九頁〕の中にも、「麁強《そごう》（荒々しく、はげしい）の悪業《あくごう》は、かえって人をして、よく、ものの道理を悟らせることがあるものだが、無益の言説は、正しい仏道のさまたげになる」とある。ただ口に出していう言葉でさえ、役に立たぬ言説は、悟りの道のさまたげのもととなるのだ。ましてや、そのような言説や言葉にさそわれて、直ちに煩悩の心も起ることになるのだ。最も用心しなくてはならぬ。わざと、ことさらに、そのようをことをいうまいとしなくとも、悪いことと知ったなら、次第次第に退治するよう心がけるべきである。

## 二ノ十五　世人多く善事を成すときは

夜話云《やわにいはく》、世人《せじん》、多く、善事を成《な》す時は、人に知《しら》れんと思ひ、悪事を成時《なすとき》は、人に知《しら》れじと思ふに依《よつ》て、此心《このこころ》、冥衆《みやうしゆ》の心にかなはざるに依《よつ》て、所作《しよさ》の善事に感応《かんのう》なく、密《ひそか》に所《なすところの》レ作 悪事には罰有《あ》る也。己《おのれ》に依《よつ》て返《かへ》りて自《みづから》思《おも》はく、「善事には験《しるし》なし、仏法の利益《りやく》なし」なんど思《おも》へる也。是《これ》、即《すなはち》、邪見《じやけん》也。尤《もつと》も可《あらたむべし》レ改。

人《ひと》も不《しらざるとき》レ知時は、潜《ひそか》に善事を成し、悪事を成《なし》て後は、発露《ほつろ》して咎《とが》を悔《く》ゆ。如《かくのごとく》レ是すれば、即、密々《みつみつ》に所《なすところの》レ成 善事には、感応有り、露《あらはれ》たる悪事は懺悔《さんげ》せられて、罪《つみ》、滅《めつ》する故に、自然《じねんに》、現益《げんやく》も有る也。可《たうくわをもしるべし》レ知ニ当果一。

〔39〕爰《ここ》に有《ある》在家人来《きたつ》て問云《とうていはく》、「近代《きんだい》、在家人、衆僧《しゆぞう》を供養《くやう》じ、仏法を帰敬《ききやう》するに、＝多く、不吉の事、因ニ出来一《いできたるによつて》、邪見起《おこ》りて、帰敬三宝、不《きせじと》レ帰思ふ、如何《いかん》」

答云《こたへていはく》、即《すなはち》、衆僧《しゆぞう》仏法の咎《とが》に非《あら》ず。即、在家人の自誤也《みづからがあやまりなり》。其故《そのゆゑ》は、仮令《けりやう》、人目《ひとめ》ばかり、持戒持斎の由、現《げん》ずる僧をば貴《たつと》くし供養《くやう》じ、破戒無慚《はかいむざん》の僧の飲酒肉食《おんじゆにくじき》等するをば、不当也《ふたうなり》と思《おもう》て、不ニ供養《くやうせず》一。此差別《このしやべつ》の心、実《まこと》に仏意に背《そむ》けり。因《よつ》て、帰敬《ききやう》の功も空《むなし》く、感応無《なき》也。戒の中にも、処々に此の心を誡《いまし》めたり。僧と云はゞ、徳の有無《うむ》を不レ択《えらばず》。只、可ニ供養一《くやうすべき》也。殊《こと》に、其の外相《げさう》を以《もつ》て、内徳《ないとく》の有無不レ可レ定《さだむべからず》。末世《まつせ》の比丘《びく》、聊《いささか》、外相尋常《よのつね》なる処と見《みゆ》れども、又、是《これ》に勝《まさり》たる悪心も悪事もある也。仍《よつ》て、好《よき》僧悪《あしき》僧を差別《しやべつ》し思事無《おもふことなく》て、仏弟子なれば、此方《こなた》を貴《たつと》びて、平等《びやうどう》の心にて供養帰敬《ききやう》もせば、必《かならず》、仏意に叶《かなつ》て、利益《りやく》も速疾《そくしつ》にあるべき也。又、冥機冥応《みやうきみやうおう》、顕機顕応《けんきけんおう》等の四句有る事を可レ思《おもふべし》。又、現生後《げんしやうご》報《はう》等の三時業《さんじごふ》の事も有り。此等の道理、能能可レ学《よくよくがくすべきなり》也。

〔訳〕

夜話にいわれた。

世の中の人、多くの場合、善い事をしたときには、ひとに知られるようにと思い、悪い事をしたときには、ひとに知られないようにと思う。このような気持ちは、冥衆《みようしゆ》（人間を超えた梵天《ぼんてん》・帝釈《たいしやく》・諸鬼神《きじん》のような神々。霊妙・不可視の神的諸衆）の心にかなわぬので、為したところの善事には、神々も感応せず、それで、何の御利益《りやく》もないし、ひそかに為した悪事にも、罰がくだされるというわけだ。そこで、自分で自分に思うようは、「せっかく善い事をなしても、どうも善い結果があらわれない。仏法（み仏の教え）に従っても御利益はないのだ」などと思うのだ。これは間違った考えである。特に考え改めねばならぬ。

誰も知らないときには、ひそかに善い事をする。悪い事をしてしまったら、その罪をかくすことなく、懺悔するのだ。このようにすれば、人に知られずなすところの善事には、神々の感応があり、また露見した悪事は、懺悔によって罪が消滅するので、おのずと、はっきりした御利益があるのだ。その上、来世の果報もあるものだ。

ある在家人《ざいけにん》（俗人）がやってきて質問した。

「近ごろ私ども在家人が、僧たちに供養し、仏法をうやまい信ずると、多く不吉の事が起ってきます。それで仏（ほとけ、めざめた人、覚者）と法（真理、まことの道理）と僧（修行者たちの集まり）という三つの宝（尊いもの）を、厚くうやまい信じ頼りとするようなことは、もうやめてしまおうという間違った考えの者たちが出てきました。どうしたらよいでしょう」と。

道元禅師は答えていわれる。

それは、僧たちや、仏法が悪いためではない。それは、在家人自身の間違いなのだ。何故かというに、例えば、人の見ているところでだけ、戒を守り食生活を規定どおり行うよう見せかける僧たちを尊敬し供養し、これに対し、戒をやぶり恥じることもない僧たちが、酒を飲み肉を食べるのを正しくないとして、これに供養することをしない。このように差別立てをする心は、まことに、み仏の御心にそむいているのだ。よって、せっかく尊敬信仰しても、なんの功徳《くどく》もないし、神仏も感応されず、なんの御利益もないのだ。戒の中にも、処々に、このような差別立ての心を誡《いまし》めてある。僧であるならば、徳があるかないかにかかわらず、ひとしく供養すべきものなのだ。ことに、外見《がいけん》をもって、内側の徳のありなしを、きめつけてはならぬのだ。末世の出家僧というものは、いささか外見《そとみ》は尋常であると見えても、またこれ以上に、悪い心があり悪い事もするのである。そこで、良い僧であるとか、悪い僧であるとかの差別立てをして考えることなく、いずれも仏弟子であるからと、この点を尊敬して、平等の心で供養し尊敬信頼すれば、必ず、み仏の御心にもかなって、ただちに利益あるものとしたものである。

また、冥機冥応《みょうきみょうおう》（人に知られず見えないところでなしたことに対し、人に知られず見えないところで報いがある）ということあり、顕機顕応（あらわなところでなした事に対し、あらわな報いがある）ということがあり、顕機冥応（あらわなところでなしたことに対し、ひそかに報いがある）あり、冥機顕応（ひそかになしたことに対し、あらわな報いがある）ありという、この四つの句で示される場合があることを考えてみるがよい。また、現生《げんしょう》（現世において報いがある）・後報《ごほう》（来世において報いがある）など三時業《さんじごう》（現世の業の報いを現世で受けるという「順現報受」と現世の業報を次の来世で受けるという「順次生受」と現世の業報を第三世以後百千生に受けるという「順後次受」の三つ）の事もある。これらの道理を、よくわきまえなくてはならぬ。

## 二ノ十六　もし人来つて用事をいふ中に

〔40〕夜話云《やわにいはく》、若《もし》、人来《きたつ》て用事を云《いふ》中に、或《あるひ》は、人に物を乞《こひ》、或は訴訟《そしよう》等の事をも云《い》はんとて、一通の状《じやう》をも所望《しよまう》する事出来有《しゆつらいあ》るに、其の時、「我《われ》は非人《ひにん》也。遁世籠居《とんぜいろうきよ》の身なれば、在家《ざいけ》等の人に、非分《ひぶん》の事を謂《いは》んは非《ひ》なり」とて、眼前《がんぜん》の人の所望を、不レ叶《かなへずは》、臨二其時一《そのときにのぞんで》思量すべき也。実《まこと》に非人《ひにん》の法には似たれども、不レ有レ然《さにあらず》。捜二其心中一《そのしんぢゆうをさぐるに》、猶《なほ》、「我は遁世非人《とんぜいのひにん》也。非分の事を人に云はば、人、定《さだめ》て悪《あし》く思ひてん」と云ふ道理を思て不レ聞《きかざらんは》、猶、是《これ》、我執名聞《がしふみやうもん》也。只、眼前の人の為に、一分《いちぶん》の利益《りやく》は可レ為《なすべ》からんをば、人の悪く思《おもは》ん事を不レ顧《かへりみず》、可レ為《なすべき》也。「此《この》事、非分也。悪るし」とて、うとみもし、中《なか》をも違《たが》はんも、如レ是《かくのごとき》不覚《ふかく》の知音《ちいん》、中違《なかたがは》ん、何か可レ悪《あしかるべき》。顕《あらは》には、非分の僻事《ひがごと》をすると人には見《みゆ》れども、内には我執を破《やぶつ》て、名聞《みやうもん》を捨《す》つる、第一の用心也。

〔41〕仏菩薩《ぶつぼさつ》は、人の来《きたつ》て云時《いふとき》は、身肉手足《しんにくしゆそく》をも斬《き》る也。況《いはん》や、人来《ひときたつ》て、一通の状《じやう》を乞《こは》ん、少分の悪事を、名聞ばかりを思《おもう》て、其《その》事を不レ聞《きかざらん》は、我執＝の咎《とが》也。人《ひと》は、「ひじりならず、非分の要事云人《えうじをいふひと》かな」と、無二所詮一《しよせんなく》、思《おも》ふとも、我は、捨二名聞一《みやうもんをすて》、一分《いちぶん》の人の利益《りやく》とならば、真実の道に可二相応一《さうおうすべきなり》也。古人も、其義あるかと見《みゆ》る事多し。予《よ》も、

其《その》義を思ふ。少々、檀那《だんな》知音《ちいん》の、不㆓思懸㆒事《おもひかけざること》を人に申伝《まうしつたへ》てと云《いは》んをば、紙少分こそ入《いれ》、一分《いちぶん》の利益《りやく》をなすは、やすき事也。

弉《じやう》、問云《とうていはく》、「此の事《こと》、実《まこと》に然《しか》なり、但《ただ》し、善事にて、人《ひと》の利益とならん事を人にも云伝《いひつたへ》んは、さるべし。若し僻事《ひがごと》を以《もつ》て、人の所帯《しよたい》を取《とら》んと思ひ、或は、人の為に悪《あしき》事《こと》を云《いは》んをば、可㆓云伝㆒乎《いひつたふべきか》。如何《いかん》」

師、答云《こたへていはく》く、理非《りひ》等の事は、我が非㆑可㆑知《しるべきにあらず》。只、一通の状を乞へば与《あたふ》れども、任《りひに》㆓理非《まかせて》㆒、可㆓沙汰《さたすべき》㆒由《よし》、云《い》ふ人にも、状にも可㆑載《のすべし》。請取《うけとつ》て沙汰せん人こそ、理非をば可《あきら》㆑明《むべ》けれ。非㆓我《われ》分上《わがぶんじやうにあらず》㆒。如㆑是《かくのごとき》の事を、枉㆑理《りをまげて》、人《ひと》に云《いは》ん事、又非也《またひなり》。又《また》、現《うつつ》の僻事《ひがごと》なれども、我を大事にも思ふ人の、此の人の云《いは》ん事、善悪不㆑違《たがへじ》と思ふ程の知音檀那《ちいんだんな》の
〔42〕処へ、僻事《かのじやう》を以《もつ》て不得心《ふとくしん》の所望《しよまう》をなさば、其《それ》をば、今の人の所望をば、＝一往聞《いちわうきく》とも、彼状《かのじやう》にも「難㆑去《さりがたく》申せば、申すばかり也。道理に任《まかせ》て可㆑有㆓沙汰㆒《さたあるべしと》」、可㆑云也《いふべきなり》。一切に是《かくなら》ば、彼《かれ》も此《これ》も、遺恨不㆑可㆑有也《ゐこんあるべからざるなり》。

如㆑是事《かくのごときのこと》、人に対面《たいめん》をもし、出来《いできた》る事に任《まかせ》て、能々思量《よくよくしりやう》すべき也。所詮《しよせん》は、事に触《ふれ》て、名聞我執《みやうもんがしふ》を可㆑捨也《すつべき》。

〔訳〕

夜話にいわれた。

もし、誰かやってきて用事をいい、誰か別の人に何か依頼するため、あるいは訴訟事件などのため、一通の手紙を書いてほしいといわれたとき、「自分は俗世間の人間でなく、世をのがれ、世間づきあいをせず引きこもっている身であるから、在家の人に、自分の身分にふさわしくない俗世のことをいうのはよくない」といって、頼みに来た当人の望みをかなえてやらないことがあるが、こうしたときに当たっては、よく考えてみなくてはならない。そのように断るのは、たしかに出家人として理にかなっているようではあるが、実はそうではないのだ。そういう人の心のうちを推察してみるに、「自分は世をのがれた者で、俗世の通常の人間ではない。そこで自分の関わるべきでない俗世の事を人にいったら、おそらく人は自分を悪く思うであろう」という理を考えて、相手の望みを聞いてやらないわけだが、これは、世間の評判を気にしている我執というものだ。ただ目の前にいる人のために、いささかでも、ためになることができるならば、他人が悪く思おうが、そんなことは気にかけずに、してやるのがよいのだ。その結果、評判が悪くなって、「こんな手紙を書くとは、遁世人として分にはずれた事だ。けしからん」などといわれ、疎遠にされ仲も悪くなるようなことが起っても、このような思慮の足りない知人と仲たがいをして、なんの悪いことがあろう。外見では、分不相応のよくないことをすると、人からは見られても、内心では、我執を破り名誉心を捨てることが、何よりも第一に、心がけるべきことなのだ。

仏や菩薩は、人が来て求めたら、自分の身体や手足をも、断って与えるのだ。まして、人が来て一通の手紙を書いてくれという。わずかばかりの、悪い評判のことばかり考えて、頼みを聞いてやらないのは、自分のことばかり考えている我執という罪なのだ。人は、「こんな手紙を書くとは、有徳な遁世人ではない。遁世人としての分をはずれた用件をいってよこす人だな」といって、仕方のない人だと思っても、自分としては評判も捨て、わずかでも当人のためになるならば、真実の道にかなうよう、なすべきである。昔の人も、このような道理を考えてのことと思われることが多い。自分も、このような道理が正しいと思っている。信者や知人が思いがけぬ事を少しばかり人に申し伝えて下さいという場合、用紙が少々いるにしても、わずかでも、ためをはかってやるのは、容易なことだ。

懐弉が、そこで質問する。

「まことに、そのとおりだと思います。ただし、その用件が善い事で、人の利益となることを、他の人にいい伝える場合は、そのとおりだと思いますが、もし、それが間違った事で、他人の所有物をとろうとしたり、あるいは他人のために不都合なことをいう場合、依頼に応じ、やはりいい伝えてやってよろしいのでしょうか。いかがでしょう」

道元禅師は、答えていわれる。

その用件が、善いことか悪いことかということは、自分としては関わりがないことだ。ただ一通の書状がほしいというから与えたまでで、御判断により、その用件が道理にかなっているか道理にかなっていないか、お考えの上、それによって御処理下さい、ということを、相手の人にも書状にも、いっておくのだ。その書状を受けとって裁定し処理する人が、道理にかなっているか、いないかを判断すればよいのだ。それは私のやるべきことではない。そのようなことを、道理をまげてまで人に申し伝えるのは、また間違ったことである。また、実際まちがった事であっても、自分を尊重してくれる人で、「この人のおっしゃることならば、善悪にかかわらず、そのとおりに致しましょう」と考えるような知人や信者のところへ、間違った事を、納得のいかないのに要求するというのであれば、その場合には、相手の望みを一応は聞いてやるにしても、かの書状にも「どうしてもと求められましたので、書状をしたためたばかりです。道理にしたがって、御処置下さい」と書いておくのがよいのだ。すべてこのようであれば、手紙の相手も、手紙を頼む者にも、恨みをあとに残すことはあるはずがない。

このようなことは、人と実際に逢いもし、起ってくる事に従って、よくよく考えてなすべきである。要点は、何事につけても、自分の世評を思う我執を捨てることが大切である。

## 二ノ十七　今、世出世間の人

夜《や》話云《わにいはく》、今、世出世間《せしゅつせけん》の人、多分《たぶん》は、善事をなしては、かまへて人に識《しら》れんと思ひ、悪事をなしては、人に不レ被レ知思《しられじとおも》ふ。依レ此《これによつて》、内外《ないげ》不《ふ》相応《さうおう》の事出来《いできた》る。相構《あひかまへ》て、内外相応し、誤りを悔ひ、〔い〕実《じつ》徳を蔵《かくし》て、外相を不レ荘《かざらず》、好事《かうじ》をば譲ニ他人一《たにんにゆづり》、悪事をば向レ己《おのれにむかふる》、志気《しいき》有るべき也。

〔43〕

問云《とうていはく》、「実徳を蔵し、外相を荘《かざら》ん事、実《まこと》に可レ然《しかるべし》。但《ただし》、仏菩薩の大悲、利生《りしやう》を以《もつ》て本《もと》とす。無智の道俗《だうぞく》等、外相《げさう》の不善を見て、是を謗難《ばうなん》せば、謗僧《ばうそう》の罪を感ぜん。実徳を不レ知《しらず》とも、外相を見て貴《たつとび》、供養《くやう》せば、一分《いちぶん》の福分《ふくぶん》たるべし。是等の醍酌《しんしやく》、＝いかなるべきぞ」

答云《こたへていはく》、外相《げさう》を不レ荘《かざらず》と云《いつ》て、即、放逸《はういつ》ならば、又是、道理にたがう。〔ふ〕実徳をかくすと云《いつ》て、在家等の前に悪行《あくぎやう》を現ぜん、又是、破戒の甚《はなはだ》しき也。只、希有《けう》の道心者《だうしんじや》の由を人に知られんと思ひ、在レ身失《みにあるしつ》を人に不レ被レ知《しられじ》と思ふ。諸天善神及《ぜんじんおよび》三宝の冥《みやう》に知見《ちけん》する処を不レ愧《はぢずして》、人に貴《たつとび》られんと思ふ心を誡《いましむ》る也。只、臨レ時《ときにのぞみ》、触レ事《ことにふれて》、為ニ興法一《こうぼふのため》為ニ利生一《りしやうのために》、諸事を醍酌《しんしやく》すべき也。『擬して後、言《いひ》、思《おもう》て後、行《ぎやう》じて、率暴《そつばう》なる事勿《なか》れ』と也。所詮《しよせん》は、一切の事に臨《のぞん》で、可レ案ニ道理一《だうりをあんずべき》也。念々に不レ留《とどまらず》、日々に遷流《せんる》して、無常迅速《じんそく》なる事、眼前《がんぜん》の道理也。不レ可レ待ニ知識経巻教一《ちしききやうくわんのをしへをまつべからず》。念々に、無レ期ニ明日一《みやうにちをごすることなかれ》。思ニ当日当時許一《たうじつたうじばかりとおもうて》、後日《ごにち》は甚《はなは》だ不定《ふぢやう》也。知り難《がた》ければ、只、今日《こんにち》ばかりも、身命《しんみやう》の在《あ》らん程《ほど》、可レ思レ順ニ仏道一也《ぶつだうにしたがはんとおもふべきなり》。順ニ仏道一者《ぶつだうにしたがはんもの》は、為ニ興法利生一《こうぼふりしやうのために》、捨ニ身命一《しんみやうをすて》、行ニ諸事一《しよじをぎやうじ》、去也《もちゆくなり》。

問云《とうていはく》、「順ニ仏教一進《ぶつけうのすすめにしたがつて》、可レ行ニ＝乞食等一歟《こつじきとうをぎやうずべきか》、如何《いかん》」

答云《こたへていはく》、可レ然《しかるべし》、但《ただし》、是は、順二土風一《どふうにしたがつて》、可レ有二斟酌一《しんしやくあるべし》。なにとしても、利生も広く、我が行も進むかたに、可レ就《つくべき》也。是等《これら》の作法、道路不浄《ふじやう》にして着二仏衣一《ぶつえをきて》、行歩《ぎやうぶ》せば、可レ穢《けがれつべし》。亦、人民貧窮《にんみんびんぐう》にして、次第乞食《しだいこつじき》も、不レ可レ叶《かなふべからず》。行道も可レ退《しりぞくべく》、利益《りやく》も不レ広歟《ひろからざるか》。只、守二土風一《どふうをまもつて》、尋常《よのつねに》、行二仏道一《ぶつだうをぎやうじ》居たらば、上下《じやうげ》の輩《ともがら》、自作二供養一《おのづからくやうをなす》べし。自行化他《じぎやうけた》、成就《じやうじゆ》せん。如レ是《かくのごとき》の事も、臨レ時触レ事《ときにのぞみことにふれ》、思二量道理一《だうりをしりやうして》、不レ思二人目一《ひとめをおもはず》、忘二自益一《みずからのやくをわすれ》、仏道利《り》生《しやう》の方《かた》によき様《やう》に可レ計《はからふべし》。

〔訳〕

夜のお話の折にいわれた。

現今、在家人も出家人も、多くは、善事をなしたら、なるべく人に知られようと思い、悪事をなしたら、人に知られないようにと思う。このような有りさまであるから、心の内と外面とが一致しないことが起ってくる。心がけて、内心と外面の行動とが一致するように、あやまちは悔い改め、真実の徳は内にかくし、外面はかざらず、よい事は他人のせいにし、悪い事は自分に引きうける。このような気概をもたなければならない。

質問するものがあった。

「真実の徳をかくし、外面をかざらぬ、ということは、まことにおっしゃるとおりでしょう。しかし、仏・菩薩の大いなる慈悲心は、衆生に利益《りやく》を与えることを根本としています。

わけも知らぬ出家・在家の連中が、外面のよくないのを見て非難するようなことになると、僧を非難するという罪の報いを受けることになりましょう。真実の徳を知らなくとも、外面を見て尊敬し供養するならば、それなりにいささか、しあわせを招く因縁ともなりましょう。この辺の配慮は、いかがあるべきでしょうか」

道元禅師は答えていわれる。

外面をかざらぬといっても、それがそのまま、勝手気ままにふるまうことになるならば、これまた道理に反する。真実の徳をかくすといって、在家人の前で悪い行をするようであれば、これまた破戒のはなはだしいものである。ただ、まれに見る有り難い求道者《ぐどうしゃ》であることを人に知られようと思い、自分自身の欠点を人に知られないようにと思ったりするのは、諸々《もろもろ》の善き神々や仏法僧の三宝が、それを冥々のうちに見通していられるのを、恥ずかしいとも思わず、ただ世人に尊敬されようと思っているわけで、私がいうのは、そういう心根をいましめてのことだ。要は、時に臨み、事に触れて、仏法が盛んになるように、また衆生の利益となるように、すべて物事を配慮すべきなのである。「あらかじめよく考えてのち言葉を出し、よく思案してから行動する。決して軽率《けいそつ》・乱暴であってはならぬ」という言葉がある。要は、すべて事に当たっては、道理をよく考えるべきなのである。一時もとどまらず、毎日々々移り流れて、世間・人事の一切の常なく、すみやかに過ぎ去りゆくこと、これが目の前のはっきりした道理である。有徳の指導者や経巻の教えをまつまでのこともない。一ときーときに、明日のことを当てにすることなく、今日《こんにち》、このときとばかり思い、将来のことは、はなはだ不定であり、知りがたいものであるから、ただ今日のところだけでも、いのちのある間、仏《ほとけ》の道にしたがおうと思うべきである。仏の道にしたがう者は、仏法を興し、衆生に利益を与えるために、身命を捨てて、すべての事を行じゆくのだ。

質問するものがあった。

「仏の教えの勧《すす》めにしたがって、乞食《こつじき》（托鉢《たくはつ》）を行うべきでしょうか。いかが」

道元禅師は答えられる。

行うがよい。ただし、行うに当たっては、その土地の風俗・風習・様子《ようす》によって、配慮するところがなくてはならぬ。何としても、衆生のため利益も大きく、自分の修行も進む方向に、行うべきである。乞食托鉢には作法があるが、土地によっては道路がよごれていて、袈裟をつけて歩けば、きたなくなってしまうであろう。また、人民が貧しく困っていて、貧富にかかわらず順次まわって托鉢すべしという作法どおりにはゆかない。それでは道の修行も後退し、衆生に利益を及ぼすことも広くはならぬ。そこで、ただ土地の風を守って、まともに仏道を行じていたならば、貴賤貧富の人それぞれ、おのずから供養するところあろう。自分の修行も他の教化も、成しとげられよう。このようなことも、時に臨み事に触れて、道理をよく考え、ひとがどうみるかを思わず、自分の利益をかえりみず、さとりの道のため、衆生の利益になるようにと、ひたすらこの方向に向って、よくあるように、はからうのがよいのだ。

# 二ノ十八　学道の人、世情を捨つべきに就いて

示云《じにいはく》、学道の人、就《せじやうをすつべきについて》レ可レ捨ニ世情一、可レ有《ぢゆうぢゆうのようじんあるべし》ニ重々用心一。捨レ世《よをすて》、捨レ家《いへをすて》、捨レ身《みをすて》、捨レ心《こころをすつるなり》也。能々《よくよく》、可ニ思量一也《しりやうすべきなり》。

遁レ世《よをのがれて》、隠ニ居山林一《さんりんにいんきよすれども》、不レ絶ニ我重代家一《わがぢゆうだいのいへをたやさずして》、有レ思ニ家門親族事一《かもんしんぞくのことをおもふもあり》。遁ニ捨家一《いへをとんしやして》、捨ニ離親族境界一《しんぞくのきやうがいをもしやりすれども》、思ニ我身苦事不レ為《わがみにくるしきことをせじとおもひ》(1)、病可レ発《やまひおこりつべきことは》、仏道不レ行《ぶつだうなれどもぎやうぜじと》思《おもふは》、未レ捨レ身《いまだみをすてざるなり》也。

〔45〕

又、不レ惜レ身《みをもをしまず》、難行苦行《なんぎやうくぎやう》すれども、心不レ入ニ仏道一《こころぶつだうにいらずして》、我《わが》心に違《そむ》く事をば、仏道なれども、不レ為《せじと》思《おもふは》、不レ捨レ心《こころをすてざるなり》也。

〔注〕

(1)以下の底本の原文の送り仮名、返り点、句読点は左のごとし。いま、本文のごとく、読み方を改む。

思《ヒ》ニ我身《ニ》苦事《ヲ》一、不レ為《ジト》、病可レ発《シキコトヲツ》、仏道《ヲモ》不レ行 思《フ》レ未《タ》レ捨レ身《シトヲ》也。

又、不レ惜レ身《ヲシマヲモ》難行苦行スレトモ、心不レ入《シテ》ニ仏道《ニ》一、我心ニ違ク事ヲバ、仏道ナレトモ

不レ為《セ》、思《フ》レ不レ捨レ心也。

〔訳〕

教えていわれた。

道を学ぶ者は、俗世の愛着を捨てねばならぬが、それについて、重《かさ》ね重《がさ》ね、心がけるべきことがある。世を捨てる、家を捨てる、身を捨てる、心を捨てるのだ。この四つをよくよく考えてみるがよい。

世をのがれて山林にかくれ住んだが家のことが忘れられず、先祖代々の家系を絶やさぬようにとか、一家一門の親族のことを、配慮している者がいる。

次に、家のことは、のがれ捨て去り、親族の身の上のことも忘れ去ったが、自分の体が苦しむようなことは、しないようにと思い、病気になるようなことは、仏道であっても行じまいと思うのは、まだ自分の身体を捨てていない証拠である。

最後に、身を惜しまず、難行苦行するけれども、心が仏道にはいっていなくて、仏道であっても、自分の心にそむくことはしない、と考えているのは、まだ心を捨てていない証拠である。

正法眼蔵随聞記　二　終

〔46〕

# 正法眼蔵随聞記　三

## 三ノ一　行者まづ心を調伏しつれば

示云《じにいはく》、行者《ぎやうじや》、先《まづ》、調伏心《こころをでうぶくし》つれば、身をも世をも捨事《すつる》は易《やす》き也。只、付言語《ごんごにつき》、付行儀《ぎやうぎにつきて》、思人目《ひとめをおもふ》。「此事は悪事なれば、人《ひと》、悪《あし》く可思《おもふべし》」とて不作《なさず》、「我《われ》、此事をせんこそ、仏法者と人は見め」とて、触事《ことにふれ》、能《よき》事をせんとするも、猶、世情也。然ればとて、又、恣《ほしいまま》に、任我意《がいにまかせて》、悪事をするは、一向の悪人也。所詮《しよせん》は、忘悪心《あくしんをわすれ》、忘《わがみ》我身《をわすれ》、只、一向に、為仏法《ぶつぽふのために》、すべき也。向ひ来らん事にしたが〔つ〕て、可用心《ようじんすべき》也。初心の行者は、先づ世情なりとも、人情なりとも、悪事をば心に制して、善事をば身に行ずるが、即ち、身心をすつるにて有る也。

〔訳〕

教えていわれた。

修行する者は、まず、その心を調整し克服するなら、自分の体も世間も捨てることは容易である。ただ、なにかをいい、なにか振る舞うとき、他人がどのように思うかを気にかけるものだ。何か為そうとするとき、「このことは良くないことであるから、他人は良くは思わないであろう」と考えてそれをしないとか、また、「このようなことを為したら、それこそきっと立派な仏道修行者だと思うにちがいない」と考えて機会があるごとに、よい事をしようとする。こういうのも、やはり世間への愛着である。そうかといってまた、自分勝手に自分の欲にまかせて悪い事をするのは、まったく悪人である。要するに、悪い心を忘れ、わが身を忘れて、ただひたすらに、仏法のためにすべきである。起ってくる事態に応じて、気をつけなければならぬ。初心の修行者は、まず世間への愛着であっても、人間的な執着であっても、すべて悪い事はしないように心がけ、善い事を行うようにするのが、そのまま身心を捨てることになるのだ。

## 三ノ二　故僧正、建仁寺におはせしとき

示云《じにいはく》、故僧正、建仁寺に御《おは》せし時、独《ひとり》の貧人《ひんにん》、来《きたつ》て道《いつ》て云《いはく》、「我家《わが》、貧にして絶煙、

〔47〕

及ニ数日一《すじつにおよぶ》。夫婦子息両《りやう》三人、餓死しなんとす。慈悲をもて、是を救ひ給へ」と云ふ。時に薬師《やくし》其《その》時、房中《ばうぢゆう》に都《すべ》て、衣《え》食財物《じきざいもの》等無《なか》りき。＝思慮をめぐらすに計略《けいりやく》尽《つき》ぬ。時に薬師の仏像を造《つく》らんとて、光《ひかり》の料《れう》に、打《うち》のべたる銅《あかがね》、少分《せうぶん》ありき。取レ之《これをとりて》、自《みづから》、打折《うちをつ》て、束《つかね》円《まろ》めて、与ニ彼貧客一云《かのひんかくにあたへていはく》、「以レ是《これをもつて》、食物《じきもつ》をかへて可レ塞レ餓《うゑをふさぐべし》」彼《かの》俗、悦《よろこん》で退出《まかりいで》ぬ。

門弟子等《とう》歎じて、云《いは》く、「正《まさし》く是《これ》仏像の光也。以《もつ》て与ニ俗人一《ぞくにんにあたふ》、仏物《ぶつもつ》己用《こよう》の罪如何《つみいかん》」

僧正、答云《こたへていはく》、「実《まこと》に然也《しかなり》。但《ただし》、思ニ仏意一《ぶついをおもふに》、身肉手足《しんにくしゆそく》分《わかつ》て、可レ施ニ衆生一《しゆじやうにほどこすべし》。現に、可ニ餓死一《がしすべき》衆生《しゆじやう》には、直饒《たとひ》、以ニ全躰一与《ぜんたいをもつてあたふ》とも、可レ叶ニ仏意一《ぶついにかなふべし》。又、我《わ》れ、依ニ此罪一《このつみによつて》、縦《たとひ》可レ堕ニ悪趣一《あくしゆにだすべくとも》、只、可レ救ニ衆生餓一《しゆじやうのうゑをすくふべし》云々《しかじか》」先達《せんだつ》の心中《しんぢゆう》のたけ、今の学人も可レ思《おもふべし》、莫ニ忘事一《わするることなかれ》。

又、或《ある》時、僧正の門弟の僧云《いはく》、「今の建仁寺の寺敷《てらしき》、河原《かはら》に近し。後代に応レ有ニ水難一《まさにすゐなんありぬべし》」

僧正云《いはく》、「我等後代の亡失《まうしつ》、不レ可レ思レ之《これをおもふべからず》。西天《さいてん》の祇園精舎《ぎをんしやうじや》も、礎《いしずゑ》計《ばかり》留《とどま》れり。しかれども、寺院建立《こんりふ》の功徳《くどく》、不レ可レ失《うすべからず》。又、当時、一年半年の行道《ぎやうだう》、其の功、莫大《ばくだい》なるべし」

〔48〕

今思レ之《これをおもふに》、寺院の建立《こんりふ》、実《まこと》に一期《いちご》の大事なれば、未来際《ざい》＝をも兼《かね》て、無レ難様《なんなきやう》にとこそ可レ思《おもふべ》けれども、さる心中《しんぢゆう》にも、如レ是《かくのごとき》道理を被レ存心《ぞんぜられしこころ》のたけ、実可レ思レ之《まことにこれをおもふべし》。

教えていわれた。

〔訳〕

今は亡き僧正、栄西禅師が、まだ御存命で建仁寺にいられたときの話だが、ある貧しい人が禅師のところへ来て、いうようは、「私の家は貧乏で、食物がなくて、かまどの火も、数日来、焚くことがなく、絶えてしまいました。夫婦と息子二、三人ともども餓死寸前であります。何とぞ、お慈悲をもって、お救い下さい」と。

そのとき、寺の中には、衣類も食物もなく、ねうちのありそうな品物もなかった。あれこれ思いめぐらしてみたが、どうにも手だてがない。そのときふと思い出したのは、薬師如来の像を造るつもりで、その像の光背《こうはい》をつくる材料として大切にとっておいた銅ののべがねが少しあったことである。そこで、これを取り出し、僧正みずから、これを手で打ちまげ、束《たば》にまるめて、かの貧しい人に与え、「これを売って食物にかえ、餓えをふさぐがよい」といわれた。その貧しい人は、有りがたく頂戴し、よろこんで帰っていった。

門弟たちは、なげいていった、「あの銅ののべがねは、仏像の光背をつくるための大切なものです。それを、あの俗人にお与えになってしまった。仏《ほとけ》に捧げられたものを、自分勝手に用立てたという罪にはなりませんか」と。

僧正、答えていわれるには、「まことに、そのとおりである。しかし、仏のみこころを考えてみるに、仏は、求められれば、そのからだも、手も足もきって、衆生に施されるにちがいないのである。目の前で餓死しようとする衆生には、たとえ、おからだの全部を与えても、み仏のみこころに、かなうであろう。また、み仏のものを勝手に流用したという罪で、たとえ私が悪道（地獄・餓鬼・畜生・修羅の諸道）に堕《お》ちることになったとしても、ただ、餓えている衆生は救わねばならぬのだ云々」と。先人の心の中の高さ立派さを、当今の修行者も思いみるべきである。よく、おぼえておくがよい。

またあるとき、弟子の僧が僧正に申し上げた、「いまの建仁寺の敷地は、加茂川の河原に近うございます。将来、水害の災難がありましょう」

僧正、答えていわれるに、「私たちの後の世に、寺の建物がなくなってしまうということなど、すこしも心配する必要はないのだ。釈尊の在世時に献ぜられた祇《ぎ》陀《だ》園林《おんりん》須達《しゅだつ》精舎《しょうじゃ》（略して祇《ぎ》園《おん》精舎）ですらも、とうの昔に、礎石だけになってしまった。しかしながら、たとえ、建物はなくなってしまったとしても、寺院を建立したという功徳は、なくなることがないのだ。また、ここで、一年でも半年でも、われらが仏道を行ずるなら、その功徳は、はかり知れないものがあろう」と。

いま、このことを考えてみるに、寺院を建立するということは、まことに生涯の大事業であるから、未来のはてまでを考えて、災難がないようにと、考えなければならぬものではあるにしても、そのように考える心のうちにも、栄西僧正は、このような道理を考えておられたのであって、そのお考えの高さ立派さ、まことに思い見るべきである。

## 三ノ三　唐の大宗〔太〕のとき

夜話云《やわにいはく》、唐の大宗〔太〕の時、魏徴《ぎちよう》、奏《そう》して云《いはく》、「土民謗レ帝事《ていをばうずること》あり」帝の云《いはく》、「寡人《くわじん》、仁あ〔つ〕て人に謗《ばうせ》られば、不レ可レ為レ愁《うれひとなすべからず》。仁無《なく》して人に褒《ほめ》られば、可レ愁レ之《これをうれふべし》」俗、猶、如レ是《かくのごとし》。僧尤可レ有ニ此心一《そうはもつともこのこころあるべし》。慈悲あり道心ありて、愚癡人《ぐちにん》に被レ謗《ばうぜられ》、被レ譏《そしらるるは》、くるしかるべからず。無道心にして、人に被レ思ニ有道一《いうだうとおもはれん》、是を能々可レ慎《よくよくつつしむべし》。

又示云《じにいはく》、隋《ずゐ》の文帝《ぶんてい》の云《いはく》、「密《みつ》々の徳を修《しゆ》して、あぐるをまつ」言ふ心は、能き道徳を修して、あぐるをまちて、民を厳《いつくしう》すると也。僧猶、不レ及《およばざらん》、尤可ニ用心一也《もつともようじんすべきなり》。只、内内《ないないに》、修ニ道業一《だうごふをしゆせば》、自然《じねん》に道徳可レ露レ外《そとにあらはるべし》。自不レ期ニ不レ望三道心道悳露レ外被一レ知レ人《みづからだうしんだうとくそとにあらはれひとにしられんことをごせずのぞまず》。只、専《もつぱら》、随ニ仏教一順ニ祖道一行《ぶつけうにしたがひそだうにしたがひゆ》けば、人、自、帰ニ道徳一《おのづからだうとくにきする》也。

此《ここ》に学人の誤出来《あやまりいできた》る様《やう》は、人に貴《たつと》びられて、財宝出来《いで》たるを以《もつ》て、道徳彰《あらはれ》たる〔49〕と、自《みづから》も思ひ、人も知《しる》也。＝是、即、天魔波旬《はじゆん》の、心に付《つき》たると可レ知《しるべし》。尤可ニ思《もつともしりやうす》量一《べし》。教《けう》の中にも、是をば魔の所為《しよゐ》と云《いふ》也。未レ聞《いまだきかず》、三国の例、財宝に富《とみ》、愚人《ぐにん》の帰敬《ききやう》を以《もつ》て、可レ為ニ道徳一《だうとくとなすべしとは》。道心《だうしん》と云《いふ》は、昔より三国、皆、貧《ひん》にして、身を苦しめ、省約《つづましやかにして》、有レ慈《じあり》、有レ道《だうある》を、実《まこと》の行者《ぎやうじや》と云《いふ》也。徳の顕《あらはる》ると云《いふ》も、財宝に饒《ゆたか》に、供養に誇るを云《いふ》にあらず。

徳の顕《あらはるる》に三重《さんぢゆう》あるべし。先《まづ》は、其の人、其の道を修するなりと被レ知《しらるる》也。次には慕二其道一《そのみちをしたふ》者、出来《いできた》る。後には、其道を同行学《どうぎやうがく》し、同行《どうぎやう》する也。是を道徳の顕《あらは》るゝと云《いふ》也。

〔訳〕

夜話にいわれた。

唐の太宗のとき、魏徴が上奏していうに「人民の中に陛下をそしる者たちがおります」と。太宗のいわれるに、「私に仁徳があって、そしられるのならば、すこしも心配することはない。むしろ私に仁徳がなくて、ほめられるようなことがあれば、それこそ心配せねばならぬ」と。

世俗の人でも、なお、このように立派な考えの人があるのだ。僧たるものは、特にこのように考えなくてはならぬ。慈悲の心があり道を求める心があって、しかも愚かな人々に悪口をいわれ非難される。それは少しも気にすることはない。むしろ、道をはげむ心がないのに、有徳な人と思われることがないように、このところを、よくよく気をつけねばならぬ。

また、教えていわれた。

隋の文帝の言葉に、「人知れず徳を修めて、おのずから徳が外にあらわれてくるのを待つ」

よく道を学んで徳を身につけ、その徳がおのずから外にあらわれるようにになって、はじめて人民に慈愛深い政治を行うことができるようになる、ということである。僧たるものが、これにひけをとるようではいけぬ。特に気を付けねばならぬことである。ひたすら人しれず悟りの道の修行をつめば、自然と道徳は、外にあらわれてくるものだ。仏道にはげむ心や仏道修行によって身に具《そな》わる徳が、外にあらわれて人に知られるようになることを、期待もせず望みもせず、ひたすら仏の教えにしたがい、祖師たちの道にならって行くならば、おのずから、仏道修行によって具わる徳に、人々は帰依《きえ》することになるのだ。

この場合に、道を学ぶ者のあやまりが生ずる次第は、人に尊敬され財宝が出来てくるのを、仏道修行の徳が、外にあらわれてきたことであると、みずからも思い、他人もそのように認めることである。このようなことは、とりもなおさず、天の悪魔が心にとりついたのだと知るべきである。特に考えなくてはならぬことである。仏の教えの中にも、このようなことを、悪魔のしわざといっている。インド・中国・日本のいずれの場合にも、財宝ゆたかであって、愚かな人々によって尊敬され帰依されることが、仏道の徳であるとなすことは、いまだ聞いたことがない。道心（道を求め、はげむ心）というのは、昔からインド・中国・日本、いずれの所にあっても、みな貧しくて、肉体の苦労をかさね、つつましい生活をし、慈悲の心があり、悟りの道にかなった行いをすることであって、このような人を、まことの修行者というのである。徳が外にあらわれるというのも、決して、財宝豊かに、多くの人々から供養されることをもってよしとする、ということを意味するのではない。

徳が外にあらわれるというのに、三段階があるであろう。まず第一には、あの人は、道を求めて修行をしていると、人に知られるようになることである。第二には、その人が求め行じている道を慕って、やってくる者があることである。第三には、その道を、同じように学び、一緒に修行するようになることである。こういうのを、道徳（道の修行により具わる徳）が、外にあらわれたというのだ。

## 三ノ四　学道の人は、人情をすつべきなり

夜話云《やわにいはく》、学道の人は、人情をすつべき也。人情を捨《すつ》ると云《いふ》は、順ニ仏法一行也《ぶつぽふをじゆんじぎやうずるなり》。世《せ》人《にん》、多《おほく》、小乗根性《こんじやう》也。弁ニ善悪一《ぜんあくをべんじ》、分ニ是非一《ぜひをわかち》、取レ是《ぜをとり》、捨レ非《ひをすてるは》、猶是、小乗の根性也。只、捨ニ世情一《せじやうすつれば》、入ニ仏道一《ぶつだうにいる》也。入ニ仏道一《ぶつだうにいる》には、善悪を分ち、よしと思ひ、あししと思事《おもふこと》を捨て、我《わが》身よからん、我《わが》心何《なに》と有《あら》ん、と思ふ心を忘れ、よくもあれ、あしくもあれ、仏祖の言語《ごんご》行履《あんり》に順《したが》ひ行く也。

〔50〕

我《わが》＝心によしと思ひ、又、世人《せじん》のよしと思事《おもふ》、必《かならず》よからず。然《しかれ》ば、人目も忘れ、心をも捨て、只、仏教に順行《したがひゆく》也。身も苦《くるし》く、心も患《うれふ》とも、我《わが》身心をば、一向《いつかう》に捨《すて》たるものなればと思《おもう》て、苦しく愁《うれへ》べき事なりとも、仏祖先徳の行履《あんり》ならば、可レ為《なすべき》也。

此事は能事《よき》、仏道に叶《かなひ》たりと思《おもふ》とも、なしたく行じたくとも、仏祖の心になからん事をなすべからず。是、即、法門《ほふもん》をも、能《よく》心得たる事にて有《ある》也。我《わが》心も、又、自レ本習《もとよりならひ》来《きたれ》る法門の思量をばすてて、只、今見《いまみる》処の、祖師《そし》の言語行履《あんり》に、次〔第〕に心を移しもて行《ゆく》也。如《かくのごとく》レ是すれば、知恵《ちゑ》もすすみ、悟《さとり》も開くる也。元来《もとより》、所レ学《まなぶところの》、教家《けうけの》文字の功も、可レ捨《すつべき》道理あらば捨《すて》、今の義につきて可レ見《みるべき》也。学ニ法門一《ほふもんをがくすること》事は、もとより、出家得道《とくだう》の為《ため》也。我所レ学《わがまなぶところ》、多年の功を積めり、何ぞやすく捨《すて》んと、猶、心深《ふかく》思ふ、即、此心を、生死繋縛《しゃうじけばく》の心と云《いふ》也。能々可ニ思量一《よくよくしりやうすべし》。

〔訳〕

夜話にいわれた。

道を学ぶ者は、人情（人の世の分別・愛着）を捨てなければならぬ。人情をすてるというのは、仏の教えに順《したが》い、行ずることである。世の人、多くは、小乗根性《こんじょう》（ひたすら自己の悟りと救いを求める気がまえ）である。善悪是非を分別して、善をもとめ悪をしりぞけるのは、やはりなお小乗の根性である。ただ人間世界の分別・愛着をすてさえすれば、仏の道に入ることができるのだ。仏の道に入るには、善悪を分別して、これは善いと思い、あれは悪いと思うようなことを捨て去り、また、自分の身《み》がよいようにとか、自分の気持ちとしては、どうであろうか、などと考えることを捨て去って、よかろうと悪かろうと、ひたすら仏や祖師がたの言行に、したがってゆくのだ。

自分の心で、よいと思うこと、また世人が、よいと思うこと、必ずしも、よいとはかぎらぬ。だから、ひとが何と思うか気にかけず、また自分の心の思いなしをも捨てて、ひたすら仏の教えにしたがい行くべきである。身体の苦労も多く、心でつらい思いをしても、自分の身心は、まったく捨ててしまったものであるからと考えて、苦しくても、つらくても、仏祖や高徳の先人のなされしことであるなら、自分も為さねばならぬのだ。このことは、よい事である、仏道にかなった事である、と思っても、またそう考えて実行したいと思っても、仏祖の考えにないことは、してはならぬ。こういうことが、とりもなおさず、仏法の教えを、よく心得たということであるのだ。自分の心についても、前から学習してきた仏法の教えについての自分の考えを捨てて、現在みえるとおりの祖師がたの言行に、次第に心を移してゆくようにするのである。このようにすれば、知恵もすすみ、悟りも開けてくるのだ。前々から学んだ理論的教理学問の成果も、捨てるべき道理があれば捨てて、今のべた道理によって考えるべきである。仏法の教えを学ぶのは、いうまでもなく、世間を捨てて悟りの道を得るためである。自分は仏法を学んで、長い年月、苦労を重ねてきた、どうして簡単にこれを捨て去ることができようか、と心のそこで、なお考えている、そういう心を、生死繋縛《しょうじけばく》の心（生滅流転の世界の無明《むみょう》の迷妄《めいもう》に、しばりつけられている心）というのだ。よくよく考えてみることだ。

## 三ノ五　故建仁寺の僧正の伝をば

〔51〕

夜話云《やわにいはく》、故《こ》建仁寺の僧正の伝をば、顕兼《〔あきかね〕》中(1)納言入道書《かき》たる也。其《その》時《じ》、辞する言《ことば》に云《いはく》、「儒《じゅ》者に書《かか》せらるべき也。其故《そのゆゑ》は、儒者、元来《もとより》、忘《みをわすれて》レ身幼《いとけな》きより長《ひととな》るまで、学問を本《もと》とす。故に、書《かい》たる物に、無《あやまりなき》レ誤也。只人《ただびと》は、身の出仕交衆《しゅっしけうしゅう》を本《もと》として、かたはら事に学問をするあひだ、自《おのづから》よき人あれども、文筆の道にも、誤《あやまり》出来《いでくる》也」思《これをお》レ之《もふに》、昔の人は、外典《げでん》の学問も、忘《みをわすれて》レ身、学する也。

又云《いはく》、故胤《いん》僧正云《いはく》、「道心と云《いふ》は、一念三千の法門なんどを、胸中に学し入《いれ》て持《もっ》たるを、道心と云《いふ》也。なにとなく笠を頸《くび》に懸《かけ》て迷《まよひ》ありくをば、天狗《てんぐ》魔縁《まえん》の行《ぎやう》と云也」

〔注〕

(1)底本には「ハルカヌ」とあり。源顕兼（本名、兼綱）の栄西伝、不詳。

〔訳〕

夜話にいわれた。

今は亡き建仁寺の僧正栄西禅師の伝記は、顕兼《あきかね》中納言入道が書かれたものである。そのとき、はじめは辞退されて、次のようにいわれた。「それは、儒者に書かせられるのがよろしい。そのわけは、儒者は元来、身を忘れて、幼少のときより成人するまで、学問を本務としている。故に、書いたものに誤りがない。普通の人は、役目によって勤務し、人々と応接するのが本務であって、その余暇に学問するのであるから、中には自然と学問の立派な人も出てくるけれども、多くは、文章の書き方の上でも、間違いが生じてくるものだ」と。これについて思うに、昔の人は、仏教以外の典籍の学問についても、身を忘れて学問したものだ。

またいわれた。

今は亡《な》き公胤《こういん》僧正のいわれるに、「道心（悟りの道を求め行ずる心）というのは、例えば、天台宗の教理にいう一念三千（三千世界が一念の心にあり）の教えなどを、胸の内にしっかりと学び納得していることをいうのだ。なんとなく笠を首にかけて、外形は僧の形で修行して歩いている格好で、実は、さ迷い歩いているようなのは、天狗が人をまどわす行というのだ」と。

## 三ノ六　故僧正いはく、衆各用ふる所の衣粮等

夜話《やわ》云《いはく》、故僧正云《いはく》、「衆《しゆ》、各《おのおの》、所《もちゐるところ》レ用の衣粮《えりやう》等の事、予《よ》が与《あたふ》ると思《おもふ》事無《なか》れ。皆、是《これ》、諸天《しよてん》の供《くう》ずる所《ところ》也。我《われ》は、取《と》り次人《つぎにん》に当《あたつ》たるばかり也。又、各々《おのおの》、一期《いちご》の命分具足《みやうぶんぐそく》

す。勿ニ奔走一《ほんそうすることなかれ》」〔と〕常にすすめられければ、是《これ》第一の美言《びげん》と覚《おぼゆ》る也。

〔52〕又、大宋宏智《わんし》禅師の会下《ゑげ》、天童は、常住物《じやうぢゆうもつ》、千〃〔の〕人用途《ようと》也。然《しか》れば、堂中七百人、堂外《だうげ》三百人にて、千人につもる常住物なるによりて、長老の住《ぢゆうし》たる間、諸方の僧、雲集《うんしふ》して堂中千人也。其外《そのほか》、五六百人ある間、知事《ちじ》、宏智《わんし》に訴《うつた》へ申《まうす》に云《いはく》、「常住物は千人の分也。衆僧多集《しゆぞうおほくあつまつ》て、用途《ようと》不足也。枉《まげ》て、はなたれん」と申《まうし》しかば、宏《わん》智云《しいはく》、「人々《にんにん》、皆《みな》、有レ口《くちあり》、不レ干ニ汝事一《なんぢがことにかかはらず》、莫レ歎《なげくことなかれ》。云云《しかじか》」

今《いま》、思レ之《これをおもふに》、人、皆、生得《しやうとく》の衣食《えじき》有り。思《おもふ》によりても不ニ出来一《いできたらず》、不レ求《もとめずとも》、非ニ不レ来一《きたらざるにあらず》。在家人《ざいけにん》すら、猶、運《うん》に任《まか》せ思レ忠《ちゆうをおもひ》、学レ孝《かうをまなぶ》。何況《いかにいはんや》、出家人《しゆつけにん》は、惣《すべ》て、不レ管ニ他事一《たじをくわんぜず》。釈尊遺付《ゆゐふ》の福分あり。諸天応供《おうぐ》の衣食あり。又、天然《てんねん》生得の命分あり。不ニ求思一《もとめおもはずとも》、任《にん》運《うん》として可レ有《あるべき》命分也。直饒《たとひ》、走り求《もとめ》て、財《ざい》をもちたりとも、無常忽《たちまち》に来《きた》らん時、如何《いかん》。故に学人は、只、宜下不ニ余事留レ心、一向学上道也《よろしくよじにこころをとめず、いつかうにみちをまなぶべきなり》。

〔53〕又、或人《ある》云《いはく》、「末世辺土《まつせへんど》の仏法興隆は、衣食《えじき》等の外護《げご》の外《ほか》に累《わづらひ》なくて修行〃せば、付レ其《それにつけて》、有相著我《うさうぢやくが》の諸人集《しよにんあつまり》学せん程に、其中《そのなか》に、若一人《もしいちにん》の発心《ほつしん》の人も出来《いできたる》べし。故に閑居静処《げんごじやうしよ》を構《かま》へ、衣食具《ぐ》して仏法修行せば、利益《りやく》も弘《ひろ》かるべし」と。

今は思《おもふ》に、不レ然《しからず》。直饒《たとひ》、千万人、利益《りやく》につき財欲にふけりて聚《あつまり》たらん、一人《いちにん》〔も〕なからん〔に〕、猶〔お〕とるべき。悪道の業因《ごふいん》のみ自積《みづからつみ》て仏法の気分無故《なきゆゑ》也。清貧艱難《かんなん》して、或《あるひ》は乞食《こつじき》し、或は菓蓏《くわら》等を食《じき》して、恒《つねに》、飢饉《ききん》して学道せば、是を聞《きい》て、若《もし》、一人も来《きた》り学せんと思ふ人有らんこそ、実《まこと》の道心者、仏法の興隆ならめと覚《おぼゆ》る。艱難貧道によりて一人も無《なか》らんと、衣食饒《えじきゆたか》にして諸人聚《あつまつ》て仏法なからんと、只、八両と与二半斤一《はんぎんとなり》也。

又、云《いはく》、当世の人、多《おほく》、造像起塔等の事を仏法興隆と思へり。又、非《ひ》也。直饒《たとひ》、高堂大観、珠《たま》を磨《みがい》て、金《こがね》をのべたりとも、因レ是《これによつて》、得道の者あるべからず。只、在家人の財宝を仏界に入《いれ》て、善事をなす福分也。小因大果《せういんだいくわ》を感ずることあれども、僧徒の此《この》事を営《いとなむ》は、仏法興隆に非《あらざ》る也。只、草庵樹下《さうあんじゆげ》にても、法門の一句をも思量し、一時の坐禅をも行ぜんこそ、実《まこと》の仏法興隆にてあれ。

〔54〕

今、僧堂を立《たて》んとて勧進《くわんじん》をもし、随分に労《らう》する事は、必《かならず》しも仏法興隆と思はず。只、当時、学道する人も無く、徒《いたづら》に日月《じつげつ》を送る間、只、あらんよりもと思《おもう》て、迷徒《めいと》の結縁《けちえん》ともなれかし、又、当時、学道の輩《ともがら》の坐禅の道場の為《ため》也。又、思始《おもひはじめ》たる事のならずとても、不レ可レ有レ恨《うらみあるべからず》。只、柱を一本なりとも立て置きたらば、後来《こうらい》も、思ひ企《くはだて》たれども不レ成梟《ならざりけり》と見んも、不レ可レ苦レ思《くるしかるべからずとおもふなり》也。

又、或人《あるひと》すすみて云《いはく》、「仏法興隆の為《ため》、関東に下向《げかう》すべし」

答云《こたへていはく》、不レ然《しからず》。若《もし》、仏法に志《こころざし》あらば、山川紅海を渡《わたつ》ても、来《きたつ》て可レ学《まなぶべし》。其《その》志なからん人に、往向《ゆきむかつ》てすすむとも、＝聞入《ききいれ》ん事不定《ふぢやう》也。只、我《わ》が資縁《しえん》の為《ため》、人を枉惑《わうわく》せん、財宝を貪《むさぼ》らん為か。其《そ》れは、身の苦しければ、いかでもありなんと覚《おぼゆ》る也。

又、云《いはく》、学道の人、教家《けうけ》の書籍《しよじやく》及び外典《げでん》等、不レ可レ学《がくすべからず》。可レ見《みるべき》語録等を可レ見《みるべし》。其《その》余は、且《しばら》く是を可レ置《おくべし》。今代《きんだい》の禅僧、頌《じゆ》を作り、法語を書《か》かん料《れう》に、文筆等を好む。是、則、非也。頌《じゆ》、不レ作《つくらず》とも、心に思はん事を書《かい》たらん、文筆不レ調《とゝのはず》とも、法門を可レ書《かくべき》也。是をわるしとて見たがらぬ程の無道心の人は、好《よき》文筆を調《とゝの》へ、いみじき秀句ありとも、只、言語計《ごんごばかり》を翫《もてあそ》んで、理を不レ可レ得《うべからず》。我《われ》も本《も》と、幼少の時より好み学せん〔し〕事にて、今もややもすれば、外典等の美言《びげん》案ぜられ、文選《もんぜん》等も見らるるを、無レ詮事《せんなきこと》と存ずれば、一向に捨つべき由《よし》を思ふ也。

〔訳〕

夜話にいわれた。

今は亡き僧正栄西禅師がいわれるに、

「みなの者それぞれが、いま用いている衣服や食料などすべて私から貰うのだと思ってはならぬ。これらはみな、仏法を守る天の神々が、われらに供養してくださったところのものである。自分は、ただ、その取りつぎ人の役《やく》をしているだけだ。その上、みなの者それぞれ、その一生の生命の分際はちゃんと具《そな》わっているのだ。あくせく走りまわってはならぬぞよ」と。このように常に導かれたのであって、これまことに、この上ない立派なお言葉であると思う次第である。

また、大宋国の宏智《わんし》禅師が堂頭和尚でおられたころの天童山景徳禅寺では、平常時千人の衣食をまかなうだけの資財資産があった。禅堂内で修行する者七百人、禅堂外で寺の仕事をする者三百人、計千人分の経常費をまかなう資産である。ところが宏智禅師が堂頭の住持として指導に当たられるようになってから、諸方の僧が宏智禅師の教化を慕って、雲のごとく集まってきた。禅堂内で修行する者だけですでに千人になり、このため堂外の僧も五、六百人必要となり、経費が増大した。そこで寺務をつかさどる役位の僧が、宏智禅師に申し出ていった、「寺の経常費は千人分しかありませぬ。ところが多くの僧が集まってきましたので、費用不足となりました。道義上いかがかとは思いますが、何とか余分の僧を、ほかの寺へまわすようにしては、いただけませんか」と。ところが、宏智禅師のいわれるには、「人は、それぞれ、みな口をもっているのだ。お前がかかわったことではない。心配するな」と。

思うに、人間にはみなそれぞれ生まれつき具わっている衣食の分け前があるのだ。ほしがったところで、余分に与えられるものではなく、求めなかったとしても、与えられぬわけのものではない。在家《ざいけ》の人々ですら、衣食のことはなお運にまかせ、ひたすら君には忠義であろうとし、親には孝行であろうとしているのだ。ましていわんや、出家して悟りの道を歩もうとする者は、すべて悟りの道以外のことには関らないのだ。釈尊は、その寿命を二十年ちぢめて、それをわれら仏弟子に供養してくださったのであって、われら仏弟子たちには、その福分があるのだ。また、仏法守護の天の神々からの賜物としての衣食があるのだ。また、人間おのおの自然に具わった生まれつきの寿命の分け前があるのだ。求めようと思わずとも、おのずからに寿命の分際があるはずのものだ。たとえ奔走して財産を得たとしても、無常なる死がたちまち襲い来ったときは、どうするか。故に、道を学ぶ者は、ただひたすらほかの事を念頭におかず、ひたむきに悟りの道を学ぶがよいのだ。

また、次のようにいっている者がいる。

「時代は末法の世であり、ところはインドから遠くはなれた日本である。このような時代と場所で仏教を興隆させるには、衣食など、外部からの援助によってまかない、ほかに何の苦労もなく修行するようにしたら、形あるものに執われ自我に執着しているような人々も集まって来て、仏道を学んでいるうちに、その中から一人ぐらいは、本当の菩提心《ぼだいしん》（悟りを求め仏道を行ぜんとする心）をおこす人も、出てくることであろう。故に、世間をはなれた静かなところで生活して、衣食は充分に準備して、その上で仏法の修行をしたならば、利益《りやく》も弘大であろう」と。

私の考えるに、そうではない。たとえ千人万人の人々が集まってきたとしても、それが利益にひかれ物欲のとりことなっているのでは、それよりも、仏道を学ぶ者が一人もないほうが、まだよいくらいのものだ。それは、地獄・餓鬼・畜生の悪道におちる原因ばかりを積み重ねて、仏法修行の気持ちがないからだ。心清く貧しくさまざまに苦労し、あるいは乞食托鉢し、あるいは木の実・草の実などを食べながら、つねに飢に迫られながら、仏の道を学ぶのであれば、これを聞いて、たとえ一人でもやって来て、その人について学ぼうと思う人があらわれるかもしれない。そのような人こそ、まことの道心者であり、これこそ仏法の興隆ということであろうと思われる。苦労と貧乏のゆえに一人も仏道修行者がいないのと衣食ゆたかに多くの人が集まって仏法がないのと、秤《はかり》にかければ八両と半斤《ぎん》とのように、名がちがっても実は同じことなのだ。

またいわれた。

当世の人の多くは、仏像を造ったり塔を建てたりなどすることを、仏法の興隆と思っている。これまた間違いである。たとえ、宏大壮麗な建物を造り、玉をみがいてちりばめ、金箔をのべて飾り立てたとしても、これによって悟りの道を得る者があろうはずがない。ただ在家の人が、その財宝を仏道に献じ、その善き行いによって、福分を授けられる、ということがあるだけである。在家人のなす供養は、いかに多くの財宝でも小さなことにすぎないが、その小さなことが因となって、大きな果を授かることになるので結構なことである。しかし僧たちが、このような建築造営をするのは、決して仏法興隆でも何でもない。むしろただ、草ぶきの粗末な庵《いおり》やあるいは樹の下でもよいから、そこで仏《ほとけ》の教えの一句でも思い考え、しばらくの間でも坐禅することこそ、まことの仏法興隆なのだ。

いま、僧堂を建てようと思って、喜捨寄進をつのり、いろいろと自分にできるかぎり苦労しているが、これ必ずしも、仏法興隆のためであるとは、自分は思っていない。ただ差し当って、学道する者もなく、いたずらに月日《つきひ》を送り、むなしく何もしないでいるよりはと思って、この迷える凡夫が仏道に縁を結ぶよすがともなればよいと思ってはじめたことだ。また差し当って、たまたま道を学ぼうとする者があれば、その坐禅の道場ともなるであろう。また、思い立って始めたことであるが、成就しなくても、残念だとは決して思わぬ。ただ柱一本だけでも立てておいたなら、後の世の人が、「思い立ってやりはじめたが、成就しなかったのだな」と見ることもあろうが、そんなことも、自分は少しも苦にすることではないのだ。

また、ある者が進み出ていった、「仏法興隆のため、関東の鎌倉に赴《おもむ》かれたら、よいと存じます」と。

道元禅師は答えていわれた。

そんなことはない。もし仏法を求める志《こころざし》があるならば、山や河や海を渡っても、やって来て学ぶがよいのだ。その志のないような人に、わざわざ出かけていって仏法をすすめても、聞き入れるかどうか、知れたものではない。ただ自分に物質的な援助を受けようよすがのため、人をまどわすようなことは、財宝をほしがってのことか。それは体が苦労するばかりであるから、行かないでいようと思うのだ。

またいわれた。

道を学ぶ者は、仏教教理の学問僧の書籍や仏教以外の典籍など、学ぶべきではない。禅の祖師たちの然るべき語録などを見るのがよい。そのほかは、しばらく差し置くがよい。近ごろの禅僧は、偈頌《げじゅ》を作ったり法語を書いたりすることのために、詩文の道を好むが、これはいけないことである。偈頌を作らなくても、心に思うことを、そのまま書けばよい。文章がととのっていなくても、仏《ほとけ》の教えを書かねばならぬ。こういう文章を悪文だといって見ようとしないほどの無道心の人は、立派に文章がととのい、すぐれた美事な句があったとしても、ただ言葉ばかりをもてあそんで、その言葉の道理を会得《えとく》することができない人なのだ。自分も元来幼少のときから、学問にいそしんだことであるので、いまでも、ややもすると漢籍などの美しい言葉を思い出してみたり、『文選』などを見たりすることになるのだが、こういうことは、役に立たぬことと思うので、一切捨ててしまうべきだと考える次第である。

## 三ノ七　我在宋のとき、禅院にして古人の語録を見しとき

〔56〕

一日、示云《じにいはく》、我《われ》在宋の時、禅院にして見二古人語録一《こじんのごろくをみし》時、或西川《あるせいせん》の僧二の道者《だうじや》にて有《あり》しが、問レ我云《われにとうていはく》、「なにの用ぞ」云《いは》く「郷里に帰《かへつ》て人を化せん」僧云《いはく》、「なにの用ぞ」云《いはく》、「利生《りしやう》の為《ため》也」僧云《いはく》、「畢竟《ひつきやう》して何の用ぞ」

予《よ》、後に此《この》理を案ずるに、語録公案等を見て、古人の行履《あんり》をも知り、或《あるひ》は、迷者《めいじや》の為に説き聞かしめん、皆、是、自行化他《じぎやうけた》の為に無用也。只管打坐《しくわんたざ》して大事を明《あきら》め、心《しん》の理《り》を明《あきら》めなば、後には一字を不レ知《しらず》とも、他に開示《かいじ》せんに、用ひ不レ可レ尽《つくすべからず》。故に彼《か》の

僧、畢竟《ひっきやう》して、何用《なんの》ぞとは云ひけると。是《これ》、真実の道理也と思《おもう》て、其後《そののち》、語録等を見る事をとどめて、一向打坐《いっかうにたざ》して、大事を明《あきら》め得たり。

〔訳〕

ある日、教えていわれた。

自分が宋国にいたときのことだ。禅寺で、古人の語録を読んでいたところ、西川《せいせん》（四川省。蜀）出身の僧で、修行を立派になさった方《かた》であったが、自分に問いかけていわれた。

「語録を見て、何の役に立つか」

「故国に帰って、人を教化するためです」

「それが何の役に立つか」

「衆生に利益を与えるためです」

「それで結局のところ、何の役に立つか」

自分は、あとで、この問いの意味を考えてみたのだ。語録や公案（祖師の大悟の機縁となった問答や言葉の記録で、学道修行の手本となるもの）の類をみて、古人の言行を知り、あるいは迷える人々のために説いて聞かせようと自分は思っていたのであるが、みなこれは、自分の修行や他人を導くために無用なことであり、むしろ、ひたすら坐禅して、一生の大事である悟りを得、一切世界が心の造りなすところであるという道理を明かにすることができたら、そのあとでは、一字を知らなくても、他人に真理を教え示す場合にも、かぎりなく自由自在であるであろう。この故に、かの西川の僧は「それで結局、何の役に立つか」といったのであると判った。これまことに真実の道理であると思い、それ以後は、語録などは見ることはしないで、専心、坐禅にはげみ、こうして、一生参学の大事を、明らかにすることを得たのである。

## 三ノ八　真実内徳なうして、人に貴びらるべからず

〔57〕

夜話云《やわにいはく》、真実内徳無《なう》して、人に貴《たつと》びらるべからず。此《この》国の人は、真実の内徳をば、さぐりえず、外相《げさう》をもて、人を貴《たつと》ぶ程〔たつとび〕に、無道心の学人は、即《すなはち》、あしざまにひきなされて、魔の眷属《けんぞく》と成る也。人にたとびられじと思はん事やすき事也。中々《なかなか》、身をすて、世をそむく由を以てなすは、外相計《げさうばかり》の仮《け》＝令《りやう》也。只、なにとなく世間の人の様《やう》にて、内心を調《ととの》へもてゆく、是《これ》、実《まこと》の道心者《だうしんじや》也。

然《しかれ》ば、古人云《いはく》、「内《うち》、空《むなし》くして、外したがふ」といひて、中心は我身《わがみ》なくして、外《げ》相《さう》は他にしたがひもてゆく也。我身《わがみ》、は〔わ〕が心と云《いふ》事を、一向にわすれて、仏法に入《いっ》て、仏法のおきてに任せて、行じもてゆけば、内外《ないげ》ともによく、今も後もよき也。

仏法の中にも、そぞろに身をすて、世をそむけばとて、すつべからざる事をすつるは非《ひ》也。此土《しど》の仏法者、道心者を立つる人の中にも、身をす〔て〕たればとて、人はいかにも見よと思《おもう》て、ゆへ《〔ゑ〕》なく身をわろくふるまひ、或は、又、世を執《しふ》せぬとて、雨にもぬれながらゆきなんどするは、内外《ないげ》ともに無益なるを、世間の人は、即、是を貴《たつと》き人、世を執せぬなんどと思へる也。中々、仏制を守《まもり》て、戒律儀をも存じ、自行他行、仏制に任《まかせ》て行《ぎやう》ずるをば、名聞利養《みやうもんりやう》げなると、人も管《くわん》ぜざるなり。其《それ》が、又、我為《わがため》には、仏教にも順《したが》ひ、内外《ないげ》の悳《とく》も成《なる》也。

〔訳〕

夜話にいわれた。

内に包んだ真実の徳がなくて、しかも人々に尊敬されるということがあってはならぬ。わが国の人は、真実の内徳を知ることができないで、外にあらわれたところで、人を尊敬するものだから、道心のない修行者でも、もっともらしく外面を取りつくろっていれば、世人にうやまわれ、それでますます悪道におちいり、仏道を妨げる悪魔のなかまになってしまうのだ。さればといって、人々から、うやまわれないようにすることは、これまた簡単だ。しかし、身を捨て世にそむくような仕方で振る舞ってみせるのは、かえって、外面だけの仮りのことにすぎない。そうではなくて、ただ当り前に、世のつねの人と同じようであって、しかも自分の内面の心を調えてゆくのが、まことの道心者なのだ。

そうであるから、古人も「内に固執するところなく、外の世間の様子にしたがう」といっているように、心の中では自分のことは思わず、外面では他の人々のありようと同じように従ってゆくのである。自分の身の上、自分の心持ちというものを、まったく忘れ、ひたすら仏の教えに没入し、仏法のきまりどおりに行うようにしてゆけば、内面も外面も、ともに立派になり、現在も将来も、立派となるのである。

むやみと身を捨て世間に背をむけるのがよいからといって、仏法の中でも、捨ててはならないことまで捨ててしまうのは、間違っている。わが国で仏法者・道心者と称する人々の中にも、自分は身を捨てたのだから人々がどのように見ようと構わぬと考えて、理由もなく、見苦しい振る舞いをしたり、あるいはまた、世間のことには関わらぬといって、雨が降るのに、濡れながら歩いたりなどする人があるが、これは心の修養の上でも外面の行動の上でも、何の役にも立たないことだ。にもかかわらず、こういう人を、世間では、有りがたい人だと思い、世の俗事にこだわらぬ人だと思ったりするのだ。むしろかえって、仏の定めたおきてを守り戒律をよく心得、自分の行いも、また、他人のための行いも、仏のおきてに従って行ずる人を、評判や利益をほしがってのことだと、世人も取りあわないのである。だが実は、それが、自分のためには、仏の教えにも従い、内面・外面ともに、有徳になることなのだ。

## 三ノ九　学道の人、世間の人に

〔58〕夜話云《やわにいはく》、学道の人、世間の人に、知者《ちしゃ》、もの知《しり》と、しられては無用也。真実求道《ぐだう》の人の、一人も有《あら》ん時は、我《わ》が知るところの、仏祖の法を、不レ説《とかざる》ことあるべからず。直饒《たとひ》、我《われ》を、殺さんとしたる人なりとも、真実の道《だう》を聞《きか》んと、真《まこと》の心を以《もつ》て、問はんには、怨心《をんじん》を忘《わすれ》て、為《ため》に是を可レ説《とくべき》也。其外《そのほか》は、教家《けうけ》の顕密《けんみつ》、及《および》、内外《ないげ》の典籍《てんじゃく》等のこと、知《しり》たる気色《けしき》して、全く無用也。人来《きたっ》て、如レ是《かくのごとく》の事を問《とふ》に、不レ知《しらず》と答《こたへ》たらんに、一切不レ可レ苦《くるしかるべからざる》也。其《それ》を、物しらぬは、わろしと人も思ひ、愚人《ぐにん》と自《みづから》も覚《おぼゆ》ることを、傷《いたま》れて、ものを知らんとて、博《ひろく》、内外典《ないげでん》を学し、剰《あまつさ》へ、世間世俗の事をも、知《しら》んと思《おもう》て、諸事を好み学し、或《あるひ》は、人にも知《しり》たる由をもてなす、極《きは》めたる僻事《ひがごと》也。学道の為に、真実に無用也。知《しり》たるを、不レ知《しらざ》る気色《けしき》するも、六借《むつか》し、やうがましければ、かへりて、たう〔ふ〕と気色《げしき》にて、あしき也。もとより不レ知《しらざらん》、一《いち》の事也。

〔59〕我《われ》、幼少の昔、記典《きでん》等(1)を好み、学して、其《それ》が今も、＝入宋伝法《につそうでんぽふ》するまでも、内外《ないげ》の書籍《しょじゃく》をひらき、方言を通ずるまでも、大切の用事、又、世間の為にも、尋常也。俗なんども、尋常のことに思《おもひ》たる、かたぐ〵用事にて有《あれ》ども、今、倩《つらつら》思《おもふ》に、学道の碍《さはり》に

てある也。只、聖教《しやうげう》をみるとも、文《もん》に見ゆる所の理を、次第にこころへ〔え〕てゆかば、其の道理を、えつべきを、先づ文章に、対句《ついく》韵声《ゐんしやう》(2)なんどを見て、よき、あしきぞ、と心に思《おもう》て、後に理をば見《みる》也。然《しか》らば、なか〳〵知らずして、はじめより道理を心《ここ》ろ得《え》てゆかば、よかるべき也。法語等を書《かくに》も、文章におほせて、書《かか》んとし、韵声《ゐんしやう》たがへば、被《ささへられ》レ拄なんどするは、知《しり》たる咎《とが》也。語言《ごごん》文章は、いかにもあれ、思ふまゝの理を、つぶ〳〵と書きたらば、後来《こうらい》も、文章わろしと思ふとも、理だにもきこへたらば、道の為には、大切也。余の才学も如《かくのごとし》レ是。

〔60〕

伝へ聞《きく》、故高野の空阿弥陀仏《くうあみだぶつ》(3)〔は〕わ、元《もと》は顕密の碩悳《せきとく》なりき。遁世《とんぜい》の後、念仏の門に入《いつ》て後、真言《しんごん》＝師《し》ありて、来《きたつ》て密宗の法門を問《とひ》けるに、彼《かの》人、答《こたへていはく》云、「皆、忘《わすれ》をはりぬ。一事も、おぼへ〔え〕ず」とて、答へられざりける也。これらこそ、道心の手本となるべけれ。などか少々おぼへでも、有《ある》べき。しかあれども、無用なる事をば、云はざりける也。一向念仏の日は、さこそ有《ある》べけれと覚《おぼゆる》也。

今の学者も、この心《ここ》ろ有べし。直饒《たとひ》、元《もと》、教家の、才学等有《あり》とも、皆わすれたらん、よき事也。況《いはん》や、今《い》ま学する事、努々《ゆめゆめ》有《ある》べからず。宗門の語録等、猶《なほ》、真実参学の道者は、見るべからず。其《その》余は、是《これ》を可《しるべし》レ知。

〔注〕

(1)記典《きでん》　紀伝《きでん》の音字ならん。（参看、水野訳『随聞記』筑摩叢書5、二六八頁）紀伝道は桓武天皇延暦二十四年に大学寮におかれ紀伝博士が担当した。中国の歴史書を専門とする。今日でいえば、歴史学であり、同時に、社会学、政治学、人間学に相当する部門。西欧哲学における「モラル・フィロソフィ」（アダム・スミス）、あるいはヘーゲルの「精神哲学」に相当するものといえよう。

(2)韵声《ゐんしやう》　韻と四声（平仄）。

(3)高野の空阿《くうあ》弥陀仏《みだぶつ》　真宗僧、明遍《みようへん》（一一四二―一二二四）。のち法然上人に帰依し、空阿弥陀仏と称した。

〔訳〕

夜話にいわれた。

悟りの道を学ぶ者が、世間の人に、知者であり物知りであると知られることは、無用のことである。まことに道を求める者が一人でもあるときには、自分の知っている仏祖の教えを、説かなくてはならぬ。たとえ自分を殺そうとした人であっても、まことの道を聞きたいと、まごころから問うときには、うらむ心を忘れて、その人のために、法を説くべきである。こういう場合のほかは、教理学者の説く顕教の教えや、あるいは密教の教え、仏教の経典や仏教以外の書物のことなど、知っているような様子をするのは、まったく無用のことである。人がたずねてきて、このような学問的なことを問うても、そんなことは知らぬと答えて、すこしも差しつかえないのだ。それなのに、ものを知らぬのは見苦しいと人も思うであろう、また、自分でも愚か者であると思うのがつらくて、もの知りになろうとして、ひろく仏教の教典や仏教以外の典籍を学び、その上世間世俗のことまでも知ろうと思って、いろいろな事を求めて学び、あるいは、人に対しても自分がもの知りだという様子をみせたりするのは、極めていけないことなのだ。道を学ぶためには、真に無用のことなのだ。知っているのに、知らないような様子をしてみせるのも心苦しいことで、わざとらしいことであり、かえって有り難たそうに見えてよくないのである。はじめから知らないのが、何よりよいのだ。

自分は幼少のとき、漢籍などを求めて学んだ。それは現在でも大切なことではある。宋国に渡り仏法を伝え受けるため、内典・外典の書物を読み、宋国の言葉に通ずるようになるために、必要なことではあった。そのような学問は、社会生活の上で、誰しも学ぶべきまっとうなことである。世俗の人なども、まともな人なら学ぶべき事だと思っているし、また同時に必要なことでもあるが、今よくよく考えてみるに、そのような学問は、悟りの道を学ぶの上では、妨げになるものなのだ。仏教の書籍を見る場合でも、文章にあらわれている意味を、順次、会得してゆけば、やがてその全体の真意が理解できるものであるのに、文章の対句や韻や平仄《ひょうそく》などを、まず注目して、これはいい文句だ、これはよくない言葉だなどと心に思い道理の理解が後まわしになってしまうのだ。それならば、むしろ、かえって文章のことは知らないで、はじめから道理を理解するようにしていった方が、よいはずのものである。

法語などを書く場合でも、文章の言葉にかなうように書こうとし、韻や平仄が違うと行きづまったりなどするのは、なまじ学問をして知っているためである。言葉や文章はどうであれ、思うとおりのことを、こまごまと書いたなら、後の人が読んで、悪文だと思っても、意味だけでも通ずるなら、これが、道のためには大切な事なのだ。その他の学問・知識も、みな、これと同様なのだ。

伝え聞くところによると、今は亡き、高野山の空《くう》阿弥陀仏という方《かた》は、もとは顕教・密教に通じた高徳の学僧であった。寺を出て世をのがれ、法然上人に帰依して、念仏の門徒となってのちのことであるが、ある真言密教の専門僧がやってきて、密教の教理について質問したが、空阿弥陀仏は、これに答えて「みな忘れてしまいました。すこしも、おぼえていませぬ」とて、お答えなさらなかったのである。このようなありようこそ、道心の手本といってよいであろう。どうして、みな忘れてしまったなどということがあろうか。それにも拘らず、無用なことはいわれなかったわけである。ひたすら念仏の生活にはいった以上は、そうあるはずであると、自分も思う次第である。

今の修行者も、このような心がけがあるべきである。たとえ、もとは教理学問の知識があったとしても、みな忘れてしまうのが、よいのだ。いわんや今、これから学問することなど、決してすべきではない。禅門の語録なども、まことの坐禅修行者たる者は、なお見るべきでないのだ。そのほかは、いうまでもないことだ。

〔61〕

## 三ノ十　今、此国の人

夜話云《やわにいはく》、今、此《この》国の人は、多分、或《あるひ》は行儀《ぎやうぎ》につけ、或は言語につけ、善悪是非、世人の見聞識知《けんもんしきち》を思ふて、其の事をなさば、人あしく思ひてん、其の事は、人よしと思ひてん、乃至《ないし》、向後《きやうこう》までも執する也。是、又、全く非也。世間の人、必《かならず》しも、善とする事あたはず。人はいかにも、思はば思へ、狂人とも云へ、我《わが》心に、仏道に順《じゆん》じたらば作《なし》、仏法にあら＝ずは、行ぜずして、一期《いちご》をもすごさば、世間の人はいかに思ふとも、不レ可レ苦《くるしかるべからず》。

遁世《とんぜい》と云《いふ》は、世人の情を、心にかけざる也。只、仏祖の行履《あんり》、菩薩の慈行《じぎやう》を学《がくし》、行《ぎやう》じて、諸天善神の、冥《みやう》にてらす処に慚愧《ざんき》して、仏制に任《まかせ》て、行じもてゆかば、一切くるしかるまじき也。

さればとて、又、人のあしゝと思ひ云《いは》ん、不レ苦《くるしからず》とて、放逸にして、悪事を行《ぎやう》じて、人をはぢずあるは、是、亦、非也。只、人目にはよらずして、一向に仏法によりて、行ずべき也。仏法の中には、又、しかの如くの、放逸無《はういつむ》慚《ざん》をば、制する也。

又、云《いはく》、世俗の礼にも、人の不レ見《みざる》処、或《あるひ》は、暗室の中なれども、衣服《えぶく》等をも、きかゆる時、坐《ざ》臥《ぐわ》する時にも、放逸に、陰処《いんじよ》なんどをも不ㇾ蔵《かくさず》、無《ぶ》礼《れい》なるをば、不ㇾ慚ㇾ天《てんにはぢず》、不ㇾ慚ㇾ鬼《きにもはぢず》とて、そしる也。ひとしく人の見る時と同《おなじ》く、可ㇾ蔵《かくすべき》処をも隠し、可ㇾ慚《はづべき》処をも、はづる也。仏法の中にも、又、戒律如ㇾ是《かくのごとし》。しかあれば、道者《だうじや》は、内外《ないげ》を不ㇾ論《ろんぜず》、

〔62〕明暗《みやうあん》を不ㇾ択《えらばず》、仏制を存ㇾ心《こころにぞんじて》、人の不ㇾ見《みず》不ㇾ知《しらざれば》とて、悪事＝を行《ぎやう》ずべからざる也。

〔訳〕

夜話にいわれた。

現今、わが国の人々は、自分の行儀につけ、あるいは言語につけ、その善悪是非について、世の人々がそれを見たり聞いたりして知ったら、どのように思うかを考えて、「そういうことをしたら、人に悪く思われるであろう」とか、さらには、「後になってどう思われるであろう」とか、「そういうことは、人によく思われるであろうか」とまで、しきりと気にする場合が多い。これまた全く間違いである。真に善いことでも、必ずしも世間の人々は善いとすることができぬ。むしろ、人々がどう思おうとかまわぬ。精神障害者だというなら、いうがよい。自分の心で、仏道にかなうと思ったら為し、仏法でないと思ったら、しない。こうして一生すごしたなら、世人がどのように思おうとも、気にやむ必要はないのだ。

世を遁《のが》れるというのは、世人の思いはかりを、気にかけないということだ。ただ仏祖の言行や菩薩の慈悲行を学び行じて、諸々の天の善き神々が目に見えぬところで見ておられるこ

とを思って、自分の至らぬところを恥じ自覚し、仏の定めたきまりに従って生活してゆくならば、すべて何事によらず、気にかけることはないはずのものである。

されぱといってまた、他人が、よくないと思おうが、構ったことではないと、勝手気ままに悪いことをして、人目《ひとめ》を恥ずかしいとも思わぬのは、これまたいけない。人がどう見るかにはよらず、ひたすら仏法によって行ずるべきなのである。仏法では、右のような勝手気ままの恥しらずの言行は、禁じているのだ。

またいわれた。

世俗の礼儀でも、他人の見ていないところ、あるいは、暗い部屋の中でも、着物の着がえをするとき、また坐ったり寝たりするとき、気ままに隠すべきところなどもかくさず、礼にはずれるのを天の神にも恥じず、死者の霊にも恥じないこととして、批難するのだ。他人が見ているときと同じように、隠すべきところは隠し、恥ずべきところは恥じるのだ。仏法の中の戒律にも、そう見えている。だから、道を歩む者は、室内であると屋外であるとを問わず、明るいところでも暗いところでも同じように、仏の定めたおきてを心にかたく守って、他人が見ていなくても、他人が知らなくとも、決して悪い事をしてはならぬのだ。

## 三ノ十一　学人、問うていはく、某甲なほ学道を心に繋けて

一日、学人、問云《とうていはく》、「某甲《それがし》、猶、学道を繋《こころにかけて》レ心、雖《ねんげつをはこぶといへども》レ運二年月一、未《いまだせいごのぶんあらず》レ有二省悟分一。古人多く道《い》ふ、『不《そうめいれいりによらず》レ依二聡明霊利一、不《うちめいびんをもちひず》レ用二有知明敏一』しかあれば、我身《わがみ》、下根劣智なればとて、卑下すべきにも非《あらず》と聞《きこえ》たり。若《もし》、故実《こしつ》用心の、存ずべき様ありやいかん」

示云《じにいはく》、しかあり。不《うちかうさいをもちひず》レ須二有知高才一、不《れいりべんそうによらず》レ頼二霊利弁聡一。実《まこと》の学道、あやまりて、盲《まう》聾癡人《ろうちにん》のごとくになれとすすむ。全く多聞高才《たもんかうさい》を不《もちひず》レ用。故に、下々根劣器と、きらふべからず。実《まこと》の学道は、やすかるべき也。

しかあれども、大宋国の叢林《そうりん》にも、一師の会下《ゑげ》に、数百千人《すひやくせんにん》の中に、実《まこと》の得道得法の人は、僅《はつか》、一二也。しかあれば、故実《こしつ》用心も有るべき事也。今、案《これをあんずるに》レ之、志《こころざしの》之至《いたる》と与《いたらざると》レ不レ至也。真実、至《こころざしをいたして》レ志、随分《ずゐぶんに》、参学する人、又、無《えずといふことなきなり》レ不レ得也。其《その》用心のや〔63〕う、何事を専《もつぱら》にし、其行《そのぎやう》を急《きふ》にすべしと云《いふ》ことは、次の二事也。

先づ、欣求《ごんぐ》の志の、切《せつ》なるべき也。たとへば、重き宝をぬすまんと思ひ、強《こは》き敵《かた》きをうたんと思ひ、高き色にあはんと思ふ、心あらん人は、行住坐臥《ぎやうぢゆうざぐわ》、事にふれ、をりにしたがひて、種々の事は、かはり来《きた》れども、其れに随ひて、隙《ひま》を求め、心に懸《かく》る

〔64〕

也。此《この》心あながちに、切なるもの、とげずと云《いふ》ことなき也。如レ是《かくのごとく》、求レ道 志《みちをもとむるこころざし》、切になりなば、或《あるひ》は只管打坐《しくわんたざ》の時、或《あるひ》は古人の公案に向《むか》はん時、若《もしく》は知識《ちしき》に向はん時、実《まこと》の志をもて、なさんずる時、高《たか》くとも射《い》つべし、深くとも釣《つり》ぬべし。是れ程の心、不《おこさ》レ発《ず》して、仏道と云程《いふほど》の一念に、生死《しやうじ》の輪廻《りんね》をきる大事をば、如何《いか》が成ぜん。若《もし》、有二《このこ》此心一人《ころあらんひと》は、不レ云二下知劣根一《げちれつこんをいはず》、不レ謂二愚鈍悪人一《ぐどんあくにんをいはず》、必《かならず》、悟道す可《べき》也。

又、発二此 志一《このこころざしをおこさば》、只、可レ思二世間無常一《せけんのむじやうをおもふべきなり》也。此言《このことば》、又、只、仮令《けりやう》に観法《くわんぽふ》なんどにすべき事に非《あら》ず。又、無事《なきこと》を造《つくつ》て、思ふべき事にも非ず。真実に、眼前の道理也。人のをしむ聖 教文《しやうげうのもん》、証 道《しようだうの》 理を待つべから＝ず(1)。朝《あした》に生《しやう》じて、夕《ゆふべ》に死し、昨日見人《きのふみし》、今日《けふ》無き事、遮レ眼《まなこにさへぎり》、近レ耳《みみにちかし》。是《これ》は、他の上にて、見聞《みきき》する事也。我身《わがみ》にひきあてて、道理を思ふ事を。直饒《たとひ》、七旬八旬に、命を期《ご》すべくとも、遂に可レ死《しすべき》道理有らば、其《その》間の楽《たのし》み悲《かなし》み、恩愛怨敵《おんないをんでき》を思ひとけば、何《い》かにてもすごしてん。只、仏道を思《おもう》て、衆生の楽を求むべし。況や、我れ年《とし》長大せる人、半《なかば》に過《すぎ》ぬる人、余年 幾《いくばく》なれば、学道ゆるくすべき。

此《この》道理も、猶、のびたる事也。世間の事をも、仏道の事をも思へ。明日《みやうにち》、次の時よりも、何《いか》なる重病をも受《うけ》て、東西も不レ弁《べんぜず》、重苦のみかなしみ、又、何《いか》なる鬼神《きじん》の、怨害《をんがい》をも受《うけ》て、頓死をもし、何《いか》なる賊難にも逢ひ、怨敵《をんでき》も出来《いできたつ》て、殺害奪命《せつがいだつみやう》せらるる事もや有《あら》ん。真実に不定《ふぢやう》也。然ればこれ程に、あだなる世に、極めて不定《ふぢやう》なる死期《しご》をいつまで、いきたるべしとて、種々の活計《くわつけい》を案じ、剰《あまつさ（へ）》え他人の為に、悪をたくみ思
〔65〕ふて、＝徒《いたづら》に時光を過《すご》す事、極《きはめ》て愚《おろか》なる事也。

此道理、真実なれば、仏も是《これ》を衆生の為に説き、祖師の普《ふ》説法語《せつほふご》にも、此《この》道理をのみ説く。今の上堂請益《しんえき》等にも、無常迅速《むじやうじんそく》、生死《しやうじ》事大《だい》を云《いふ》也。返々《かへすがへす》も、此《この》道理を、心に忘れずして、只、今日今時許《こんにちこんじばかり》と思《おもう》て、時光を失はず、学道に心を入《い》る可《べき》也。其後《そののちは》、真実に易《やす》き也。性《しやう》の上下、根《こんの》利鈍、全く不レ可レ論《ろんずべからず》。

〔注〕

(1)底本長円寺本には「人ノヲシム聖教ノ文証、道理ヲ」とあり。慶安本、明和（面山）本により句読点を改め「人ノヲシム聖教ノ文、証道ノ理ヲ」と読む。

〔訳〕

ある日、修行者が質問した。

「自分は、この年月、専心、道を学んできたのですが、まだ悟りを得たというところに至りませぬ。古人の多くもいっておりますように、『悟りを得るのは、生まれつきの頭のよさや、才能によるのでない。知恵や才気もいらぬ』とあります。そうだとしますと、自分は素質も劣り頭も悪いからとて、卑下すべきものではないと思います。ついては、知っておくべき秘

訣や心得がありましょうか、お教え下さい」

道元禅師は教えていわれた。

そのとおりである。悟りを得るのは、頭のよさや学識によるのでなく、才能才智によるのでない。まことの学道を、まちがって解し、盲人、聾者、愚者のごとくになれ、とすめるくらいで、悟りのためには全く博識も学才も必要でない。故に素質生まれつき最下等の者だから駄目だということはない。真実の学道はやさしいはずのものだ。

しかし、そうはいっても、大宋国の禅道場でも、一人の師匠の門下に学ぶ弟子数百人数千人といる中で、まことに仏道を悟り仏法を得るものは、わずか一人か二人である。したがって、秘訣・心得もあるのは当然のことである。今これを考えてみるに、真実、志がしっかりと定まっているか、いないか、によるのである。真実、悟りを得ようとの志《こころざし》が、しっかりと定まっているか、いないか、によるのである。真実、悟りを得ようときまり、自分の全力をあげて参学する人ならば、誰でもまた、悟りを得ないということはないのだ。その心得《こころえ》として何に専心し、どのような行《ぎょう》を、まずすべきかということは、これからいう次のことなのだ。

何よりもまず、悟りの道を求める心が切実でなくてはならぬのだ。例えば、人が大切にしている宝物を盗もうとしたり、強敵を討とうと思ったり、あるいは、高貴な美女を手に入れようと思うような人は、寝ても醒めても、事にふれ折にふれて、さまざまに事情は変わっても、それに応じて、つねに時機をうかがい、心にかけているものだ。この念願が極度に切実である場合には、それが、とげられないということはないのだ。これと同じように、悟りの道を求める志が切実となるならば、あるいは、ひたすら坐禅しているとき、あるいは古人の公案に対しているとき、あるいは修行の指導者（師匠）に対しているとき、いずれも真実切実な心で向うならば、いかに高くとも射当てることができ、いかに深くとも釣り上げることができよう。このような、切実に求める心を起さなくては、これが仏道というものだと知る一瞬間に生まれ変わり死に変わる輪廻の迷いを断ちきるという大事を、どうして成就することができよう。もし、このような心がある人なら、知恵も劣り素質も劣っている人でも、また愚かな人でも悪人であっても、必ずや仏道を悟ることができるのだ。

また、このような志を起したなら、ひたすら、世間《せけん》の無常を思うべきである。世間の無常を思うというのは、ただ仮りに、心の中でそう思ってみるなどということを、意味するのでない。ありもせぬことを、わざと造りなして、思い考えねばならぬというのでもない。世間の無常とはまこと目の前の明らかな道理なのだ。他人からの教えや経典の文や仏道を証する道理などによるまでもないことだ。朝に生まれて、夕方には死ぬ。昨日見た人が今日はもういない。まことにはかない人生であることは、直接目で見、耳に聞くところである。これは、他人の身の上について、見たり聞いたりすることであるが、自分の身の上に当てはめて、ここの道理を考えてみるがよいのだ。たとえ七十歳、八十歳まで生きられるとしても、結局は、死なねばならぬ道理なのだ。したがって、その間の楽しみや悲しみ、夫婦・親子・兄弟姉妹の肉親の間の愛情や感謝の念、あるいは争いあう敵に対する憎しみの情など、結局は死すべき人生と考えて、その道理を明らかにしてゆけば、どのようにしてでも、一生をすごすことができよう。ひたすら悟りの道を思い、生きとし生けるものの真の倖せを求めて努めるべきである。ましてや、自分自身年齢が高くなった人、人生の半ばをすぎた人は、あとどれほど生きられるかと考えてみるなら、仏道修行をなおざりにすべきではないのだ。

だが、もっと切実なことがある。世間のことでも、仏道のことでも、考えてみるがよい。明日にでも、いや次の瞬間にも、どのような重病にかかり、東も西もわからず、はげしい苦痛にさいなまれることになるかもしれず、また、どのような不可視の神霊の怨みを受けて急死することがあるかもしれず、また、どのような暴賊に襲われ、また、自分をにくむ敵が現れて、殺され命をうばわれることがあるかもしれぬ。まことに定めなき人生である。このようであるから、これほどまでに儚《はか》ない人生にあって、いつ死ぬことになるか全く判らないのに、いつまでも生きていようとして、さまざまに生活の方途を思案し、さらにその上に、他人に対し悪事をたくらみなどして、いたずらに人生をすごすのは、まことに愚かなことである。

この無常の道理は、真実の道理であるから、仏もこの道理を衆生のために説かれたのであり、祖師がたの説法や法語にも、この道理のみが説かれているのだ。現在、住持が法堂にのぼって衆僧のため法を説く場合でも、また修行者が願い出て住持に教えを乞う場合でも、「無常迅速、生死事大」ということをいうのである。くれぐれも、この道理を心にとめ、忘れることなく、ただ、今日、このとき、あるばかりと思って、時をむなしく過すことなく、学道に専心すべきなのだ。こうすれば、あとはまことに容易なのだ。生まれつきの優劣、利巧か馬鹿かは、全く問題ではないのだ。

## 三ノ十二　人多く遁世せざることは

夜話《やわ》に云《いはく》、人多く不ニ遁　世一《とんぜいせざることは》、似レ貪ニ我身一《がしんをむさぼるににて》、不レ思ニ我身一《がしんをおもはざる》也。是、即、無ニ遠慮一《ゑんりよなき》也。又、是、依レ不レ逢ニ善知識一《ぜんちしきにあはざるによるなり》也。たとひ思ニ名　聞　利　養一《みやうもんりやうをおもふとも》、得ニ仏祖名一《ぶつそのなをえて》、古徳後見《ことくこうけん》、聞レ是《これをきいて》、令レ悦《よろこばしめん》。たとひ利養《りやう》を思《おもふ》とも、常楽《じやうらく》の益得《やくをえ》、龍天《りゆうてん》の供養を可レ得《うべし》。

〔訳〕

夜話にいわれた。

多くの人が世間を捨てないのは、わが身のためを思いはかっているようであって、実は、わが身のために思いはかっていないことなのである。それというのも遠き配慮がないからのことであり、また、すぐれた指導者に出あわなかったことによるのだ。たとえ名誉を得たいと思っているにしても、遁世して立派な修行者となり、悟りを得て仏となり祖師となるならば、これにまさる名誉はなく、昔の高徳の人も後世のすぐれた人たちも、その名を聞いて悦《よろこ》ばれることであろう。また、たとい利益を思うにしても、悟りの境地の真実のたのしみを得、龍神や諸善神の供養を受ける身となるのであって、これにまさる利益はないはずのものだ。

# 三ノ十三　古人いはく、朝に道を聞かば

〔66〕

夜話云《やわにいはく》、古人云《いはく》、『朝《あした》に聞《みちをきかば》レ道、夕に死《しす》とも可也』。今、学道の人、有ニ此心《このこころある》一べき也。広劫多生《くわうごふたしやう》の間《あひだ》、幾回《いくたび》か徒《いたづら》に生じ、徒に死せん。まれに人界《にんがい》に生れて、たまたま逢《ぶつぽ》ニ仏法《ふにあふ》一時、何《いか》にしても死行《しにゆく》べき身を、心ばかりに、惜持《をしみたもつ》とも、不レ可レ叶《かなふべからず》。遂《つひ》に＝捨て行《ゆく》命を、一日片時《いちにちへんし》なりとも、為ニ仏法《ぶつぽふのために》一、すてたらば、永劫《やうごふ》の楽因《らくいん》なるべし。思ニ後事《のちのことみやうに》明日活計《ちのくわつけいをおもうて》一、不レ捨ニ可《すっべき》レ捨世《よをすてず》一、不レ行ニ可レ行道《ぎやうずべきみちをぎやうずして》一而、あたら日夜を過《すぐ》すは、口惜《くちをし》き事也。只、思切《おもひきつ》て、明日の活計なくは、飢死《うゑじに》にもせよ、寒死《こごえじに》にもせよ、今日一日、道を聞《きい》て、仏意に随《したがつ》て死《しな》んと、思ふ心を、先づ可レ発《おこすべき》也。其《その》上に道を行《ぎやう》し得ん事は、一定《いちぢやう》也。

此心無《このこころなく》て、世を背《そむ》き、道を学する様《やう》なれども、猶、しり足をらふみて、夏冬の、衣服《えぶく》等の事を、した〔ふ〕心にかけ、明日明年の、活命《くわつみやう》を思《おもう》て、仏法を学せんは、万劫千生《まんごふせんしやう》、学すとも、かなうべしとも不レ覚《おぼえず》。又、さる人もや有《あら》んずらん、存知《ぞんぢ》の意趣《いしゆ》、仏祖の教には、有《ある》べしとも、おぼへ〔え〕ざる也。

〔訳〕

夜話にいわれた。

古人の言葉に「朝《あした》に道を聞かば、夕《ゆうべ》に死すとも可なり」(『論語』里仁四)とある。今日、道を学ぶ者は、このような心を、もつべきである。現在までの限りなく長い時の間、生まれ変わり死に変わり、何度、徒《いたず》らに生まれ、徒らに死んだことであろう。めずらしく人間界に生まれてきて、たまたま仏法にめぐり逢ったのだ。この時にあたり、どうしても死なねばならぬわが身を、自分の気持ちとしては惜しく思い、大切にしようとしたところで、結局はどうにもならぬ。むしろ、最後には、捨てねばならぬ生命《いのち》なのであるから、一日でも、また僅かな時間でもよいから、仏法のために捨てたのならば、それは、未来永遠の安楽のもととなるであろう。あとのことや、明日の生計のことを考えて、捨てるべき世間のことを捨てず、修行すべき道を修行せず、むなしく日夜をすごすのは、口惜しいことである。ただ覚悟をきめ、明日の生計が立たなければ、飢死《うえじに》してもよい、凍え死してもよい、とにかく今日一日、仏の道を聞いて仏の心に従って死のうと思う。そういう心をまず起さなくてはならぬ。その上で、仏道を行じ得ようこと、確実である。

このような心がないと、表面だけ、世間を捨てて仏道を学んでいるようであっても、やはりしりごみをして、夏冬の衣服のことなどを内心気にかけ、明日のこと明年のこと、その身の上の暮らし向きのことを考えながら、仏法を学ぶのでは、いくら長い間、生まれ変わり死に変わり学んだところで、とても成就することは、おぼつかない。そういう人も、あるいはあるかもしれぬが、私の知っている範囲では、そういうことは仏祖の教えには有ろうとは思われぬ。

## 三ノ十四　学人は必ずしも死ぬべきことを思ふべし

夜《や》話《わ》云《にいはく》、学人は、必《かなら》ずしも、可《しぬべきことを》レ死、可《おもふべし》レ思。道理は勿論なれども、たとへば、其《その》言《ことば》、不《おもはずとも》レ思、しばらく先づ光陰を、徒《いたづら》にすぐさじと思ふて、無用の事をなして、徒《いたづら》に
〔67〕時をすぐさで、詮《せん》ある事をなして、時をすぐすべき也。其《そ》のなすべ＝き事の中《なか》に、又、一切《いっさい》の事、いづれか大切なると云《いふ》に、仏祖の行履《あんり》の外は、皆、無用也と可《しるべし》レ知。

〔訳〕

夜話にいわれた。

仏道を学ぶ者は、必ず人間とは死ぬものぞということを、考えなくてはならない。そういう道理はいうまでもないことだが、仮にそういう言葉で考えなくとも、なによりもまず、空しく日時をすごすまいと考え、無用のことをして徒らに時をすごすことなく、かいあることをして時をすごすべきなのである。そのなすべきことの中で、すべてのことにわたって、何が大切かといえば、仏祖の行いのほかは、みな無用だと心得《こころえ》るがよい。

## 三ノ十五　衲子の行履

弉、問《とう》て云《いはく》(1)、衲子《のっす》の行履《あんり》、旧損《くそん》の衲衣《なふえ》等を、綴《つづ》り補ふて不《すてざれば》レ捨、似《ものをとんじやくするにたり》レ貪二惜物一。損《ふるきをすて》レ旧、随《あたるにしたがつて》レ当、すぐせば、有《あたらしきをとんじやくするこころあり》下貪二惜新一心上。二つながら咎《とが》あり。いかん。畢《ひっ》竟《きやう》じて、如何《いか》が可《ようじんすべき》二用心一。

答へて云く、貪惜貪求《とんじやくとんぐ》の、二つだにも、はなるれば、両頭《りやうとう》、倶《とも》に無《しつなからん》レ失。但《ただし》、やぶれたるをつづりて、久しからしめて、あたらしきを不《むさぼらざらんは》レ貪可也。

〔注〕

(1)「弉、問て云」は長円寺本には、「示曰」とあり。文意上、ここは、懐弉禅師の質問とみて面山本により改む。長円寺本は、以下「……二ツナガラ咎アリイカン、問云、畢竟シテ……」とあり。本書ではこの「問云」を削除した。

〔訳〕

あるとき懐弉が質問した。

禅僧の生活の上で、古くなって損じた袈裟《けさ》などを、つぎはぎして補修し、捨てないで使っていると、物をむさぼり惜しんでいるよう見えます。また古いのを捨て、手当り次第に新品を用いていると、新品をやたらに欲しがる気持ちがあることになります。両方ともいけないわけです。要するに、どういう風に心がけたら、よろしいでしょうか。

禅師は答えていわれた。

むさぼり惜しむ心とむさぼり求める心との二つさえ、なくすならば、両方とも過ちはない。ただ、破れたものは、綴り合せて、なるべく長い間使用するようにして、新しいのをむやみと欲しがらぬようにするのが、よろしい。

## 三ノ十六　父母の報恩等のこと

夜話の次《ついで》に、奘《じやう》公、問《とう》て云《いはく》、父母《ぶも》の報恩等の事、可レ作耶《なすべきや》。

示云《じにいはく》、孝順は尤《もつと》も所レ用也《もちゐるところなり》。但し、其《その》孝順に、在二在家出家之別一《ざいけしゆつけのべつあり》。在家は孝経(1)等の説を守りて、生《しやう》をつかふ、死につかふること、世人皆知《しれ》り。出家は棄レ恩《をんをすて》、入二無為一《むゐにいりて》(2)、無為《むゐ》の家の作法は、恩を一人に不レ限《かぎらず》、一切衆生斉《ひとし》く父母の恩の如く深(3)しと思《おもう》て、所レ〔68〕作善根《なすところのぜんごん》を、法界二《ほふかいに》めぐらす。別して今生一世《こんじやういつせ》の父母《ぶも》に不レ限《かぎらず》。是《これ》、則《すなはち》、不レ背二無為道一《むゐのみちにそむかざる》也。日々の行道、時々の参学、只、仏道に随順しもてゆかば、其《それ》を真実の孝道とする也。忌日《きにち》の追善《つゐぜん》、中陰《ちゆういん》の作善《さぜん》(4)なんど、皆《みな》在家に所レ用《もちゐるところ》也。衲子《のつす》は、父母《ぶも》の恩の深き事をば、如レ実可レ知《じつのごとくしるべし》。余の一切、又、同《おなじ》く重《おもく》して可レ知《しるべし》。別《べつ》して一日をしめて、殊《こと》に善を修し、別して一人をわきて、回向《ゑかう》(5)をするは、非ニ仏意一歟《ぶついにあらざるか》。戒経の「父母兄《ぶもきやう》弟《だい》、死亡の日」の文《もん》は、暫《しばら》く令レ蒙ニ於在家一歟《ざいけにかうむらしむるか》。大宋叢〔林〕の衆僧《しゆぞう》、師匠の忌日《きにち》には、其《その》儀式あれども、父母の忌日《きにち》には、是を修したりとも見《みえ》ざる也。

〔注〕

(1)『孝経』 孝道を説いた儒教の書。一巻。孔子が門人の曾子（曾参）に孝道についてのべたところを録したものとされている。曾子の門流の作とせられる。

(2) 無為《むゐ》 有為《うい》（俗世間における人間の営み）に対して無為《むい》という。無為とは、俗世間の相対の世界をこえた寂静涅槃の絶対の世界をいう。「棄恩入無為、真実報恩者」（恩愛の世界を捨てて無為の世界に入るのは、まことの報恩者である）とは『清信士度入経』にある語で、得度のときに、この偈を誦《ず》することになっている。

(3) 一切衆生斉《ひとし》く父母の恩の如く 『梵網経』に「一切の男子は、是れ我が父。一切の女人は是れ我が母なり。我、生々に、是に従うて生を受けずということなし。故に、六道の衆生は、皆、我が父母なり」とある。

(4) 忌日《きにち》の追善《つゐぜん》、中陰《ちゆういん》の作善《さぜん》 忌日とは、亡くなった日、命日《めいにち》のこと。その日には、善事をなし、その福を、その亡くなった人のものとして供養するのを「追善」という。中陰とは、亡くなってからの四十九日の間のこと。それは亡くなってから、次の生をうけるまでの期間と考えられている。この期間に縁者が集まって、仏事を修し、七日目ごとに斎を設け、経を誦し、善事を修して、後生《ごしょう》の追福を祈ることが「作善」である。

(5)回向《ゑかう》　斎を設け経を読誦し、善事を行って、その善根功徳を、故人の後生のために、向けかえすこと。

〔訳〕

夜話の折に、懐弉（禅師）が質問していう。

父母に対する報恩のことなど、出家した者も、なすべきでしょうか。

道元禅師は教えていわれた。

父母によく仕えることは、何よりも、なすべきことである。ただし、それに、在家の者と出家の者とでは、違いがある。在家の者は、『孝経』の説などを守って、父母の存命中も、死後も、よく仕えるものであって、このことは、世間の人も、みな知っているところである。出家した者は、恩愛の世界を捨て無為（寂静涅槃）の世界に入るのである。無為の世界にある者のやり方は、恩愛を、自分ひとりの父母にかぎらないのだ。すべての生きとし生けるものを見ること父母のごとく、その恩愛の深きことを考え、すべての生きとし生けるものに対してすべて真心をもって仕えるのだ。この世において自分を生んでくれた実の父母だけにかぎらないのだ。これが、無為の仏道にかなったやり方なのだ。毎日の仏道修行、毎時の坐禅参学、すべてひたすら仏の道に従って生活してゆくなら、それが、まことの孝の道であるとするのである。父母の命日の追善供養や、父母の死後の四十九日間の供養などは、みな在家の人のなすところである。禅の修行者たるものは、父母の恩の深さを、仏法に示されたとおりに、真実には一切衆生の恩の深さとして知るべきである。父母以外のすべての衆生の恩も、実の父母におとらず重いものと知るべきなのだ。特別に命日《めいにち》の一日を区別してその日ばかり、ことさらに善事を行い、その命日にあたっている一人の人にだけ、回向《えこう》するのは、み仏の御心にそわないのではあるまいか。『戒経』（梵網戒経）に「父母・兄弟の亡くなった日には、法師を請じて菩薩戒経律を講じ、その福徳をもって故人に供養するように」とある文章は、まずは在家の者に対していったものであろうか。大宋国の禅道場の僧たちは、師匠の命日には、そのための儀式を営むけれども、父母の命日には、決してそうした事を行ってはいなかった。

## 三ノ十七　人の鈍根といふは、志の到らざるときのことなり

〔69〕

一日、示云《じにいはく》、人の鈍根と云《いふ》は、志の不レ到《いたらざる》時の事也。世間の人、従レ馬落《うまよりおつ》る時、未レ《いまだ》落レ地《ちにおちざる》間に、種々の思ひ起る。身をも損し命をも失《う》する程の、大事出来《いでき》たる時、誰人《たれびと》も才覚念慮を起す也。其《その》時は、利根も鈍根も、同《おなじ》く物を思ひ、義を案ずる也。然れば明日死《し》に、今＝夜死可《しぬべ》しと思ひ、あさましき事に、逢《あう》たる思《おもひ》をなして、切《せつ》に

はげみ、志をすすむるに、悟《さとり》をえずと云事《いふこと》無き也。
中々《なかなか》世《せ》智《ち》弁聡《べんそう》なるよりも、鈍根なる様にて、切なる志を出《いだ》す人、速《すみやか》に悟得《さとりをうる》也、如来《にょらい》在世の周利盤特《しゅりはんどく》は、一偈《げ》を読誦する事は、難《かた》かりしかども、根性切《こんじゃうせつ》なるによりて、一夏《いちげ》に証を取りき。
只今ばかり、我《わが》命は存《ぞん》ずる也、不レ死先《しなざるさき》に悟《さとり》を得んと、切に思《おもう》て仏法を学せんに、一人も不レ得《えざる》は、不レ可レ有《あるべからざる》也。

〔訳〕

ある日、教えていわれた。

人の生まれつきが、にぶいというのは、実はやりとげようとする気がないからのことである。世間で、人が馬から落ちるとき、馬の上から地上につくまでの間に、いろいろな思いが起るものだ。大けがをし、あるいは、命《いのち》を失うほどの大事件が突発したとき、どんな人でも、知恵・機《き》転《てん》・判断がはたらくものだ。そんなときには、頭のよい者も、愚かな者も、同じように考え、同じように判断するものだ。

そうであるから、明日死ぬかもしれぬ、いや今夜にも死ぬかもしれぬと思い、とんでもない事件にぶつかった気持ちになって、専心はげみ、どうしてもやり遂げようとするならば、悟りが得られないという事はないのだ。

なまじ世智にたけ利口であるのよりも、頭の働きがにぶいようでいて、ひたむきな志のある人の方が、かえって早く悟りを得るものだ。釈尊在世の当時、周利《しゅり》盤特《はんどく》（Cūḍapantha-ka）は、生まれつき愚かで一つの偈すら暗誦することができなかったのではあるが、根性がひたむきであったため、一期の夏《げ》安居《あんご》（雨期九十日間、遊行《ゆぎょう》せず定住して修行する一期間）の間に、悟りを得たのである。

自分の命は、ただいま現在あるのみだ、死なない前に悟りを得ようと、切に考え、仏法を学ぶならば、誰でも、悟りを得られぬということはないのだ。

## 三ノ十八　大宋の禅院に、麦米等をそろへて

一夜、示云《じにいはく》、大宋の禅院に、麦米《むぎこめ》等をそろへて、あしきをさけ、よきを取《とつ》て、飯等《はんとう》にする事あり。是《これ》を或《ある》禅師云《いは》く、「直饒《たとひ》、我が頭《かうべ》を、打破事《うちわること》、七分《しちぶん》にすとも、(1)米をそろう《〔ふ〕》る事なかれ」と、頌《じゆ》に作《つくつ》て戒めたり。此心《このこころ》は、僧は斎食《さいじき》等を調《ととのへ》て、食事無《じきすることなか》れ。只《ただ》、有《ある》にしたがひて、よければよくて食《じき》し、あしきをもきらはずして、食《じき》すべき也。只、檀那《だんな》の信施、清浄なる常住食《じやうぢゆうじき》を以て、餓《うゑ》を除き、命《いのち》をささへて、行道《ぎやうだう》する
〔70〕ばかり也。味を思《おもう》て、善悪をえら＝ぶ事無《なか》れと云《いふ》。今、我が会下《ゑげ》の諸衆、此《この》心あるべ

し。

因問云《ちなみにとうていはく》、学人、「若《もし》、『自己仏法也。(2)不レ可レ求レ向レ外《そとにむかつてもとむべからず》』と聞《きい》て、深く此語《このご》を信じて、向来《きやうらい》の修行、参学を放下《はうげ》して、本性《ほんじやう》に善悪業《ぜんあくごふ》をなして、一期《いちご》を過《すぐさ》ん、此見如何《このけんいかん》」

示云《じにいはく》、此見解《このけんげ》、語与レ理《ごとりと》、相違せり。外に向《むかつ》て不レ可レ求《もとむべからず》と云《いつ》て、行《ぎやう》をすて、学を放下せば、行をもて所レ求有《もとむるところあ》りと聞《きこ〔え〕》へたり。不レ求《もとめざるに》あらず。只、行・学、本《もと》より仏法なりと証して、無所求《むしよぐ》にして、世事悪業《せじあくごふ》等の、我が心に作《な》したくとも不レ作《なさず》、学道修行の、懶《ものう》きをもなして、此《この》行を以て、果を得きたるとも、我心先より求《もとむ》る事無《なく》して、行ずるをこそ、外に向《むかつ》て求《もとむ》る事無《ことなし》と云《いふ》、道理には可レ叶《かなふべ》けれ。南岳の磚《かはら》を磨《ま》して、鏡《かがみ》を求《もと》めしも、(3)馬祖の作仏《さぶつ》を求めしを、戒めたり。坐禅を制するには非《あらざ》る也。坐《ざ》、すなはち仏行《ぶつぎやう》なり。坐《ざ》即不《すなはちふ》為《ゐ》(4)也。是《これ》、即《すなはち》、自己の正躰《しやうたい》也。此外《このほか》、別に仏法の可レ求無《もとむべきな》き也《なり》。

〔注〕

(1)直饒《たとひ》、我が頭《かうべ》を、打破事《うちわること》、七分《しちぶん》にすとも　「若し我が呪に順ぜずして説法者を悩乱せば、頭破《こうべわ》れて七分《しちぶん》と作《な》ること、訶梨樹《かりじゆ》の枝のごとくならん」（『法華経』、「陀羅尼品」）

(2)自己仏法也　「仏道をならうというは、自己をならうなり」（『正法眼蔵』「現成公案」）。

この箇所、長円寺本「自己仏法、也タ不レ可レ求レ向レ外」とあり、「也」を「マタ」と読ませる。

(3)南岳懐譲禅師（六七七—七四四）のもとで馬祖道一（七〇九—七八八）は、したしく心印を受けたのち、伝法院にあって、つねに坐禅していた。南岳はそこへ訪ねて行って問いかけた。

「お前さん、坐禅して、何んのつもりか」

馬祖道一「仏（悟った人）になろうと思ってです」

この答えを聞いて南岳は、そこにころがっていた瓦の一片をとりあげ、石の上で磨ぎ出した。道一はこれを見ていう。

「御師匠さま、何をなさるおつもりですか」

南岳「磨いて鏡にしようと思う」

道一「瓦をいくら磨いても、鏡にはなりますまい」

南岳答えていう、「いくら坐禅したところで、とても仏（悟った人）となることはできまい」

以上、南岳磨塼《ません》の話《わ》は『景徳伝燈録』巻第五にあり、道元『正法眼蔵』「坐禅箴《ざぜんしん》」に、道元の詳細な提唱がある。

(4)不為《ふゐ》『景徳伝燈録』巻第十四。

薬山惟儼《やくさんいげん》（七四五—八二八）が坐禅していると、師匠の石頭希遷《せきとうきせん》（七〇〇—七九〇）

禅師が、これを見て問いかけた、
「お前、そうやって、何をしているのだ」
惟儼「一切不為（何にも、していません）」
石頭「それじゃ、閑坐（何もしないで閑《ひま》で坐っている）だな」
惟儼「閑坐といえば、すでに閑坐ということをしていることになります。（私は何もしていないのですよ）」
石頭「お前は、何にもしていないというが、一体、誰が何もしていないというのかね」
惟儼の答え、「千聖もまた不識（多くのすぐれた方々も、そんなことは、御存知ないです）」

〔訳〕

ある夜のこと、教えていわれた。

大宋国の禅寺では、麦や米をよりわけ、悪いのを除き、良いのをとって、同じ質のものを揃えて、食事をすることがある。

これをある禅師が見て、

「たとえ自分の頭が粉々に打ちくだかれようとも、決して米をより分けたりしてはならぬ」と戒めて、頌《じゅ》を作って示された。その趣旨は、こうである。僧たるものの禅寺での食事は味をうまく調えて食べるようなことがあってはならぬ。ただ、たまたまあるのに従って、それがうまければ、うまく食べ、まずいものも嫌わずに、食べるのでなければならぬ。ひたすら施主の信心による施しものや、寺の経営による清浄な食物によって、餓えを除き、命をささえて、悟りの道を歩みゆくばかりである。味のよいものを求めて、善いの悪いのとえりごのみをしてはならぬ、ということである。いま、私のもとにいる皆の者も、このような心がけがなくてはならぬ。と。

その時、おたずねした。

「悟りの道を学ぶ者が『自己と仏法とは別のものでない。仏法を、自己の外に求めてはならぬ』という教えを聞いて、深くこの言葉を信じ、いままでの修行参学をすっかりやめてしまい、持って生まれた本能のおもむくままに、善いこともするが悪いこともして、一生をすごそうと考えたとします。〔善いの悪いのえり好みをしないという意味で〕どんなものでしょうか」と。

道元禅師の教えていわれるに、

そういう考えは、そのいっているところが、矛盾している。外に向って求むべきでないといって、修行をすて参学をやめてしまうわけだから、修行によって、やはり、何かを求めていたということになる。求めていない、というわけではないのだ。そうではなくて、ただ修行も参学も、それ自身仏法であると、身をもって実践し、何んら求めるところなく、世俗のこと悪いことなど、自分の心で、したいと思ってもせず、学道修行は、したくなくても、あえてなし、この修行の結果、何かが得られるとしても、それをめあてに考えるというようなことなしに、ひたすら修行をするのだ。こうであってこそ、外に向って求めるところがないという道理にかなうわけであろう。南岳懐譲禅師が弟子の馬祖道一に対して、瓦はいくら磨いても鏡とならぬことを示し、馬祖が坐禅によって悟りを得ようとしたことを戒められたのであった。坐禅することがいけないというのではない。

坐禅はそのまま悟りの行なのである。坐禅はそのまま、何の作為もなしのことである。自己の正体そのものである。このほか別に、仏法として求むべきものはないのだ。

## 三ノ十九　近代の僧侶

一日、請益《しんえき》(1)の次《ついで》に云《いはく》、近代の僧侶、多く世俗にしたがふべしと云ふ。思《おもふ》に不レ然《しからず》。
〔71〕＝世間の賢すら、猶《なほ》、随ニ民俗一《みんぞくにしたがふ》ことを、穢《けがれ》たる事と云《いつ》て、屈原《くつげん》(2)の如きは、『皆酔《みなよ》へり、我《われ》は独《ひとり》醒《さめ》たり』とて、民俗に不レ随《したがはず》して、ついに滄浪《さうらう》に没す。況《いはんや》、仏法は、事々皆、世俗に違背《ゐはい》せる也。俗は髪をかざる、僧は髪をそる。俗は多く食《じき》す、僧は一食《じき》するすら、皆そむけり。然後《しかしてのち》、還《かへつ》て大安楽人也。故に一切世俗に可レ背《そむくべきなり》也。

〔注〕

(1)請益《しんえき》　修行者が特別に師に教えを請い願うこと。それは修行者にとって修行上の益となることである故、かくいう。

(2)屈原《くつげん》（前三四三ころ―二八九ころ）　中国の戦国時代の楚の人。楚に仕えたが、讒言《ざんげん》により追放され、江南を流浪し、汨羅《べきら》に身を投じて死んだ。汨羅は湖南省北東部の川、洞庭湖に注ぐ。屈原が祖国楚の衰微を憂え、不合理な世をいきどおり、なげいて歌った詩を集めたとされているのが『楚辞』である。『楚辞』「漁父《ぎよほ》」に「世を挙げて皆濁《にご》り、我《われ》、独《ひと》り清《す》めり。衆人皆酔えり、我《われ》、独り醒めたり」とある。

また「漁父」には「滄浪《そうろう》の水、清《す》まば、以て吾が纓《えい》を濯《あら》うべし。滄浪の水、濁らば、以て吾が足を濯うべし」という有名な句がある。滄浪は、漢水の下流で、楚の国を流れていた川である。『随聞記』本文に「滄浪に没す」とあるのは、汨羅《べきら》を滄浪と混同したためである。

〔訳〕

ある日、道元禅師に教えを乞うたとき、次のようなお言葉があった。

近ごろの僧侶たちは、多く、世間の風俗に従うのがよいといっている。しかし、自分の考えるには、そうではない。世俗の社会でも、賢者は、社会の人々の一般の在り方に従うことを、けがれたことといっているのであって、楚の屈原のごときは、「皆、酔っている。私ひとり酔わないで醒めている」といって、世間の風俗に従わず、ついに滄浪《そうろう》〔汨羅《べきら》〕に身を投じて死んだのである。ましてや仏法は、ことごとに、みな世俗とちがっているのだ。俗人は髪を飾るが、僧は髪を剃る。俗人は、何度も食事をするが、僧は一日に一度食事する。こんなことまで、みな違っているのだ。であるからこそ、かえって無上の大安楽人となるのだ。だから、僧たるものは、すべて一切、世俗にそむくべきものなのだ。

## 三ノ二十　治世の法は上天子より

一日、示云《じにいはく》、治世《ちせい》の法は、上自天子《かみてんしより》、下至庶民《しもしよみんにいたるまで》、各皆《おのおのみな》、居其官者《そのくわんにこするもの》、修其業《そのげふをしゆす》。非其人《そのひとにあらず》して、其《その》官をするを、乱天《らんてん》の事と云《いふ》。政道、叶天意《てんいにかなふ》時、世清《よすみ》、民康《たみやすき》也《なり》。故に帝《みかど》は、三更の三点(1)におきさせ給《たまひ》て、治世する時と、しませり。たやすからざる事、只、職のかはり、業の殊《こと》なるばかり也。国王は、自《みづから》思量を以《もつ》て、政道をはからひ、先規《せんき》をかんがえ〔へ〕、有道《いうたう》の臣を求めて、政《まつりごと》、相合天意《てんいにあひあふ》時、是《これを》、云治世《ちせいといふ》也。其より以下《いげ》、諸侯大夫《たいふ》人士庶民、皆《みな》〔72〕各、有所官業《しよくわんのげふあり》。随其云人也《それにしたがふをひとといふ》。若《もし》、是《これ》を怠《おこた》れば、背天《てんにそむき》、乱世《よをみだし》、教民苦《たみをくるしむる》也。背其、為乱天事《それにそむくをてんじをみだすとなして》、蒙天之刑也《てんのけいをかうむるなり》。

然《しかれ》ば、学人も、世を離れ、家を出《いづ》ればとて、徒《いたづら》に身をやすくせんと思ふこと、暫くも不可有《あるべからず》。似有利《りあるににて》、後有大害也《のちたいがいあるなり》。出家人の法《はふ》は、又、其《その》職を収《をさ》め、其の業を修《しゆ》すべき也。

世間の治世《ちせい》は、先規《せんき》有道《いうだう》を稽《〔かんがへ〕》求《もとむ》れども、猶《なほ》、先達知識《せんだつちしき》の、たしかに相伝したる

〔73〕

なければ、自《おのづから》し、たがふ〔違〕る事も有也《あるなり》。仏子は、たしかなる、先規教文顕然《けうもんけんねん》也。又、相承《さうじよう》伝来の、知識《ちしき》現在せり。我《われ》に思量あり、四威儀《ゐいぎ》の中にを〔お〕いて、一々に先規を思ひ、先達《せんだつ》にしたがひ、修行せんに、必《かならず》、道《みち》を得べき也。俗は天意に合《がつ》せんと思ひ、納《のつ》子《す》は仏意に合せんと修す。業等《げふひとしく》して、得果勝《すぐ》れたり。一得永得《いつとくやうとく》、大安楽の為に、一世幻化《げんげ》の身を、苦しめて、仏意に随はんは、可ㇾ在ニ行者心《ぎやうじやのこころにあるべし》一。

雖ㇾ然《しかりといへども》、又、すぞろに苦ㇾ身《みをくるしめ》、不ㇾ可ㇾ作《なすべからざる》事を作《な》せと、仏教には、すすむること無き也。戒行律儀《かいぎやうりつぎ》に随ひゆけば、自然《じねん》に身安《やす》く、行儀も尋常《じんじやう》に、人目《ひとめ》も安《やす》き也。只《ただ》、今案《こんあん》＝の我見《がけん》の安立《あんりう》をすてて、一向《いつかう》、仏制に可ㇾ順《したがふべきなり》也。

又云《またいはく》、我《われ》、大宋天童禅院に居《こ》せし時、浄老住持の時は、宵は二《に》更《かう》の三点(2)まで坐禅し、暁《あかつき》は四更の、二点三点(3)より、おきて坐禅す。長老ともに、僧堂裏坐《りにざす》。一夜も闕《けつ》怠《たい》なし。其間、衆僧《しゆぞう》多く眠《ねむ》る。長老巡行《めぐりゆいて》、睡眠《すゐめん》する僧をば、或《あるい》は拳《こぶし》を以て打《うち》、或はくつをぬ〔い〕ひで打《うち》、耻《はぢ》しめ勧《すす》めて、覚ㇾ睡《ねむりをさます》。猶《なほ》、睡《ねむる》時は、行ニ照堂《せうだうにゆき》一(4)、打ㇾ鐘《かねをうち》、召ニ行者《あんじやをめして》一(5)燃《らふそ》ニ蠟燭《くをともし》一なんどして、卒時《そつじ》(6)に普説《ふせつ》(7)して云《いはく》、「僧堂裏にあつまり居《こ》して、徒《いたづら》に眠りて何の用ぞ。然《しから》ば何ぞ、出家入叢林《につそうりん》する。見《み》ず麼《や》、世間の帝王官人《くわんにん》、何人《なにびと》か身をやすくする。王道を収《をさ》め、忠節を尽し、乃至《ないし》庶民は、田を開き、鍬《くは》をとるまでも、何人か身をやすくして、世をすごす。是《これ》をのがれて、叢林《そうりん》に入《いつ》て、虚《むなし》く過ニ時光《じくわうをすごす》一。畢竟《ひつきやう》じて何の

用ぞ。生死事《しやうじじ》大也《だいなり》、無常迅速《じんそく》也。教家も禅家も同《おなじく》すすむ。今夕明旦《こんせきみやうたん》、何《いか》なる死をか
〔74〕受《う》け、何《いか》なる病《やまひ》をかせん。且《しばら》く存《ぞん》＝ずる程《ほど》、仏法を行ぜず、眠臥《ねむりふ》して、虚《むなし》く過レ時《ときをすぐす》。
尤愚也《もつともおろかなり》。故に仏法わ〔は〕衰え〔へ〕去也《ゆくなり》。諸方仏法の、さかりなりし時は、叢林皆《みな》坐禅を専《もつぱら》に
せり。近代諸方坐《ざ》をすすめざれば仏法澆薄《げうはく》しもてゆくなり」
如レ是《かくのごときの》道理を以て、衆僧〔を〕すすめて、坐禅せしめし事、親《したし》く見レ之也《これをみしなり》。今の学
人も、彼《か》の風《ふう》を思《おもふ》べし。
又《また》、或時《あるとき》、近仕《きんじ》の侍者等云《いは》く、「僧堂裡《り》の衆僧《しゆぞう》、眠りつかれ、或《あるひ》は病《やまひ》も発《おこ》り、退心《たいしん》
も起りつべし。坐久《ざひさし》き故歟《か》。坐禅の時尅《じこく》を、被レ縮《ちぢめられ》ばや」と申《まうし》ければ、長老大《おほい》に諫《いさ》め
て云《いはく》、
「不レ可レ然《しかるべからず》。無道心《むだうしん》の者、仮名《けみやう》に僧堂に居《こ》するは、半時片時《はんときへんし》なりとも、猶《なほ》、可レ眠《ねむるべし》。
道心あ〔つ〕て、修行の志《こころざし》あらんは、長《ながか》らんにつけ、喜び修《しゆ》せんずる也。我《われ》若か
りし時、諸方《の》長老を、歴観《れきくわん》(8)せしに、如レ是《かくのごとく》すすめて、眠る僧をば、拳《こぶし》のかけなんとす
るほど、打《うち》せめし也。今は老後になりて、よはく〔わ〕なりて、人をも打《た》得《て》せざるほどに、
〔75〕よき僧も出来《いできた》らざる也。諸方の長老も、坐を緩《ゆる》くすすむる故に、仏法は衰《すゐ》＝微《び》せる
也。弥々打可也《いよいようつべきなり》」とのみ、被レ示《しめされ》し也《なり》。

〔注〕

(1)三更の三点　更《こう》は時刻の変り目をいう。日没より数えて、初更（およそ午後八時）、二更（午後十時）、三更（午前零時）、四更（午前二時）、五更（午前四時）とし、各更の間をさらに五分して一点から五点と数える。三更の三点は、およそ午前一時ごろ。

(2)二更《にこう》の三点　午後十一時ごろ。

(3)四更の、二点三点　午前二時半または三時ごろ。

(4)照堂《せうだう》　僧堂の背後の建物。住持にかわって首座《しゅそ》が衆僧を指導するときに用いる。僧堂のかげで暗いため、明りとりの天窓がつけてあるので「照堂」または「昭堂」という。

(5)行者《あんじゃ》　出家得度の前に、寺院にあって、雑役をする者。

(6)卒時《そつじ》　卒爾《そつじ》の意。にわかに。住持の説法には順序次第があるが、ここは、その場でただちに、の意。

(7)普説《ふせつ》　あまねく正法を説くこと。説法の意。

(8)歴観《れきくわん》　如浄禅師は天童山の住持となるまでに、建康の清涼、台州の瑞岩、臨安の浄慈、明州の瑞岩、二度目の浄慈と住持職（堂頭和尚）を歴任してきた。

〔訳〕

ある日、教えていわれた。

世の中を治めるやり方は、上は天子から、下は庶民に至るまで、各自みな、その役目にある者が、その仕事を行うことにある。その役目にない人が、その仕事を行うのを、天意を乱すことというのである。政治のあり方が、天意にかなうとき、世は清らかに、人民の生活は安らかである。故に天子は三更の三点（午前一時）に起床されて、政務をとる時刻とされたのである。その職務の容易ならざることは皆同じであって、ただその任務が違い、業務が異なることだけである。国王は御自身で考えをめぐらして政治をとりはからい、先代からのやり方を考え合わせ、有徳の臣下を登用して政治を行う。このようにして政治のやり方が天意にかなうときに、世が治まるというのである。もしも国王が政務を怠れば、天にそむき、世を乱し、民を苦しめることとなる。国王以下、諸侯、重臣、士人、庶民、みなそれぞれ、任務とする仕事がある。その仕事につとめるのが、人としてのあり方である。それにそむくのは、天意の事を乱すことになるのであって、天罰を受けるのだ。

このようなわけであるから、仏道を学ぶ者も、世間から離れ出家したからといって、怠けてわが身を安楽にしようなどと思うことが、すこしも有ってはならぬのだ。それは、自分の身のためであるようであって、実はわが身に大害をもたらすものなのだ。出家人としてのあるべきあり方も、同じくまた、その任務とするところを取り行い、その仕事をはげみ行わなくてはならぬのだ。

世俗社会の政治にあっては、先代からのきまったやり方を考え、道理のわかる人物を登用するのであるが、それでも、経験のある熟達した人物やすぐれた人物というものが、確実に受け伝えて育成されて来たわけではないから、当然のことながら、間違うこともあるわけである。だが、仏弟子には、確実な、先代からのきまりや教えの言葉が、はっきりとしている。また師匠から弟子へと受け伝えてきたすぐれた人物が現に存在しているのだ。人間には自分で考える力がある。行住坐臥の四つの作法において、一々先代からのきまったやり方を考え合わせ、経験のある熟達した人物に従い、修行するならば、必ず悟りの道は得られるとしたものだ。世俗の人は天意にかなうようにと心がけるわけだが、禅の修行者は仏のこころにかなうようにと修行するのだ。つとめる点では同じだが、得る果報は、仏弟子の方がすぐれている。ひとたび得れば、永久に失うことのない大安楽のために、この世一代の幻《まぼろし》の身を苦しめて、み仏の御心にかなうようにするのが、修行者の心がけでなくてはならぬ。

そうではあるが、しかしまた、むやみとわが身を苦しめ、できないことまでなせと、仏の教えでは、いっているわけではない。戒律に従って行ってゆくならば、おのずと体も楽に、振る舞いも在るべきようになり、人の見た目もよいものとなるのだ。現在考えている自分勝手な考えを立てることをやめて、ひたすら仏の定めたきまりに随順してゆくべきである。

また次にいわれた。

私が大宋国の天童山景徳禅寺にいたころ、如浄老師が住持であられたときだが、夜は十一時まで坐禅し、明けがたは午前二時半から三時には起きて、坐禅したものだ。住持の如浄禅師も、みなの者と共に僧堂の中で、坐禅されたものだ。それは一夜も、欠かされたことがない。その間、僧たちは多く居眠りした。如浄禅師は、その間をまわってゆき、居眠りしている僧をみると拳骨でなぐったり、あるいは、はいている履《くつ》をぬいで、それで打ち恥ずかしめ、眠りをさまして、はげましたものだ。それでもなお眠っている僧がいるときは、僧堂の裏の照堂に連れてゆき、鐘を打ちならし、行者《あんじゃ》をよんで蠟燭《ろうそく》をともして明るくし、その場で皆の者に説法していわれた。

「僧堂のうちに集まり生活をしていて、いたずらに居眠りをして、何になる。それなら、お前たちは何んで出家し禅道場にはいったのか。見てみるがいい、世間の帝王でも役人でも、苦労しないで身を安楽にしている者がいるか。帝王は帝王たるものの道を修め、役人はまごころを尽して職務を行い、また、庶民は田を掘り起し鍬をふるって地を耕やして働く者に至るまで、苦労しないで生活している者がひとりでもいるか。こうした世間の苦労をのがれて禅道場にはいりながらむなしく時をすごすとは。それでは何の役に立とうか。生死事大なり、無常迅速なり。教家も禅家も、同じくこういって、努めよといっているのだ。今晩にでも明日の朝にでも、どんな死に方をするかもしれぬ。どんな病気になるやも判らぬ。しばらくでもこの世に在るあいだ、仏法を行ぜずに、居眠りばかりして空しく時をすごすとは、途方もない愚か者たちだぞ。だから仏法は衰えてしまうのだ。到るところ仏法が盛んであったときは、どの禅寺でも、ひたすら坐禅にはげんだものだ。近ごろ、どの禅寺でも坐禅をはげまさなくなった故、仏法は薄手になり水っぽくなってきたのだ」

このように説いて、皆の者をはげまし坐禅させた有りさまを、私は、まのあたり見てきた。今、仏道を学ぶ者も、このような如浄禅師のなされ方を思いみるべきである。

また、あるとき、如浄禅師のおそば近く仕えている侍者《じしゃ》たちが、禅師に次のように申し上げたことがある。「僧堂の衆僧たちは、睡眠不足で疲労し、あるいは病気になる者もあり、あるいは修行をやめたい気をおこす者も出てくることと存じます。坐禅があまり長すぎるためでしょう。坐禅の時間を、短縮したらいかがでしょう」と。

　すると如浄禅師は、大いにいさめていわれた。

「それはいかぬ。求道心のない者が、名目ばかり僧堂で坐っているのであれば、ほんのわずかの時間でも、その間に居眠りをすることになろう。だが、道を求める心があって、どうしても修行したいという者は、坐禅の時が長ければ長いだけ、喜んで修行するものだ。私が若かったとき、いろいろな禅寺の住持職をつぎつぎとやってきたものだが、いつも坐禅するようはげまし、眠っている僧を、拳《こぶし》がやぶれるほど打ちのめし責め立てたものだ。いまは年をとって力も衰え、あまり打ちすえることもできなくなったので、立派な僧を育成することができないようになった。諸方の禅寺の住持さん方も、坐禅のすすめ方が手ぬるいので、仏法は衰えてきたのだ。だから一層、打ちすえねばならぬのだ」と、かように教え示されたものだ。

## 三ノ二十一　得道のことは、心をもて得るか

又、云《いはく》、得道の事は、心をもて得るか、以《みをもつて》レ身得るか。教家等にも、身心一如《しんじんいちによ》と云《いつ》て、以《みをもつてう》レ身得とは云へども、猶、一如の故にと云《いふ》。正《まさし》く、身の得る事は、たしかなら

ず。今、我が家は、身心倶《とも》に得也《うる》。其中《そのなか》に心をもて、仏法を計校《けけう》する間《あひだ》は、万劫千生にも不レ可レ得《うべからず》、放ニ下心一《こころをはうげして》、捨ニ知見解会一時《ちけんげゑをすつるとき》、得《う》る也。見色明心《けんしきみやうしん》(1)聞声悟道《もんしやうごだう》の(2)ごときも、猶《なほ》、身を得也。然れば、心の念慮《ねんりよ》知見を、一向《いつかう》すてて、只管打坐《しくわんたざ》すれば、今少し道は親得也《したしみうる》、然《しかれ》ば、道を得《うる》ことは、正《まさし》く身を以て得《うる》也。是によりて、坐を専にすべしと覚《おぼゆるなり》也。

〔注〕

(1)見色明心《けんしきみやうしん》　いろかたちを見て心を明らめる。「霊雲見桃花」の古事に由来する。昔、霊《れい》雲志勤《うんしごん》禅師は、三十年間修行したが、なかなか悟りが得られなかった。修行遍歴の途次、ある山のふもとで休息し、はるかに人里を望んだところ、春の季節で、桃の花が盛りであった。それを見ていて突然に、悟りが開けたという故事。『景徳伝燈録』巻十一。『聯燈会要』巻十。道元『正法眼蔵』「渓声山色」。『景徳伝燈録』によれば、霊雲は潙山霊祐《いさんれいゆう》の法嗣。『聯燈会要』によれば、長慶（大潙大安の法嗣。

「志勤《しごん》」は、道元『正法眼蔵』瑠璃光寺本等にて「志覲」に作り、シキンと読む。

(2)聞声悟道《もんしやうごだう》　声を聞いて道を悟る。香厳撃竹《きようげんぎやくちく》の話《わ》として古来、有名。『景徳伝燈録』巻十一。『聯燈会要』巻八。

昔、香厳智閑《きょうげんちかん》禅師という方は、幼にして百丈懐海（七二〇―八一四）に就き、百丈禅師が遷化《せんげ》したのち、その法嗣、潙山霊祐《いさんれいゆう》（七七一―八五三）、諡号大円《だいえん》禅師（大潙山大円禅師、大潙大円禅師）に参じた。潙山は香厳にいった、「お前が百丈先師の許にあったとき、一を聞けば十を答え、十を聞けば百を答えた、と聞いている。お前は大変聡明で、学問もよく出来、生死の根本も、よく理解している。ところで聞くが、父母未生のところは何うだ。一句いってみよ」と。こう問いかけられて香厳には何とも答えられなかった。そこで部屋に帰って書物を調べたが、どうしても答えがでてこない。そこで、歎いていうよう「画にかいた餅は、どうにもならぬ」と、持っていた書物をみんな焼いてしまった。そして潙山のもとを辞し、山にかくれ庵を結んだが、ある日、帚庵《ほうき》のまわりの掃除をしていたところ、石ころが飛んで竹にあたった。その音を聞いて、香厳には悟りが開けた。そこで身をきよめ、大潙山に向って焼香礼拝し、潙山和尚の法恩を感謝した。そして偈を作り、潙山に呈したところ、潙山はこれをみて、「此の子、徹せり」といったという話である。道元『正法眼蔵』「渓声山色」および「行持」上。

〔訳〕

またいわれた。

悟りの道を得ることは、心で得るのか、あるいは、体《からだ》で得るのか。教家などでも「身心一如」（体と心は一つ）といって、体で悟りを得るのだとは、いっているが、それは「一如の故だから」という。これでは、悟りをたしかに体で得るのだということが、明確でない。いま仏法正伝の禅家では、身心ともに悟りを得るのだ。身心二つの中、心で仏法を推しはかり考えている間は、万劫の時の間、千たび生まれ変わっても、悟りの道は得られはしない。心を放下《ほうげ》し、知識・見解・解釈・理会を捨て去るとき、悟りは得られるのだ。霊雲志勤《れいうんしごん》禅師が桃の花を見て悟りを開き、香厳智閑《きょうげんちかん》禅師が石ころの竹に当る音を聞いて悟りを開いたというのも、やはり、体で悟りを得たのだ。それ故、心であれこれ思いはかることや、知識や見解をすっぱりと捨て去って、ひたすら坐禅するならば、いま少しは道というものが判ってくるのだ。こういうわけで、道を得るのは、まさしく体でもって得るのだ。この故に坐禅をひたすらしなくてはならぬと思う次第である。

正法眼蔵随聞記　三　終

# 正法眼蔵随聞記　四

## 四ノ一　学道の人、身心を放下して

示曰《じにいはく》、学道の人、放二下身心《しんじんをはうげして》一、一向《いっかうに》、可レ入二仏法一《ぶっぽふにいるべし》。古人(1)云《いはく》、『百尺竿頭上、猶進二一歩一《なほいっぽをすすむ》』何《いか》にも、百尺の竿頭に上《のぼっ》て、足を放たば、死《しぬ》べしと思《おもう》て、つよくとりつく心の有《ある》也。其《それ》を思切《おもひき》りて、一歩を進《すすむ》と云《いふ》は、よもあしからじと、思ひきりて、放下《はうげ》する様に、度《と》世《せい》の業《わざ》より始《はじめ》て、一身の活計《くわつけい》に至《いたる》まで、何《いか》にも捨得《すてえ》ぬなり、其《それ》を捨ざらん程は、何《いか》に頭燃《づねん》をはらひて、学道する様なりとも、道を得《うる》こと不レ叶《かなはざる》也。思《おもひ》きり身心倶《とも》に放下《はうげ》すべし。

〔注〕

(1)古人　長沙景岑。二ノ十注(2)（八九頁）を見よ。

「百尺ノ竿頭、スベカラク歩ヲ進ムベシ」

〔訳〕

教えていわれた。

道を学ぶ者は身も心も投げ捨てて、ひたすら、み仏の教えの中に、はいらねばならぬ。古人の言葉に「百尺の竿の先で、さらに一歩、のぼってみよ」というのがある。百尺もある竿の先端にのぼって、さらに一歩を進めるなら、足を放って空中にとびでることになる。まずは墜落して死んでしまう。そう思って、一層つよく竿にとりすがる気持ちになるわけだ。そこのところを、すっぱりと思い切って一歩を進めるというのは、よもや、悪いことになるまいと、一切を思い切って投げ捨てるのだ。世渡りの仕事をはじめ、自分の生活の一切を、投げ捨てるのだ。それが、なかなか捨て得ない。だが、それを捨てないことには、いかに一生懸命に頭に火がついたのを、もみけすときのように熱心に、道を学んでいるようではあっても、道を得ることとは、とてもできはしないのだ。思いきり、身も心もともに、投げ捨てるのだ。

## 四ノ二　世間の女房なんどだにも

或時《あるとき》、比丘尼《びくに》(1)云《いはく》、「世間の女房《にょうぼう》(2)なんどだにも、仏法とて、学すれば、比丘尼の身には、少々の不可ありとも、何《いか》で可レ不レ叶《かなはざるべき》と覚《おぼ》ふ〔ゆ〕。如何」と云《いひ》し時、示《に》云《く》、此《この》義、不レ可レ然《しかるべからず》。在家の女人《によにん》、其《その》身ながら、仏法を学《まなん》で、うることはありとも、出家人の、出家の心なからんは、不レ可レ得《うべからず》。仏法の、人をえらぶには非《あら》ず。人の
〔77〕仏法に不レ入《いらざれば》也。出家在家の儀、其《その》心可レ殊《ことなるべし》。在家人の、出＝家の心有《あら》ば、出離《しゅつり》すべし。出家人の、在家の心有《あら》ば、二重の僻事《ひがごと》也。用心可レ殊《ことなるべき》事也。作《なす》ことの難《かたき》には非《あら》ず。よくすることの難《かた》き也。出離得道の行《ぎやう》、人《ひと》ごとに心にかけたるに、似たれども、よくする人の難《かた》き也。生死事大也、無常迅速也。心をゆるくすることなかれ。世をすてば、実《まこと》に世を可レ捨《すつべき》也。仮名《けみやう》は、何《いか》にても、ありなんと、おぼふ〔ゆ〕る也。

〔注〕

(1)比丘尼《びくに》　比丘《びく》パーリ語 bhikkhu の女性形 bhikkhunī の音写。元来の意は「乞う者」。出家して修行せる者。尼僧という。

(2)女房《にようばう》　宮中などの婦人の部屋。転じてそういう部屋に住む女性。貴人の邸に仕えた婦人。敬慕より転じて一般に、女性、婦人の意。

〔訳〕

あるとき、ある尼僧がいった。

「在家の婦人などでも、仏法をうやまって修行すれば仏道にかなうのですから、まして出家した尼僧としては、少々いけないことがあっても、仏道にかなわないことはないと存じますが、いかがでしょう」

こういったのに対して、道元禅師は教えていわれた。

それは間違っている。在家の婦人は、在家のままで、仏法を学んで、仏道を得ることはあるが、出家した者が、出家の心をもたなかったら、仏道を得ることはできぬのだ。仏法の方で人を差別するのではなく、人の方が仏法の中に、はいっていないからなのだ。出家と在家とでは、その心がまえが、ちがわなくてはならぬ。在家人でも、この世を投げ捨てた出家の心があるなら、この世の迷いから離れて悟りの道を得ることができよう。だが、出家した者が、在家の心をもち、この世の迷いから離れられないのでは、それは二重のあやまりだ。出家と在家とでは、その心得が、ちがわなければならぬのだ。

することが難しいのではない。よくすることが難しいのだ。迷いをはなれ悟りの道を得る修行は、人それぞれ心がけているようではあるが、それを立派に行うことが難しいのだ。生死を明らめることは重大事であり、この世の一切は、すみやかに過ぎ去りゆく。怠け心を起してはならぬ。世を捨てたといったら、本当に、捨ててしまうのだ。うわべだけでは、どうにもならぬ、と私は考えている。

## 四ノ三　世人を見るに果報もよく

〔78〕

夜話云《やわにいはく》、世人《せじん》を見るに、果報《くわはう》もよく、家をも起す人わ〔は〕、皆《みな》正直に、人の為《ため》にもよき也。故に家をも持《たもち》、子孫までも、不レ絶《たえざる》也。心に曲節あり、人の為にあしき人は、たとひ一旦《いったん》は、果報もよく、家もたもてる様なれども、始終あしき也。縦《たと》ひ又、一期《ご》は、よくてすぐせども、子孫未二必吉一《いまだかならずしもきちならざる》也。

又、為レ人《ひとのために》、善事《よきこと》を、為レ人《ひとのために》して、彼主《かのぬし》に善《よ》しと被レ思《おもはれ》、被レ悦《よろこびられん》と思《おもう》てするわ〔は〕、比《わろき》二於悪一勝《にひすればすぐれ》たれども、猶、是《これ》は思二自身一《じしんをおもうて》、為レ人《ひとのために》、非二実善一《まことによきにあらざる》也。主《ぬし》には不レ被レ知《しられず》とも、人の為に、うしろやすく、乃至《ないし》、未来《みらい》の事、為レ誰不レ思《たがためとおもはざれ》ども、為レ人《ひとのために》よ＝からん料《りやうの》事を作置《なしおき》なんどするを、真《まこと》に為レ人善《ひとのためによき》とは云《いふ》也。

況《いはん》や、衲僧《なふそう》は、是《これ》には超《こえ》たる心を可レ持《もつべき》也。衆生を思ふ事、・親疎をは〔わ〕かたず、平《びやう》等《どう》に済度《さいど》の心を存じ、世出世間利益《のりやく》、都《すべて》、不レ憶二自利一《じりをおもはず》、不レ被二人知一《ひとにしられず》、不二主被レ悦一《ぬしによろこばれず》、唯《た》だ為レ人善《ひとのためによ》き事を、心の中になして、我《われ》は如レ是心《かくのごとくのこころ》、も〔つ〕たると、人に不レ被レ知《しられざる》也。

此の故実《こしつ》は、先づ須二棄レ世捨一レ身《すべからくよをすてみをすつべき》也。我身《わがみ》をだにも、真実に捨離《しやりし》つれば、人に善《よく》被《おもはれん》レ思と云心《いふこころ》は無き也。然《しかれ》ども、又、人は何《いか》にも、思はば思へとて、悪《あし》き事を行じ、我《わが》放逸ならんは、又、背《ぶついにそむく》ニ仏意一。唯、行《よきことをぎやうじ》ニ好事一、為《ひとのために》レ人やすき事をなして、代《かはり》を思《おもふ》に、よき名を留《とど》めんと不《おもはずして》レ思、真実無所得にて、利生《りしやう》(1)の事をなす。即、離《ごがをはなるる》ニ吾我一、第一の用心也。

欲《このこころをぞんぜんとおもはば》レ〔う〕存ニ此心一、先づ、須《すべからくむじやうをおもふべし》念ニ無常一。一期《いちご》は如《ゆめのごとし》レ夢、光陰易《うつりやすし》レ移。露の命は待《まち》がたふして、明《あく》るを知らぬ、ならひなれば、唯、暫《しばらく》も存《ぞん》じたる程《ほど》、聊《いささか》の事につけても、人の為によく、仏意に順《したが》はんと、思《おもふ》べき也。

〔注〕

(1)利生《りしやう》　衆生を利益すること。長円寺本は「先生《せんじやう》」とあり。「先生」とは、「さきの世」「前世」の意。これでは文意が通じない。慶安本「利生《りしやう》」とあり。これに従う。

〔訳〕

夜話の折、いわれた。

世の中の人をみると、現在めぐまれていて、その家も盛んになる人というのは、みな正直であって、他の人々のためにもよいことをする人である。故に一家は安泰で、子孫も絶えぬことになるのだ。心が曲り、素直でなく、他人のために悪いことをする人は、たとえ一時は、恵まれて、家業を維持しているようではあっても、終わりがよくないのだ。たとえ、その人一代はうまくいっても、子孫は、必ずしも倖せであるとは限らないのである。

また、人のためによい事を、その人のためにしてやっても、その相手の人によく思われ悦ばれようと思ってするのでは、悪いことをするのよりは良いけれども、それは、自分のことを考えてのことだから、相手の人のために本当に良いわけではない。その相手の人に知られなくとも、その人の、人のためをはかってやり、あるいは将来において、誰のためというわけではないが、人のためになるようなことをしておくなどというのは、こういうのが本当に人のためによいことをするというのだ。

ましてや禅僧たるものは、これ以上の心をもたなくてはならぬ。生きとし生けるものを思うこと、親しいものと親しくないものとの分けへだてなく、平等に救いいたわる心をもち、俗世のことでも、俗世をこえたことでも、利益については、すべて自分の利益のことを考えず、人に知られず、相手に悦ばれようとも思わず、ただ、人のために善いことを自分ひとりの心できめて行って、しかも、自分はこのような心の持ち主であるということを、人に知られないようにすることである。

これについての昔からの心得として大切なことは、まず世をすて身を捨てることである。わが身のことだけでも、真実捨て去ることができれば、人に良く思われようという心はなくなるのである。しかしまた、人はどのように思っても構わぬといって、悪いことを行い、勝手きままに振る舞うのは、仏のみこころにそむいている。ただ、善いことをなし、人のためになるようにはかってやり、その代償として、自分の美名をのこそうとしないで、本当に無所得で、衆生のためをはかるのだ。このようなわけで、自分というものを離れるのが、第一の心がけなのだ。

　このような心をもとうと思ったら、まず、何としても、人の世の無常なることを考えるべきである。人の一生は夢のごときものであり、時はたちまち過ぎ去りゆくものである。はかない露の命は、夜明けを待たず消えてゆくのが、世のならいである。ただ、しばらくの間でも、この世にあるあいだ、わずかなことでも、人の為によくはかり、み仏のみこころに従うようにと思わねばならぬのだ。

## 四ノ四　学道の人は、もつとも貧なるべし

〔79〕

夜《や》話云《わにいはく》、学道の人は、尤《もつと》も可レ貧《ひんなるべし》。見二世人一《せじんをみるに》、有レ財人《ざいあるひと〔は〕》わ、先《ま》づ嗔恚《しんい》恥辱《ちじょく》の二難、定《さだまつ》て来《きた》る也《なり》。有レ財《ざいあれば》、欲三人奪二取是一《ひとこれをうばひとらんとおもふ》、我欲レ不レ被レ取時《われはとられじとほつするとき》、嗔恚忽《しんいたちまち》に起る。或《あるひ》は、論レ之《これをろんじて》、及二問注対決一《もんぢゆうたいけつにおよび》、遂《つひには》、致二闘諍合戦一《とうじやうかつせんをいたす》。如レ是間《かくのごときのあひだ》、嗔恚起《おこり》、恥辱来也《きたるなり》。貧而《ひんにして》不レ貪時《むさぼらざるときは》、先免二此難一《まづこのなんをまぬかる》。安楽自在也。証據眼前《しようこがんぜん》也。不レ可レ待二教文一《けうもんをまつべからず》。加之《しかのみならず》、先人後賢、譏レ之《これをそしり》、諸天仏祖、皆、恥レ之《これをはぢしむ》。而《しかるを》、為二愚人一《ぐにんとして》、貯二財宝一《ざいはうをたくはへ》、懐二嗔恚一《しんいをいだき》、成二愚人一《ぐにんとならんこと》、恥辱の中の恥辱也。貧而《ひんにして》、思レ道者《みちをおもふものは》、先賢後聖之《の》所レ仰《あふぐところ》、仏祖冥道之所レ喜《みやうだうのよろこぶところ》也。

仏法陵遅《りようち》し行《ゆく》こと、眼前に近し。予、始《はじめ》、入ニ建仁寺一《けんにんじにいりし》時見しと、後七八年に次第にかはりゆくことは、寺の寮々に、各々塗籠《ぬりごめ》をし、持ニ器物一《きぶつをもち》、好ニ美服一《びふくをこのみ》、貯ニ財物一《ざいもつをたくはへ》、好ニ放逸之言語一《はういつのごんごをこのみ》、問訊礼拝《もんじんらいはい》等、陵遅《りようち》する事を以て思ふに、余所《よそ》も被ニ推察一《すゐさつせらるる》也。

〔80〕

仏法者《じや》は、衣鉢《えはつ》の外《ほか》は、財をもつべからず。何を置かん為《ため》に塗籠ニをしつらう〔ふ〕べきぞ。人にかくす程の物を、不レ可レ持《もつべからず》。不レ持《もたずは》、返《かへつ》てやすき也。人をば殺すとも、人には不レ被レ殺《ころされじ》なんどと、思ふ時こそ、身もくるしく、用心もせらるれ。人は我《われ》を殺すとも、我は不レ加レ報《はうをくはへじ》と、思定《おもひさだ》めつれば、先《ま》づ用心もせられず、盗賊も愁《うれ》へられざるなり。時として無レ不ニ安楽一《あんらくならずといふことなし》。

〔訳〕

夜話の折の、お教え。

道を学ぶ者は、とりわけ貧乏でなくてはならぬ。世の人を見るに、財産のある者には、怒りと恥辱の二つの難が、必ずやって来るものだ。財産があれば、これを奪ってやろうという者が出て来るし、こちらは取られまいとして、相手の理不尽なやり方に怒らざるを得ないのだ。あるいは、口論になり、訴訟となって、原告と被告との取り調べや対決が行われることになり、ついには、なぐり合いや合戦が起ることになるのだ。こうして、怒りにおそわれ、恥辱を受けることになるのだ。貧しくて、欲ばらなければ、決して怒ることもなく、恥辱を受けることもない。安楽で自由なのだ。その証拠は、目の前にはっきりしている。教典によるまでもないことだ。それのみでない。昔の人も後世の賢者も、それはいけないことだといい、天の神々も仏も祖師も、それは恥じしめるところである。しかるに愚かにも財宝を貯え、怒りの心をもつことになり、こうして愚か者となることは、恥辱の中の恥辱である。貧しくあって、悟りの道を志す者は、昔の賢者や後世の聖人が尊ぶところであり、仏祖や不可視の神々が、よろこばれるところである。

仏法が次第に衰えゆくさまは、まことにあきらかな眼前の事実である。私がはじめ建仁寺にいたときの様子が、その後、七、八年たつうちに次第に変わってきた。寺の寮のそれぞれに、壁で塗りごめた小さな隠し納戸ができ、みな立派な道具類を所持し、きれいな衣服を好み、財宝を貯え、気まま勝手な放言を好み、法にかなった丁寧な挨拶や丁重な礼拝をする人も、次第にすくなくなってきた。ほかの寺の様子も同様であろうと思われることである。

仏法に従う者は、袈裟と食器のほかは、何も所有するものを持ってはならぬのだ。何を置くために塗りごめ納戸を設けたりするのか。他人に隠さねばならぬようなものを持ってはならぬのだ。持たぬ方が安泰なのだ。人を殺すことはあっても、人に殺されまいなどと思うからこそ、自分自身も苦しく、用心もせねばならぬ。人が自分を殺そうとしたとしても、自分は仕返しはしないのだと心をきめていれば、何の用心の必要もなく、盗賊におそわれても、何もこわがることはない。いつでも、安らかな気持ちでいられるのだ。

## 四ノ五　宋土の海門禅師

一日、示云《じにいはく》、宋土海門《そうどのかいもん》禅師(1)、天童の長老(2)たりし時、会下《ゑげに》、元首座《げんしゆそ》(3)と云《いふ》僧有《あり》き。此《この》人、得法悟道人《の》也。長老にも、こへ〔え〕たり。

有時《ある》、夜、参ニ方丈一《はうぢやうにさんじて》(4)、焼香礼拝《らいはい》(5)して云《いはく》、「請《こふ》らくは、師、許ニ後堂首座一《ごだうしゆそをゆるしたまへと》(6)」

門、流涕《るでい》して云《いはく》、「我《われ》、小僧《せうそう》たりし〔より〕、未レ聞ニ如レ是事一《いまだかくのごときのことをきかず》。汝、為ニ禅僧一《ぜんそうとして》、所《しゆそ》ニ望首座長老一《ちやうらうをしよまうすることを》。汝、已《すで》に悟道せることは、見ニ先規一《せんきをみるに》、超ニ於我一《われにもこえたり》。然《しかる》に首座を望《のぞむ》こと、昇進の為か。許《ゆるす》ことは前堂《ぜんだう》をも、乃至、長老をも、可レ許《ゆるすべし》。余の未悟僧《みごそう》、察レ之《これをさつするに》、仏法の衰微《すゐび》、是《これ》を以《もつて》、可レ知《しりぬべしと》」云《いつ》て、流涕《るでい》悲泣《ひきふ》す。

爰《ここ》に、僧、耻《はぢ》て、雖レ辞《じすといへども》、猶、補ニ首座一《しゆそにふす》。其《その》後、首座、此《この》事を記録して、耻レ自《みづからをはぢしめ》、彰ニ師美言一《しのびげんをあらはす》。

〔81〕

今ニ案レ之《これをあんずるに》、昇進を望み、物の首《かしら》となり、長老にならんと思ふことをば、古人是を耻《はぢ》しむ。只、悟レ道《みちをさとらんと》のみ思《おもう》て、不レ可レ有ニ余事一《よじあるべからず》。

〔注〕

(1)海門禅師《かいもんぜんじ》　天童山景徳寺の第二十九世の住持。
(2)長老　徳高く、修行年数の長い経験ある僧の意。したがって住持。堂頭和尚の意にもなる。
(3)元首座《げんしゅそ》　元《げん》という名の首座。首座とは禅院で、住持のもとにある衆僧の首位。以下の話は、首座となる前のこと。
(4)方丈《はうぢやう》　禅院で住持の居室。転じて、その居室にある人、即ち住持を意味する。維摩居士《ゆいま》の居室が一丈四方であったことに由来する。
(5)焼香礼拝《らいはい》　香をたき丁重な礼をする。住持長老に対する尊敬の意をあらわす礼儀。
(6)後堂首座《ごだうしゅそ》　僧堂の中央に安置する聖僧《しょうそう》（文殊菩薩像）の左右を出入板といい、出入板より前が前堂、後が後堂。衆多きとき、後堂に「後堂首座《ごどうしゅそ》」を置く。単に「後堂」ともいう。

〔訳〕
ある日のこと、教えていわれる。
宋の国の海門禅師という方が、天童山の住持であったとき、その門下に、元首座《げんしゅそ》という僧があった。この人は仏法を会得《えとく》し、道を悟った人であった。その点では、住持よりも、すぐれたほどであった。
あるとき、夜、住持の居室に参上し、香をたき礼拝して、「なにとぞ、私を後堂首座にしていただきたく、お願い致します」といった。

海門禅師は、これを聞いて、涙を流していわれるに、

「お前のように、禅僧たるものが首座長老になりたいなどと願い出るというとは。私は小僧であったときから、そんな話は、いまだかつて聞いたことがないぞ。お前はすでに、道を悟っている。それは、昔からのきまりに照してみても、私よりも、すぐれているほどだ。そういうお前が、首座の地位をのぞむとは。昇進したいのか。なりたいというなら、前堂にも、長老にも、してあげよう。だが、お前でさえ、こうなのだから、お前以外の、まだ道を悟らぬ僧たちのことが、思いやられる。仏法が、いかに衰え、すたれてきたか、よく判ることだ」こういって、涙をながして、なげき悲しまれた。

そこで、その僧は大いに恥じ入って、願いをとり下げたのであるが、海門禅師は、その僧に、あえて首座の地位をお与えになったのである。その後、元首座は、このことをありのままに書きとめて自分の至らなかったことを公表し、師のすぐれた言葉を世に広く知らせたのであった。

いま、これを考えるに、昇進を求めて、衆僧の首位となり長老となろうなどと望むことを、古人は、恥ずべきこととしているのだ。ひたすら、道を悟ろうとすることだけを考えて、そのほかのことを、考えてはならぬのだ。

〔82〕

# 四ノ六　唐の太宋〔宗〕、即位の後

一夜示云《じにいはく》、唐の太宋〔宗〕、即位の後、旧殿《ふるきとの》に栖《すみ》給へり。破損せる間、湿気《しつき》あがり、風霧をかして、玉躰応レ被レ侵《をかさるべし》。臣下、可ニ作造一《つくるべき》由を奏し梟《けれ》ば、帝云《のたまは》く、「時、農節《のうせつ》也。民、定めて、可レ有レ愁《うれひあるべし》。待レ秋《あきをまつて》、可レ造《つくるべし》。被レ侵ニ湿気一《しつきにをかさるれば》、地に受《うけ》られず、風雨被レ侵《にをかさるれば》、天に不レ叶《かなはざる》也。天地に背《そむ》かば、不レ可レ有レ身《みあるべからず》。不レ煩レ民《たみをわづらはさずんば》、自《おのづから》、天地に可レ叶《かなふべし》。天地に叶はば、不レ可レ犯レ身《みををかすべからず》」と云《いつ》て、終《つひ》に不レ作レ宮《みやをつくらず》、栖ニ古殿一《ふるきとのにすみ》給へり。

況や仏子、受ニ如来家風一《によらいのかふうをうけ》、一切衆生を如ニ一子一《いつしのごとく》可レ憐《あはれむべし》。属レ我《われにぞくする》侍者所従《しよじゆう》なればとて、呵責《かしやく》(1)し煩《わづら》はすべからず。何況《いかにいはんや》、同学等侶《とうりよ》、耆《ぎ》年宿老《ねんすくらう》(2)等を、恭敬《くぎやう》する事、如ニ如来一《によらいのごとく》すべしと、戒文分明《かいもんふんみやう》也。然《しかれ》ば、今の学人も、人には色に出《いで》て知れずとも、心中に上下親疎を不レ別《わかたず》、為レ人《ひとのためには》人よからんと可レ思《おもふべき》也。

大小《の》事につけ＝て、人をわづらはし、心を傷《いたます》こと不レ可レ有《あるべからざる》也。

如来在世に、外道多く謗ニ如来一《によらいをはうじ》、悪《に》くむも有《あり》き。仏弟子問云《とうていはく》、「本《もと》より柔和を本《もと》とし、慈を心とす、一切衆生等《ひとし》く恭敬《くぎやう》すべし。何故《なにがゆゑ》にか、如レ是《かくのごときの》有ニ不レ随衆生一《したがはざるしゆじやうある》」仏、言《のたまは》く、「我、昔、衆《しゆ》を領《りやう》ぜし時、多く呵責竭摩《かしやくかつま》(3)をもて、弟子をいましめて、是に依って今如レ是《かくのごとし》」と、律中に見《みえ》たり。然《しかれ》ば即、住持長老として、領レ衆《しゆをりやうじ》たりとも、弟子の非をただし、いさめんとて、呵責の言《ことば》を、不レ可レ用《もちゐるべからず》。以二柔和言一《にうわのことばをもつて》、いさめすすむとも、可レ随《したがふべく》は、可レ随《したがふべき》也。況や、衲子《のつすは》、親疎兄弟《ひんでい》等の為に、あらき言《ことば》を以《もつ》て、人をにくみ呵責する事は、一向に可レ止《やむべき》也。能々《よくよく》、可二用意一《よういすべき》也。

〔注〕

(1) 呵責《かしやく》　大声で叱り責める。

(2) 耆年宿老《ぎねんすくらう》　耆年は老年の僧。宿老は年上の先輩の僧。

(3) 竭摩《かつま》　正しくは「羯摩《かつま》」。梵語 karman の音写。所作、作法の意。「呵責羯摩」とは、僧を罰する七種法の一つ。衆僧の面前で呵責すること。

〔訳〕

ある夜のこと教えていわれる。

唐の太宗が即位されてのち、古い御殿に住んでおられた。その御殿は破損していたので、下からは湿気があがり、上からは風や霧がはいってきて、天子のお体《からだ》によくなかった。臣下のものが新築されるよう申し上げたとき、太宗のいわれるには、

「いまは、夏の終わりで農繁期である。新築にとりかかれば、人民たちが必ずや困るにちがいない。秋になってから新築することにしよう。天子として、大地の湿気に侵されるのは、

地に受け容れられていないということであり、風雨に侵され病になるのは、天の心にかなわないからである。天地に受け容れられないのでは、身を保つことができぬ。人民を苦しませることがなければ、おのずと天地の心にかなうであろう。天地の心にかなうならば、わが身にさわりがあろうはずがない」このようにいわれて、やはり新御殿は造らず、古い御殿に住んでおられたのである。

ましてや仏弟子は、釈迦如来のなされ方を受け継ぎ、ありとあらゆる生きとし生けるものを、自分の一人子のように、あわれみ、いたわるべきものである。自分に従う侍者や従者であるからといって、大声で叱り責めたり困らせたりしてはならぬ。ましてや、同門の仲間や、年とった先輩の僧たちを、つつしみ敬うこと、釈尊に対するのと同様にすべしと、戒律の経典にはっきりと説かれている。されば、いま道を学ぶ者も自分の顔色で他人にわかるということがなくても、心の中で身分の上の者も下の者も、自分に親しい者も親しくない者も、区別せずに平等に、人のためによくあるようにしようと考えるべきである。

重大な事でも、つまらぬ事でも、人の迷惑になるようなこと、人の心を傷け苦しませるようなことは、してはならぬのだ。

釈迦如来が在世の当時、他の教えを奉ずる者たちが、しばしば釈尊をそしり、にくむ場合があった。仏弟子たちがたずねていうに、「如来は、もとより柔和を根本とし、慈悲の心を中心としていられる。一切の衆生みなひとしく、つつしみ敬うはずです。それなのに、何故、このように、如来にしたがわぬ衆生があるのでしょうか」と。釈尊のお言葉に、「自分は昔、過去世において、多くの者を従えていたとき、弟子たちをいましめるのに、他の者の面前にて大声で叱り責めたことが、しばしばであった。このために、いま、このとおりなのだ」と。この話は、戒律の経文の中に見えている。このような次第であるから、住持長老として衆僧の指導者であっても、弟子たちの間違いを正し、いさめようとして、荒々しい叱責の言葉を、用いてはならぬ。おだやかな言葉でいさめ促しても、従う者は従うのだ。まして仏弟子は、親しい者にも親しくない者にも、仲間の者たちにも、決して荒々しい言葉で、人をにくんで叱りつけるようなことは、してはならぬのだ。よくよく気をつけねばならぬ。

## 四ノ七　衲子の用心

〔83〕

又云《いはく》、衲子《のつす》の用心、仏祖の行履《あんり》を守るべし。第一には、財宝を貪《むさぼ》るべからず。如来の慈悲深重《じんぢゆう》なること、喩《たと》へを以《もつ》て難レ量《はかりがたし》。(1)彼《か》の所為《しよゐ》行履、皆、是、為二衆生一《しゆじやうのため》也。一微塵《みぢん》許《ばかりも》、無レ不レ為二衆＝生利益一《しゆじやうりやくのためならずといふことなし》。其故《そのゆゑ》は、仏は是れ、輪王《りんわう》(2)の太子にてまします。一天をも御意《ぎよい》にまかせ給《たまひ》つべし。以レ財《ざいをもつて》、哀二弟子一《でしをあはれみ》、以二所領一《しよりやうをもつて》、弟子を、はごくむべくんば、何の故にか、捨《すて》て、自《みづから》、行二乞食一給《こつじきをぎやうじたまふ》べき。決定《けつぢやう》、為二末世衆生一《まつせのしゆじやうのためにも》、為二弟子行道一《でしのぎやうだうのためにも》、可レ有二利益因縁一《りやくのいんねんあるべき》故に、不レ貯二財宝一《ざいはうをたくはへず》、乞食《こつじき》を行じおき給へり。然《しかつ》しより以来《このかた》、天竺漢土の祖師の由、又、人にも知《しら》れしは、皆、貧窮乞食《びんぐうこつじき》せし也。況や、我門の祖々、皆、財宝を不レ可レ畜《たくはふべからず》〔蓄〕とのみ、すすむる也。教家《けうけ》にも此《この》宗《しゆう》を讃《ほめ》たるに、先づ、是《これ》をほめ、記録の家にも、此事《このこと》を記して讃《ほ》むる也。未レ聞下富ニ《いまだざいはうにとみ》饒財宝ニ行中仏法上《ゆたかにしてぶつぽふをぎやうずるをきかず》。皆よき仏法者と云《いふ》は、或は、布衲衣《ふなふえ》、常乞食《じやうこつじき》也。禅門に、よき僧と云はれ、はじめおこるも、或《あるひ》は教院律院《けうゐんりつゐん》等に、雑居《ざつこ》せし時も、禅僧《ぜんぞう》の異《い》をば、身をすて、貧人《ひんにん》なるを以《もつ》て、異せりとす。宗門の家風、先、此《この》事を存《ぞん》ずべし。聖教《しやうげう》の文《もん》理《り》を待《まつ》べからず。我身《わがみ》にも、田園等を持《もつ》たる時も有《あり》き。又、財宝を領ぜし時＝も有《あり》き。彼《かの》時の身心と、此《この》ごろ貧《まづし》くして、衣盂《えう》に乏《とぼし》き時とを比するに、当時《たうじ》の心、勝《すぐれ》たりと覚《おぼ》ふ。是《これ》、現証也。

〔84〕

又、云《いはく》、古人云《いはく》、「不レ似ニ其人ニ《そのひとににずして》、莫レ語ニ其風ニ《そのふうをかたることなかれ》」と。言心《いふこころ》は、其の人の悳《とく》を不レ学《まなばず》不レ知《しらず》して、其《その》人の失《しつ》なるを、其《その》人はよけれども、其《その》事あしき也。〔悪しき〕事をよき人もすると、思《おもふ》べからず。只、其《その》人の取レ徳《とくをとり》、莫レ取レ失《しつをとることなかれ》。「君子《くんし》は、取レ徳《とくをとりて》、不レ取レ失《しつをとらず》」と云《いふ》、此心也《このこころなり》。

〔注〕

(1)長円寺本「推量スルニ」とあり。慶安本により「難レ量」と改む。

(2) 輪王《りんわう》　転輪聖王《てんりんじようおう》の意。転輪王ともいう。身に三十二相を具え、即位のとき、天より輪宝を感得し、その輪宝を転じて四方を降伏し正法をもって世を治める王。理想的聖王。釈尊は、ヒマラヤの南麓ネパール領の釈迦族の都市の都市国家カピラ城市の浄飯王《じようぼん》（スッドーダナ）の長子として生まれた。現実には、小さな都市国家の貴族の代表者にすぎなかったようであるが後世、釈尊が理想化されるにつれ、王子であったことがさまざまの理想化をうけ説話を生んだ。「輪王の太子」というのは、このような伝承を受けている。カピラ城市は、釈尊の在世中、コーサラに攻撃され、征服された。

〔訳〕

さらに道元禅師のいわれるに、

禅僧の心がけとして、仏祖の行われしさまを、そのままに守るのでなければならぬ。第一には、財宝を、欲しがってはならぬ。釈迦如来の慈悲の心の深重なることは、いかなる比喩をもってしても、はかりがたい。そのなされ方、なされたところは、すべてこれ、衆生のためなのである。微細な塵ひとつほども、衆生の利益のためでないようなものは、ないのだ。そのわけは、釈尊は、すぐれた帝王の王子であられ、世の中を思いのままになさることも、しようと思えば出来たお方である。その財産で弟子たちをいつくしむことも、その領地で弟子たちを養うことも、お出来になったのに、いかなる理由で、王位を捨て、あえて出家して乞食行をなされたのか。それは、末世の衆生のため、弟子たちの修行のため、必ずやそのことが利益となる原因ともなり縁因ともなるものだからである。この故に、釈尊は、財産をお捨てになり、托鉢《たくはつ》の乞食行をなされたのである。それより以来、インドおよび中国の祖師がたのなされたこと、特に立派な仏弟子と人にも知られた人は、みな、貧しく乞食をしたのである。

ましして、わが禅門の祖師たちは、みな、「財産をたくわえてはならぬ」とのみ、さとされている。教理研究の学僧たちも、禅宗をほめるのは、何よりこの点であり、高僧伝などを書く人も、このことを記して、ほめたたえている。財宝がゆたかにあり富んでいて、仏法を行じた人というのは、いまだ聞いたことがない。立派な仏法者というのは、みな破れ布をつづり合わせた袈裟を着、乞食托鉢によってのみ食を得るという生活をした人々である。禅宗に、よい僧がいるといわれて、禅宗が認められはじめたときも、また教理研究派の寺院や律宗の寺院などに禅僧が雑居していたときも、禅僧の特徴は、彼らが自分一身のことは考えず、貧しくあったという点で、他派の僧とちがっていたということにある。禅門のあり方としては、何よりもこの事をよく心得ていなければならぬ。このことは、経典にみえる言葉や道理を、まつまでもないことである。私自身も、かつては荘園などを持っていたときもあったし、また財宝を所有していたときもあった。そのようなときのわが身、わが心を、このごろのように貧しくて袈裟や食器のような所持品にも事欠くような現在とくらべてみると、現在の気持ちのほうが、はるかにまさっていると思うのだ。これが、目の前のはっきりした実証である。

さらに道元禅師のいわれるに、

古人の言葉に「その人と同じようなものを自分のうちに持っていないのに、その人のあり方を、あれこれと批評してはならぬ」というのがある。そのいう意味は、その人の内面の性質の良い点を見ようともせず知りもしないくせに、その人の欠点をあれこれとあげつらい、人物は悪くはないが、しかじかの欠点があるとか、立派な人だが、あのやり方は悪いとか、考えたりしてはいけないということである。むしろ、その人の良いところを見て認め、欠点をあげつらわぬように、せねばならぬ。「君子《くんし》は、徳をとりて、失をとらず」というのは、この意である。

## 四ノ八　人は必ず陰徳を修すべし

一日、示云《じにいはく》、人は、必《かならず》、可レ修二陰徳一《いんとくをしゆすべし》。必、有二冥加顕益一《みやうがけんやくある》也。たとひ泥木塑像《でいぼくそざう》の麁《そ》悪なりとも、仏像をば、可二敬礼一《きやうらいすべし》、黄紙《わうし》朱軸《しゆぢく》の荒品《くわうひん》なりとも、経教《きやうげう》をば可二帰敬一《ききやうすべし》。破戒無《む》慚《ざん》の僧侶なりとも、僧躰をば可二信仰一《しんがうすべし》。内心に信心をもて、敬礼《きやうらい》すれば、必《かならず》、蒙二顕福一《けんぷくをかうむる》也。破戒無慚の僧なれば、疎相〔の仏〕、麁品《そぼん》の経なればとて、不信無礼《ぶれい》なれば、必、被レ罰《ばつをかうむる》也。しかあるべき如来の遺法《ゆゐほふ》にて、人天《にんでん》の福分となりたる、仏像・経巻・僧侶也。故に帰敬《ききやう》すれば、益《えき》あり。不信なれば、罪を受《うく》る也。何《いか》に希有《けう》に、浅増《あさまし》

〔85〕

＝くとも、三宝の境界をば、可ニ恭敬一《くぎやうすべき》也。禅僧《ぜんぞう》は、不レ修レ善《ぜんをしゆせず》、不レ要ニ功徳一《くどくをえうせず》と云《いつ》て、好ニ悪行一《あくぎやうをこのむは》、きはめて、僻事《ひがごと》也。先規、未レ聞下如レ是好ニ悪行一事上《いまだかくのごときのあくぎやうをこのむことをきかず》。丹霞天然《たんかてんねん》禅師は木仏をたく。(1)是こそ悪事と見へ〔え〕たれども、是も一段《の》説法施《し》説《せつ》〔設〕(2)也。此の師の行状の記を見るに、坐するに必《かならず》儀あり。立するに必《かならず》礼あり。常に貴賓客《たつときひんかく》に向《むかふ》が如し。暫時《ざんじ》の坐にも必跏趺《かならずかふ》(3)し、叉手《しやす》(4)す。常住物を守ること、眼睛《がんぜい》の如くす。勤修《ごんしゆ》するもの有《あ》れば必ず加《か》す。少善なれども是《これ》を重くす。常図《じやうづ》(5)の行状勝《すぐれ》たり。彼の記をとどめて、今の世までも、叢林の亀鏡《きけい》とする也。

しかのみならず、諸有道《いうだう》の師、先規悟道の祖、見聞するに、皆《みな》戒行を守り、威儀《ゐいぎ》を調《ととの》ふ。たとひ少善と云《いふ》とも、是《これ》を重くす。未レ聞《いまだきかず》、悟道の師の、善根《ぜんこん》を忽緒《こつしよ》〔諸〕することを。故に学人祖道に随《したがは》んと思はば、必《かならず》、善根をかろしめざれ。信教を専《もつぱら》にすべし。

〔86〕

仏祖の行道は、必《かならず》、衆善《しゆぜん》の所レ集《あつまるところ》也。諸＝法皆仏法なりと、体達《たいたつ》しつる上は、悪は決定《けつぢやう》悪にて、仏祖の道に遠ざかり、善は決定《けつぢやう》善にて、仏道の縁となる。可レ知《しるべし》、若《もし》、如レ是《かくのごとく》ならば、何ぞ三宝の境界《きやうがい》を、重くせざらんや。

又、云《いはく》、今、仏祖を行ぜんと思はば、所期《しよご》も無く、所求《しよぐ》も無く、所得も無くして、無利に先聖《せんしやう》の道を行じ、祖々の行履《あんり》を行ずべき也。所求を断じ、仏果をのぞむべからず。さればとて、修行をとどめ、本《もと》の悪行にとどまらば、還《かへつ》て、是、所求《しよぐ》に堕し、窠《くわ》臼《きう》にとどまる也(6)。全く一分の所期《しよご》を不レ存《ぞんぜずして》、只、人天《にんでん》の福分とならんとて、僧の威儀《ゐいぎ》を守り、済度《さいど》利生《りしやう》の行儀《ぎやうぎ》を思ひ、衆善《しゆぜん》を好み修して、本《もと》の悪をすて、今の善にとどこほらずして、一期《いちご》、行じもてゆけば、是《これ》を古人も、打破《だは》漆桶底《しつつうてい》(7)と云《いふ》也。仏祖の行履《あんり》如レ是《かくのごとく》也。

〔注〕

(1) 丹霞天然《たんかてんねん》禅師　知通大師（七三九―八二四）。唐の禅僧。石頭希遷の法嗣。慧林寺にあったとき、ある大変寒い日に、禅師は木像の仏をとり出して焚いた。仏像を焚木とするとは何事か、怪しからぬ話だと批難した者に、禅師は「仏を焼いて、舎利（骨）をとろうとするのだ」という。「木像に、骨があろうはずがない」といえば、禅師の曰く、「それじゃ何んで、俺を悪いというのか」

この話は『景徳伝燈録』巻十四、丹露天然章にある。

(2) 施設《しせつ》　原意は、安立、建立、発起の意。わざとやってみせるてだて。仮りの手段。

(3) 跏趺《かふ》　結跏趺坐の意。仏の坐法。禅の坐法。右の足くびを左のもものの上に、左の足くびを右のもの上に置いて坐す。全跏坐、本跏坐ともいう。足を組むときに、右足からはじめるのを降魔坐、左足からはじめるのを吉祥坐という。半跏趺坐あるいは半跏坐は、左の足を右ももの上に置く。または、右の足を左股の上に置く。要するに、足を組んだ最も安定した坐法。これで下腹部に力を入れ、肩の力はぬいて楽にし、背骨を垂直に立て、呼吸をととのえる。

(4) 叉手《しゃす》　立位のとき、両手を胸のところで組む形。左手の親指を内に入れて拳をつくり、右手でこれを包み覆い、胸に当てる。「叉手当胸《とうきょう》」ともいう。禅院内で、立つとき、または立って歩くときの作法。両手をぶらぶらさせてはならない。

(5) 長円寺本には「常ノ啚ノ行状……」とあり。「啚」は「圖」〔図〕の略字として用いる。よって「常図ノ」と読む。「常途《じょうず》ノ」の意に解する。面山和尚の明和本は「常途ノ」とあり。日常事の意。

(6) 窠臼《くわきう》にとどまる　窠は鳥の巣。臼はうす。両者ともに、ふちが高く、中がくぼんでいる。そういう穴のようなところに落ちつき留まること。穴のようなところに落ちこみ、停滞すること。

(7) 打破漆桶底《だはしっつうてい》　「漆桶《しっつう》」は、うるしの桶。真黒で見わけがつかぬことにより、無明《むみょう》、迷妄にたとえる。「底」は名詞形の辞。「ということ」「するところのもの」の意。「打破漆桶底」とは「無明の迷妄を、ぶち破って悟りを開くこと」の意。

〔訳〕

ある日、教えていわれる。

人は必ず他人に知られぬところで、よいことをせねばならぬ。そうすれば必ず不可視の神々の加護によって、はっきりとした利益があるとしたものだ。たとえ泥造り木造りの粗末な仏像でも、仏像とあれば、うやうやしく礼拝しなくてはならぬ。粗末な造りのものでも、黄色の紙に赤い軸という経巻の体裁をなしているものなら、経巻として尊び重んじなければならぬ。破戒恥しらずの者でも、僧の姿をしている者には、信じ敬わねばならぬ。内心に、まことの心をもって、うやうやしく礼拝するならば、必ずや目に見えて倖せを受けるものだ。恥しらずの破戒僧であるからとか、粗末な姿の仏像、粗末な造りの経巻であるからとかいって、心にまことなく、礼なければ、必ず罰を受けるとしたものだ。人間界・天上界における倖せのもととなるようにと、釈尊が遺しおかれた教えによって、仏・法・僧の三宝、即ち仏像と経巻と僧侶とがあるのだ。故に、この三宝を敬い帰依するなら、倖せがあり、三宝に不信ならば、罪を受けるのだ。どんなに、めったにないほどの、あきれるばかりひどいものでも、仏・法・僧の三宝の範囲のものは、うやうやしく、敬わねばならぬ。禅僧は、善を行うことも功徳を積むことも不要であるといって、わざと悪い事をするのは、大変な間違いである。いままでの伝承にも、このように、禅僧がわざと悪いことをしたというのは、聞いたことがない。

丹霞天然禅師は、木造の仏を焚いたという。これこそ、わざと悪事をしたことと見えるけれども、これも一つの説法のための手だてなのである。この禅師の行状記をみると、禅師の立ち居振る舞い、必ず礼にかなっていたのであって、常に尊貴な賓客に対するごとくであった。暫時、坐る間にも、正しく趺坐し、立位には叉手した。寺の恒常財産を守ること、目の瞳のごとく、大切に守った。修行につとめはげむ者があれば、必ずこれを賞めてはげみを与え、少々でも善いことをした者があれば、これを重んじた。このように、禅師の常日《つねひ》ごろの行状は、すぐれて立派であった。そこで禅師の行状を記録して、今の世までも、禅林での亀鑑としているのだ。

それのみでない。道を得、道を悟った祖師たち、手本となる諸々の祖師たちは、みな戒行を守り、その立ち居振る舞いが端正であったと見えている。わずかのことでも善事とあらば、これを重んじた。道を悟った祖師がたが、善果のもととなることを、ゆるがせにしたということを聞いたことがない。故に、道を学ぶ者は、祖師がたのふみ行った仕方に従って修行しようと思うなら、善果のもととなることを、決して軽んじてはならぬのだ。ひたすら仏の教えをまごころをもって、ふみ行わねばならぬ。仏祖の、ふみ行われしところは、すべて善ならざるはないのだ。一切のものは、すべてこれ仏法であると体得したならば、悪はどこまでも悪で、仏祖の道に遠ざかることとなるものであり、善はどこまでも善で、仏道につながることとなるものである。はたしてそうなら、どうして、仏・法・僧の三宝にあたるものを、重んじないでよいことがあろうか。ここのところを、よく知ってもらわねばならぬ。

さらにまた禅師はいわれる。

いま、仏祖のふみ行った道を行じようとならば、期待するところなく、求めるところもなく、得るところもなく、利をめあてとすることもなく、尊い先人のふみ行った道を行じ、祖師がたの行ったとおりを、行わねばならぬ。何かを求めようとする心を断ち、悟りを得ようなどと望んでもならぬ。しかしながら、そうかといって、修行もやめ、修行以前のもとの悪い状態に逆転するのは、かえって欲を求めて苦しむことになるのであって、そういう落し穴のようなところから、出られないことになるのだ。まったく少しも自分に期するところをもたず、ひたすら、人間界・天上界の倖せのもととなろうとして、僧としての正しい振る舞いを守り、世のため人のための行いを心がけ、もろもろの善事を進んで行うようにし、在来の悪行をやめ、いま行いつつある善事にも安住しないで、一生つとめてゆくならば、これこそ、古人もいうように、真黒な無明の漆桶をぶちやぶるということなのだ。仏祖の行いしさまは、このようであったのだ。

## 四ノ九　僧来って学道の用心を問ふ

〔87〕

一日、僧来《そうきたつ》て、問《がくだうのようじんをとふ》二学道《〔ふ〕》之用心一次《ついで》に、示云《じにいはく》、学道の人は、先《まづ》、須《すべからくひんなるべし》レ貧。財多ければ、必《かならず》、其《その》志を失なう。在家学道の者、猶《なほ》、財宝にまとはり、居所を貪り、眷《けん》属《ぞく》に交《まじは》れば、直饒《たとひ》其《そ》の志ありと云へども、障道《しやうだう》の縁多し。古来、俗人の参ずる多けれども、其中《そのなか》によしと云へども、猶《なほ》、僧には不《およばず》レ及。僧は一衣《いちえ》一鉢《いっぱつ》の外《ほか》は、財宝を不《もた》レ持《ず》、居所を不《おもはず》レ思、衣食を不レ貪《むさぼらざるあひだに》間、一向に学道す。是は分分皆有《とくやくある》二得益一也。其故《そのゆゑ》は、貧《ひん》なるが、道に親《したし》き也。

龐《はう》公は俗人なれども、僧におとらず、禅席に名を留《とど》めたるは、彼《か》の人、参禅の初め、家《いへの》財宝を以《も》ちて出《い》でて、海にしづめんとす。人、諫レ之云《これをいさめていはく》、「人にも与へ、仏事にも用《もちふ》べし」対他云《こたへていはく》、「我、已《すで》にあたなりと思《おもう》て、是《これ》をすつ。焉《いづくん》ぞ可レ与レ人《ひとにあたふべき》。財は身心を愁《うれへ》しむるあた也」遂に入レ海《うみにいれ》了《をはん》ぬ。而後《しかしてのち》、活命《くわつみやう》の為には、いかきをつくりて売《う》て過ぎ梟《けり》。俗なれども、如レ是《かくのごとく》財をすててこそ、禅人とも云はれけれ。何況《いかにいはん》や、一向に僧は、すつべき也。

〔88〕

僧云《そうのいはく》、「唐土には寺院定まり、僧祇物《そうぎもつ》あり、常住物等あ〔つ〕て、僧の為《た》めに行道の縁となる。無二其煩一《そのわずらひなし》。此国は、無二其儀一《そのぎなければ》、一向棄置《きち》せられても、中々《なかなか》行道＝の違乱《ゐらん》とやならん。如レ是《かくのごとく》衣食《えじきの》資縁を、思ひあててあらば、よしと覚ふ《〔ゆ〕》、如何」示云《じにいはく》、不レ然《しからず》。中々《なかなか》唐土より此国《このくに》の人は、無理に人を供養じ、非分に人に物を与《あたふ》ること有《ある》也。先づ人はしらず、我《われ》は此《この》事を行じて、道理を得たる也。一切一物も、思ひあてがう《〔ふ〕》事もなくて、十年余、過《すぎ》ぎ送《おくり》ぬ。一分も財をたくはへんと思《おもふ》こそ、大事なれ。僅《はつか》の命を送るほどの事は、何とも思ひ畜子《たくはへね》ども、天然《てんねん》として有《ある》也。人皆有二生分一《しやうぶんあり》。天地授レ之《これをさづく》。我、不二走求一《はしりもとめざれども》、必《かならず》、有《ある》也。況《いはん》や仏子は、如来遺属《ゆゐぞく》の福分あり。不レ求《もとめずとも》、自《おのづから》、得《うる》也。只一向に道を行せば、是《これ》天然なるべし。是《これ》現証也。

又云《またいはく》、学道の人、多分云《いはく》、「若其《もしそ》の事をなさば、世人、是を謗《はう》ぜんか」と。此《こ》の条、依《え》甚《はなは》だ非《ひ》也。世間の人、何とも謗《はうず》とも、仏祖の行履《あんり》、聖教《しやうげう》の道理にてだにもあらば、依行《ぎやう》すべし。世人挙《こぞつ》て褒《ほむる》とも、不ニ聖教道理《しやうげうのだうりにあらず》一、祖師も不レ行《ぎやうぜざらん》ことならば、依行すべからず。

〔89〕

其故は、世人、親疎、我をほめそしればとて、彼《か》の人の心に、随ひたりとも、＝我が命終《みやうじゆ》の時、悪業《あくごふ》にもひかれ、悪道へ趣《おもむか》ん時、何《いか》にも不レ可レ救《すくふべからず》。喩《たと》へば、皆、人に被レ謗被レ悪《はうぜられにくまる》とも、仏祖の道に、したがふて、依行《えぎやう》せば、其の冥《みやう》、実《まこと》に我をばたすけんずれば、人のそしればとて、道を行ぜざるべからず。又、如レ是《かくのごとく》、謗讃《はうさん》する人、必《かならず》しも仏道に通達《つうだつ》し、証得せるに非ず。何としてか仏祖の道を、善悪をもて、判ずべき。然《しか》も不レ可レ順ニ世人情一《せじんのこころにはしたがふべからず》只、仏道に依行《えぎやう》すべき道理あらば、一向《いつかう》に依行《えぎやう》すべき也。

〔訳〕

ある日、一人の僧がきて、仏道を学ぶ上での心がけを、おたずねした折に、道元禅師は教えていわれた。

道を学ぶ者は、何よりもまず、貧でなくてはならぬ。財産が多いと、必ず志を失ってしまう。在家のままで仏道を学ぶ者は、やはり、その財宝にかかずらい、立派な住宅に執着し、一族縁者の者と関わりあえば、たとえ仏道への志があっても、とかく修行のさまたげとなることが多いものだ。昔から、俗人で仏道修行するものは多く、その中に立派な人はあるが、それでも僧にはかなわぬのだ。僧は、一枚の袈裟、一箇の食器のほかには、何も所有財産がなく、住宅に執着せず、衣服や食事をむさぼることがなく、ひたすらに仏道を修行するのだ。これというのも、この方が、それぞれにみな得るところが有るからだ。その理由は、まずしくあることが、悟りの道に近いとしたものだからである。

龐蘊道玄《ほううんどうげん》居士（唐、襄陽の人。石頭希遷および馬祖道一に参ず）という方《かた》は、俗人ではあったが、僧におとらず、禅の上で有名な方である。それというのも、この方は、はじめ禅の道をこころざしたとき、家の財宝を持ち出して、洞庭湖に沈めようとなされたのだ。ある人がこれを見て、いさめて「人に与えるなり、寺に供養されるがよい」といったところ、

龐居士のお答えは、「私はすでに、これらの財宝は身を害するものであると思って、これを捨てるのだ。そんなものを、どうして人に与えることができよう。財宝は身心を苦しませる仇敵《あだがたき》なのだ」と。こうして遂に海に投げ入れてしまったのである。その後、生活のために、竹でざるやかごを造り、それを売って暮らした。俗人ではあるが、このように財産を捨てたからこそ、立派な禅者といわれるようになったのだ。ましてや僧たる者は、何としても一切を捨てねばならぬ。

そこで僧が質問していう。

「中国では、寺院もしっかりしていて、僧団の共有財産もあり、寺院所属の財産もあって、僧たちが仏道修行するためのよすがとなっています。何のわずらいもありません。しかるに日本では、そのようになっていませんので、まったく見すてられてしまえば、仏道修行もうまくゆかぬことにもなりましょう。ですから、中国のように、衣食生活の助けとなる後援者の目あてがあった方がよいと思いますが、いかがなものでしょうか」

これに対して道元禅師のいわれるに、

そうではない。中国の人よりも、かえってわが国の人は、むやみと僧に供養し、身分不相応に、僧に物を与える場合がある。ほかの人の場合はとにかく、何よりも私自身が、貧しい修行生活を実際に行ってみて、よく判ったことなのだ。何も求めず、一物も当てにすることなく、十年余をすごしてきたのだ。わずかばかりでも私財をたくわえようなどと思うのは、とんでもないことだ。ささやかな生活をする程度のことは、たくわえておこうと少しも考えなくとも、自然と天が与えてくださるのだ。人間には、みな、その一生涯に備わっている分限がある。天地が、これを授けてくださる。あれこれ苦労し求めることをせずとも、必ず与えられるのだ。まして、仏弟子には、釈迦如来が後世の仏弟子たちのために遺しおかれた福分がある。求めなくとも、自然に得られる。ただ、ひたすら悟りの道を歩みゆくならば、自然にさずかるのだ。これは私が経験によって実証し得たところである。

また道元禅師はいわれた。

仏道を学ぶ者が、よくいうことに、「もし、しかじかのことをなさば、世の人が、非難することであろう」と。このようなことは、はなはだ間違っている。世間の人が何と非難しようとも、仏祖のふみ行いしところであり、仏の教えられた道理であるならば、これに従って行うべきものである。世間の人がみな賞讃することであっても、仏の教えの道理にそむき、祖師もなさらなかった事であるなら、決して、それを行ってはならぬのだ。

そのわけは、世間の人が、自分に親しい者や親しくない者などが、自分のことを賞めたり非難したりするからといって、それらの意見に従ったとして、その結果、自分の生命が終わったとき、生前のそれらの行為のため悪道に堕ちることになった場合には、もはや救いようがないのだ。そのかわり、これに反して、よしんば、人々から非難され、にくまれても、仏祖の道に従い行くならば、目に見えぬところで神仏の加護があって救われるということになるのだ。だから、世人の非難があっても、ものともせず、仏道を行じなくてはならぬ。しかも、このように非難したり賞讃したりする人が、必ずしも仏道を、よく心得、しかとわきまえているわけではないのだ。どうして仏祖の道を、善いだの悪いだのと判別することができよう。重ねていうが、世間の人の考えに、決して従ってはならぬのだ。仏道に従って行ずべき道理があれば、ひたすら、それに従ってふみ行わねばならぬ。

# 四ノ十　某甲、老母現在せり

又、僧云《いはく》、「某甲《それがし》、老母現在せり。我《われは》即《すなはち》一子《いつし》也。ひとへに某甲《それがし》が扶持《ふち》にて度世《とせい》す。恩愛《おんない》もことに深し。孝順の志も深し。依レ是《これによつて》聊《いささ》か世に順《したがひ》、人に随《したがつ》て、他の恩力《おんりき》をもて、母の衣粮《えらう》にあづかる。若《もし》、遁世籠居《とんぜいろうきよ》せば、一日の活命《くわつみやう》も、難レ存《ぞんじがたし》。依レ是《これによつて》、在二世間一《せけんにあり》。一向仏道に入《いら》ざらん事も、難治《なんぢ》也。若《もし》、なを〔ほ〕只すてて、道に入《いる》べき道理有らば、其旨何《そのむねいかな》るべきぞ」

示云《じにいはく》、此《こ》の事、難治也。他人のはからひに非ず。只、我《わ》れ能《よ》く思惟《しゆゐ》して、誠に仏道〔90〕に志《こころざ》しあらば、＝何《いか》なる支度方便《したくはうべん》をも案《あん》じて、母儀《ぼぎ》の安堵活命《あんどくわつみやう》をも支度して、仏道に入《いら》ば、両方倶《とも》によき事也。こはき敵《かたき》、ふかき色、を〔お〕もき宝なれども、切《せつ》に思ふ心、ふかければ、必《かならず》、方便も、出来様《いできたるやう》もあるべし。是《これ》、天地善神《ぜんじん》の冥加《みやうが》も有《あつ》て、必《かならず》、成る也。

曹渓《さうけい》の六祖は、新州の樵人《せうじん》、たき木を売《うつ》て、母を養《やしなひ》き。一日市《いち》にして、客の金剛《こんがう》経《きやう》を誦《しよう》ずるを聞《きい》て、発心《ほつしん》し、辞レ母参二横〔黄〕梅一《ははをじしてわうばいにさんず》。銀、三十両を得て、母儀《ぼぎ》の依粮《えらう》にあてたりと、見へ〔え〕たり。是《これ》も切《せつ》に思ひける故《ゆゑ》に、天の与へたりけるかと覚ゆ。能々《よくよく》、思惟《しゆる》すべし。是《これ》、一《いつ》の道理也。
母儀《ぼぎ》の一期《いちご》を待《まつ》て、其後《そのご》、無二障碍一《しやうげなく》入二仏道一《ぶつだうにいらば》、次第、本意のごとくして、神妙《しんべう》也。出来《いできた》らん時は、老少は、不定《ふぢやう》なれば、若し老母は、久《ひさし》く止《とど》まつて、我《われ》は前《さき》に去《さる》ことも、出来《いできた》

不レ知《しらず》、老少は、不定《ふぢやう》なれば、若し老母は、久《ひさし》く止《とど》まつて、我《われ》は前《さき》に去《さる》ことも、出来《いできた》らん時は、支度相違せば、我《われ》は仏道に不レ入《いらざること》を、くやみ、老母は、不レ許罪《ゆるさざるつみ》に沈《しづみ》て、両人共に益《えき》なくして、互《たがひ》に得レ罪《つみをえん》時如何《いかん》。

〔91〕

若《もし》、捨二今生一《こんじやうをすて》、入二仏道一《ぶつだうにいつ》たらば、老母、直饒《たとひ》、餓死すとも、一子を放《ゆる》して、道に入れしむる功悳《くどく》、豈《あに》、得道《の》良縁に非ざらんや。‖我も、広劫多生《くわうごふたしやう》にも、難レ捨《すてがたき》恩愛を、今生人身《こんじやうにんじん》を受《うけ》て、仏教に遇《あ》へる時、捨てたらば、真実報恩者の道理、何ぞ不レ叶二仏《ぶついにかなは》意一哉《ざらんや》。一子、出家すれば、七世のを〔お〕や、得道すと見へ〔え〕たり。何《なんぞ》、一世の浮生《ふせい》の身を思つて、永劫《やうごふ》安楽の因を、空《むなし》く過《すご》さんやと云《いふ》道理もあり。是《これ》を能々《よくよく》自《みづから》はからう〔ふ〕べし。

〔訳〕

また、ある僧がいう。

「私には、老いた母が現にあります。私は、そのひとり子です。まったく私の仕送りで生活していています。母が私を思う情愛には、まことに深いものがあります。私も母につくしたいと

思う気持ちで一杯です。そんなわけですので、少しばかり俗世のやり方、世人のやり方に従事し、人々のおかげによって、老母の着るもの食べるものを得ている次第です。もし私が、俗世との関わりを断ち、俗世間から引きこもってしまえば、母は一日も生活することができぬでしょう。ですから、私は世間の中で暮らしているのです。しかし、私としては、ひたむきに仏道に専心しないでいるのも、まことに苦しいことなのです。それでも、私としては、あえて世間を捨てて、ひたすら仏道に入るべきが道理でありますなら、その旨を、お教えくださいませんか」と。

道元禅師は教えていわれる。

それは、まことにむつかしい。他人がとやかくいうべきことではない。ただ自分でよく考えて、本当に仏道に志があるなら、どのような準備なり手だてなりをしてでも、母御の生活を安定させ生活の道を講じ、その上で仏道に入るならば、母子ともども両方によいことだ。どんなに強い敵でも、どんなにすぐれた美女でも、どんなに大切な重宝でも、これを何とかしたいと思う心が切実であるならば、必ず手だては、出てくることがあるとしたものである。これは、天地の善き神々の不可視の加護により、必ず成就するとしたものだ。

禅宗の第六祖、曹渓の宝林寺の住持として令名のあった大鑑慧《え》能《のう》禅師（六三八―七一三）は、もと嶺南の新州の木こりであった。焚木を売って母を養っておった。ある日、焚木を売りに市《いち》に出たところ、客人が金剛経を誦するのを聞き、仏道に志をおこし、母にいとまを告げて、禅宗第五祖、黄梅山の大満弘忍《こうにん》禅師（六〇一―六七四）のもとに、はせ参じた。そのとき、銀三十両を恵んでくれた人があったので、それを母親の生活の資に当てたと、いわれている。これも、切実に求めるところがあったが故に、天が与えてくださったのかと思う次第である。このところを、よくよく考えてみるがよい。これが一つの道理である。

また次に、母親が天寿を全《まっと》うされるのを待って、その後に、何の心配もなく、仏道にはげむことにすれば、その順序よろしく、思いどおりであって、はなはだ結構なことである。しかしながら、死期の至るのは、老年者・少年者わけへだてなく、定まっていないし、いつ来るか判らぬのであるから、年老いた母が長生きしてこの世にのこり、自分の方が、さきに死ぬようなことになるかもしれぬ。そうなれば、予期した手はずが相違して、自分は仏道に入らなかったことを後悔することになるし、老母の方は、わが子の出家を許さなかったという罪におちることになる。こうして両人ともに得るところなく、互いに後悔するようなことになったら、どうするか。

むしろ俗世の縁をすて仏道に入ることにしたら何《ど》うか。その場合、年老いた母が、たとえ飢え死にすることになったとしても、自分のひとり子を仏道に入らせたという功徳は、やがて母が悟りの道に入ることになる縁因となるものではないか。またお前としても、劫をもって数える長い時の間、生まれかわり死にかわりしてきたわけだが、その間にも今まで捨てきれなかった俗世の恩愛の情を、いま幸いに人間としてこの世に生まれてきて仏の教えにめぐりあうことができたときに捨て去るならば、これこそ、まことに親の恩に報いる者となることができる道理である。どうして、み仏の御心にかなわぬということがあろうか。一人の子供が出家すれば、七代前の親までも、悟りの道に入ることができるといわれておる。この世一代かぎりのはかない人の世の自分自身に執着してばかりいて、どうして、永劫に安楽となる因があるのに、これを空しく見すごしてしまってよいものか、という道理もあるのだ。このところを、よくよくお前自身で考えてみるがよい。

正法眼蔵随聞記　四　終

〔92〕

# 正法眼蔵随聞記　五

## 五ノ一　学道の人、自解を執することなかれ

一日、参学の次《ついで》、示云《じにいはく》、学道の人、莫レ執二自解一《じげをしふすることなかれ》、縦《たと》ひ有二所会一《しよゑありとも》、若《もし》、又、決定《けつぢやう》よからざる事もあらん、又、是《これ》よりも、よき義もや有《あら》んと思《おも》て、ひろく知識をも訪《とぶら》ひ、先人の言《ことば》をも可レ尋也《たづぬべき》。又、先人の言《ことば》なれども、堅く執《しふする》こと無《なか》れ。若、是もあしくもや有《あら》ん、信ずるにつけても、思《おもう》て、勝《すぐれ》たることあらば、次第《しだい》につくべき也。

昔、忠国師の会《ゑ》に、有供奉来《あるぐぶきた》れりしに、国師問云《とうていはく》、「南方の草の色、如何」奉云《いはく》、「黄色也《わうしき》」又問《またとふ》、国〔師〕の童子の有りけるに問へば、同《おなじ》く童子も「黄色なり」と答へしかば、国師、供奉に云《いはく》、「汝が見《けん》、童子にこえず。汝も黄色なりと云《いひ》、童子も黄色也と云《いふ》。是《これ》、同見なるべし。然《しかれ》ば、童子、国皇《こくわう》の師として、真色《しんしき》を答《こたへ〔ん〕》し。汝が見所、常途《じやうと》にこへ《〔え〕》ず」

〔93〕後来《のちより》、有人云《あるひといはく》、「供奉が常途《じやうと》こ〔え〕《に》へざる、何のとがか有《あら》ん。童子と同《おなじ》く、真色《しんしき》を説《とく》、是《これ》こそ真の知識たらめ」＝と云《いつ》て、国師の義をもちゐず。

故に知《しり》ぬ、古人の言《ことば》をもちゐず、只、誠《まこと》の道理を存《ぞん》ずべき也。疑心はあしきことなれども、又、信ずまじき事を、かたく執して、尋《たづぬ》べき義をも、とぶらはざるは、あしき也。

〔訳〕

ある日、参禅の折にいわれた。

悟りの道を学ぶ者は、自己流の見解に固執してはならぬ。たとえ、自分で理解し得たと思うところがあっても、もしかすると、あるいは正しくないことが、きっとあるかもしれぬ、あるいは、もっと正しいことがあるかも知れぬ、と考えて、ひろく、師僧たちにもたずね、先人の言葉なども、調べてみるべきである。また、先人の言葉ではあっても、それにかたく固執してはならぬ。もしかすると、これも正しくないのかも知れぬ。信用する場合にも、よく考えて、より正しいことがあったら、その方を採るべきである。

昔、南陽慧忠国師（?―七七五）のところに、宮中で皇帝にお仕えする供奉僧がやって来た。これに国師が質問していった、「南方の草の色は、どんな色かね」

その供奉僧が答える、「黄色ですね」

そこで国師は、供奉僧のおともについて来た童子にも聞くと、童子もまた「黄色です」と答えた。

そこで国師は、供奉僧にいった。

「あなたの見るところは、童子と同じだね。あなたも黄色だというし、童子も黄色だという。ちっとも違わないね。だとすると、この童子も、あなたと同様、国皇の師として、真実の色を答えることができよう。あなたの見るところは、普通と同じだ」

のちに、ある人が「供奉僧の答えが、普通以上でないのが何で悪いか。童子と同じく、真実の色をいっているではないか。これこそ、まことの師たる人といってよかろう」といって、国師の言葉を採《と》らなかった。

こういうわけで、古人の言葉だからといって、それを採ることなく、ただ真実の道理をわきまえるべきだということが知られる。疑うのは、よくないことではあるが、また信ずべきでないことに固執して、追求すべきことをも追求しないのは、いけないことだ。

## 五ノ二　学人、第一の用心は

又、示曰《じにいはく》、学人、第一の用心は、先《まづ》、可レ離二我見一《がけんをはなるべし》。離二我見一者《がけんをはなるとは》、不レ可レ執二此身一《このみをしふすべからず》。縦《たとひ》、窮二古人語話一《こじんのごわをきはめ》、雖三常坐如二鉄石一《じやうざてつせきのごとくなりといへども》、著二此身一《このみにぢやくして》、不レ離者《はなれずは》、万劫千生《まんごふせんしやう》、不レ可レ得二《ぶつそのみちを》仏祖道一《うべからず》。何況《いかにいはんや》、雖レ悟ニ得権実教法・顕密聖教一《ごんじつのけうほふけんみつのしやうげうをごとくすといへども》、不レ離下執ニ此身一之心上者《このみをしふするのこころはなれずは》、徒《いたづらに》数ニ他宝一《たのたからをかぞへて》、自無ニ半銭之分一《みづからはんせんのぶんなし》。只請《ただこふらくは》、学人静坐《じやうざ》して、以ニ道理一《だうりをもつて》、可レ尋ニ此身之始終一《このみのしじゆうをたづぬべし》。身躰髪膚者《しんたいはつぷは》、父母《ぶも》之二滴《のにてき》、駐ニ於一息一《いつそくにとどまりぬれば》、離ニ散於山野一《さんやにりさんして》而、終作ニ泥土一《つひにでいどとなる》。何以《なにをもつての》故《ゆゑにか》、執レ身耶《みをしふせんや》。況《いはんや》、以レ法見レ之《ほふをもつてこれをみれば》、十八界之聚散《じゆさん》、何法定為ニ我身一《いづれのほふをかさだめてわがみとせん》。雖ニ教内教外別一《けうないけうげべつなりといへども》、我身《わがみ》之始終不可得事《ふかとくなること》、以レ之《これをもつて》、為ニ行道之用〔心〕一《ぎやうだうのようじんとする》事《こと》、是同《これおなじ》。先《まづ》、達ニ此道理一《このだうりをたつする》、実《まことの》仏道顕然者也《けんねんなるものなり》。

〔訳〕

また、道元禅師が教え示された。

仏道を学ぶ者が第一の心がけとすべきは、まず、我見を離れることである。我見を離れるというのは、この身に執着してはいけないということである。たとえ、古人の語録や伝記・逸話をよく知り、常にたゆまず、しっかりと鉄石のごとく坐禅していたとしても、この身に執着して、我見を離れないならば、万劫の間、千たび生まれ変わったとしても、決して仏祖の道を得ることはできぬのだ。ましてや、権教や実教の教理や、顕教や密教の尊い教えを、よく学び知っていたにしても、この身に執着する気持ちが少しでも残っているならば、あたかも他人の財産を数えているばかりで、自分には一文も得るところがないのと同じである。仏道を学ぶ者は、静かに坐禅して、この身の始まり、その行くすえが、どのようなものであるか、道理に従って、よくよく考えてみるがよいのだ。このからだは、すべてこれ、ことごとく、父の白い体液と母の赤い体液との二つの体液の滴《しずく》から生まれたものにすぎず、最後の一息で生を終われば、四大は山野に離散して泥土に帰してしまうものなのだ。なんの故に、この身に執着するのか。この身に執着する理由はあろうはずがないのだ。ましてや、理法によって、これを見れば、六根（眼耳鼻舌身意の六器官）・六境（色声香味触法の六つの対象界）・六識（眼耳鼻舌身意の六つの識作用）合せて十八界の諸要素の離合集散にすぎぬ。どこにわが身があるとするのか。どこにもありはせぬ。経典による教家の教えと経典によらぬ禅門の教えと区別があるにしても、わが身の始まり、その終わり、すべて空なるものであって執着することのできぬものだということを、よくよく考えて、これを仏道修行の心得とする点では、まったく同じなのだ。まず、この道理をよく心得た者こそ、真実、仏道が明らかになった者ということができるのだ。

## 五ノ三　古人いはく、霧の中を行けば

〔94〕

一日、示云《じにいはく》、古人、云《いはく》、「霧の中を行けば、不レ覚《おぼえざるに》、衣《ころも》しめる」よき人に近《ちかづ》けば、不レ覚《おぼえざるに》、よき人となる也。昔、倶胝《ぐてい》和尚に使〔仕〕へし、一人の童子の如きは、いつ学《がく》し、いつ修したりとも、見〔え〕へず不レ覚《おぼえざれ》ども、久参《きうさん》に近づいしに、悟道す。坐禅も、自然《じねん》に、

久《ひさ》しくせば、忽然《こつねん》として大事を発明《ほつみやう》して、坐禅の正門《しやうもん》なる事を、知る時も有《ある》べし。

〔訳〕

ある日、道元禅師の御教示。

古人〔潙山霊祐《いさんれいゆう》、七七一―八五三〕の言葉に、「霧の中をゆけば、知らないうちに、衣がしめる」というのがある。立派な人に親近していると、知らない間に、立派な人となるのだ。昔、倶胝《ぐてい》和尚に仕えていた一人の童子（少年）があった。その童子は、いつ仏法を学び、いつ修行したとも見えず、また自分でも、そう思わなかったが、久しく仏道修行に参じた倶胝和尚のような人に親近していたため、道を悟ったのである。坐禅も、長い間、自然に坐り続けていると、ある日、突然、悟りの道がひらけて、坐禅が仏道修行の正しい門であることが判るときがあるのだ。

## 五ノ四　嘉禎二年、臘月除夜

嘉禎《かてい》二年、臘月除夜《らふげつぢよや》、始請ズ㆓懐弉ヲ於興聖寺ノ首座ニ㆒。即チ小参ノ次、請フ㆓秉払ヲ㆒。初テ任ズ㆓首座ニ㆒。

〔始《はじめて》、懐弉《ゑじやう》を興聖寺の首座《しゆそ》に請《しやう》ず。即《すなは》ち、小参《せうさん》の次《ついで》、秉払《ひんぽつ》を請《こ》ふ。初《はじめ》て首座に任ず〕。即《すなはち》、興聖寺最初の首座《しゆそ》也。

〔95〕

小参に云《いはく》、宗門《しゅうもん》の仏《ぶつ》法伝来の事、初祖《しょそ》西来《せいらい》して、少林《せうりん》に居《こ》して、機《き》をまち、時《とき》を期《ご》して、面壁《めんぺき》して坐せしに、其年《そのとし》の窮臘《きゅうらふ》に、神光《じんくわう》、来参《らいさん》しき。初祖、最上乗の器なりと知《しり》て接待《せってい》す。衣法《えほふ》ともに相承伝来して、児孫《じそん》天下に流布《るふ》し、正法《しゃうぼふ》今日に弘通《ぐづう》す。初《はじめ》て首座《しゅそ》を請《しゃう》じ、今日初《はじめ》て秉払《ひんぽつ》をおこなはしむ。衆《しゅ》のすくなきに、はばかること莫《なか》れ。身、初心なるを＝顧《かへりみる》ことなかれ。汾陽《ふんやう》は纔《わづか》に六七人、薬山は十衆に満《みた》ざる也。然れども仏祖の道《だう》を行《ぎやう》じて、是《これ》を叢林のさかりなると云《いひ》き。

見ずや、竹の声に道を悟り、桃の花に心を明《あきら》めし(1)。竹、豈《あに》、利鈍有《あ》り迷悟有《あら》んや。花、何ぞ浅深有り賢愚有《あら》ん。花は年々に開《ひら》くれども、皆、得悟《とくご》するに非ず。竹は時々《じじ》に響けども、聴物《きくもの》ことごとく証道《しょうだう》するに非ず。只、久参修持《きうさんしゅぢ》の功にこたへ、弁道勤労《きんらう》の縁を得て、悟道明心《ごだうみやうしん》する也。是《これ》、竹の声の、独《ひと》り利なるに非《あら》ず。又、花の色の、ことに深きに非ず。竹の響き妙《めう》なりと云《い》へども、自《おのづから》の縁を待《まつ》て声を発す。花の色、美なりと云《い》へども、独開《ひとりひらく》るに非ず。春の時を得て光を見る。

学道の縁も又是《かく》の如《ごと》し。人々《にんにん》皆《み》な道を得《うる》ことは、衆《しゅ》縁による。人々自利《じり》なれども、道を行ずる事は、衆力《しゅりき》を以てするが故に。今《いま》、心《こころ》を一つにして、参窮《さんきゅう》尋覓《じんみやく》すべし。

〔96〕

玉は琢磨《たくま》によりて器《うつは》となる。人は練磨《れんま》によりて仁となる。何《いづれ》の玉か、はじめより光《ひかり》有《ある》。誰人《たれびと》か初心より利なる。必ずみがく＝べし。須《すべからく》レ練《ねるべし》。自《みづから》、卑下《ひげ》して、学道をゆるくする事なかれ。

古人云《いはく》、「光陰虚《むなし》くわたる事なかれ」(2) 今、問《とふ》、時光《じくわう》は、をしむによりてとどまるか。をしめども、とどまらざるか。又、問《とふ》、時光、虚 渡《むなしくわたら》ず。人虚《むなし》く渡《わた》る。時光《じくわう》をいたづらに過《すぐ》すことなく、学道せよと云《いふ》也。是如《かくのごとく》、参同心《さんどうしん》にすべし。

我独挙揚《ひとりこやう》せんに、容易にするにあらざれども、仏祖行道《ぎやうだう》の儀、皆、是《かく》の如くなり。如来にしたが〔つ〕て得道するもの多けれども、又、阿難《あなん》によりて悟道する人もありき。新首座、非器《ひき》也と卑下することなく、洞山《とうざん》の麻《ま》三斤《さんぎん》(3)を挙揚して、同衆に示すべしと云《いつ》て、座をおりて、再《ふたたび》、鼓《く》を鳴《なら》して、首座秉払《ひんぽつ》す。是《これ》、興聖《こうしやう》最初の秉払《ひんぽつ》也。丼《じやう》(公)(4)、三十九の年也。

〔注〕

(1) 香厳撃竹の話《わ》と霊雲見桃花の話とについては、三ノ二十一の注（一八五―一八六頁）を見よ。

(2) 一ノ六（三四―三六頁）を見よ。

(3) 洞山《とうざん》の麻《ま》三斤《さんぎん》　洞山和尚に、ある僧が質問していった、「如何なるか、是れ仏」（仏とは、どういうものか）と。洞山和尚は、これに答えていった、「麻三斤」（麻三斤だ）。

洞山は、そのとき、たまたま「典座《てんぞ》」（台所の役位）で、麻を処理していたのであろう。そこへ一僧がまかり出て「仏とは、どういうものか」と聞いたので、手もとにあった麻を手づかみにして「これだよ」といったわけであろう。なんでもない話《はなし》である。このなんでもないところが「いま」であり「ここ」である。質問した僧は、この答えを聞いて、悟るところがあったという。はっと気がついて、眼から鱗が落ちたわけだ。

(4)『聯燈会要』巻二十六。金沢文庫本「正法眼蔵三百則」中巻。典座教訓。
弉公《じやう》「弉公」とあるのは、懐弉禅師への敬称であって、後世の附加と推定。

〔訳〕
嘉禎二年十二月〔陰暦〕末の除夜、道元禅師は、はじめて懐弉《えじよう》を宇治の興聖寺の首座《しゆそ》に請ぜられた。即ち、禅師は、臨時の説法をなされてのち、懐弉に、払子《ほっす》を秉《と》って法座にのぼり説法することを求められ、こうして　はじめて首座に任ぜられた。これが、興聖寺最初の首座である。

そのときの道元禅師の説法は次のごとくであった。

わが宗門の仏法がインドから伝来したのは、初祖達磨《だるま》大師が西方インドから来って、河南省の崇山《すうざん》の少林寺にとどまり、時機到来を待って、壁に向って坐禅しておられたとき、その年の十二月に、神光《じんこう》（中国禅の二祖、慧可《えか》、四八七―五九三）が、やって来て弟子となった。初祖は、神光を、この上ないすぐれた器量のものと知って、親しく教え導いた。以来、袈裟と共に仏法は、受け継ぎ伝えられて、この系統の禅僧天下に輩出し、正法が今日ひろく行われるようになった次第である。

いま、興聖寺はじめての首座《しゅそ》を依頼し、本日、はじめて払子《ほっす》をとって説法してもらうことにした。この寺の修行僧の少ないことを、気にすることはない。首座の職ははじめてで経験がないということを、気にかける必要はない。汾陽《ふんよう》の善昭禅師（九四七―一〇二四）の門下はわずかに七、八人であったし、薬山の惟儼禅師（七四五―八二八）の門下は、十人に満たなかった。しかし、みな仏祖の道をひたすら行じて、これを禅道場の盛んなさまといったものだ。

竹に石が当った音を聞いて道を悟った香厳智閑《きょうげんちかん》禅師のことや、桃の花が咲いているのを見て、心の正体を明らかに見きわめた霊雲志勤《れいうんしごん》禅師のことを、考えてみるがよい。竹に、なんで利鈍あり迷悟あることが有ろうか。花に、なんで浅深あり賢愚あること有ろうや。花は毎年咲くが、それを見て誰しもみな悟りを得るわけではないのだ。竹は時に応じて響きを発するが、それを聴いた者がすべてみな、悟りの道を明らかにすることができるわけではないのだ。むしろただ、永年坐禅し修行した功績が報われ、道を明らかにしようと努めはげんだことが縁となって、道を悟り、心の正体を明らかにすることができるのだ。これは、竹の響きが、特別にすぐれているからのことではない。また花の色が、格別に深い美しさがあるというわけのものでもない。たとえ、竹の響きが絶妙であったとしても、それは、それなりに石が当たるという縁があって声を発するのだ。花の色が美しかったとしても、それは勝手に開くのではなく、春の季節を得て、はじめて世にあらわれるのだ。

悟りの道を学ぶ上での因縁も、また、これと同じである。人間それぞれが、悟りの道を得るのは、相共に修行する人々皆の縁によるのだ。人々それぞれ、自分で自分の悟りを求めてはげむのだが、道を行ずるに当って、みなみな力を合せて相共にはげむのであるからだ。みなみな心を合わせ、悟りの道をひたすら求め究めなければならぬ。玉は磨くことによって、はじめて立派な器となる。人は練磨によって立派な人になる。どんな玉でも、はじめから光り輝いているものはないし、どんな人間でも、初心のはじめから、すぐれているというわけにはゆかない。必ずみがかねばならぬ。必ず練らなければならぬ。みずから卑下して、学道修行を怠るようなことがあってはならぬ。

昔の人は、こういっている、「光陰、虚《むな》しく、渡《わた》ることなかれ」と。時間をむなしく過すなということだが、時間というものは、惜しめば止るか。惜しんでも、とどまらないか。どうだ。あるいはまたこうたずねよう。時間がむなしく過《す》ぎるのではなく、人間がむなしく過《す》ごしているのではないか。即ち、時間をむなしく過すことなく、悟りの道をひたすら学べ、といっているのだ。このようにして、みなみな心をあわせて道を学ばねばならぬのだ。

いままで私ひとりが法座にのぼり仏法を説き示してきたが、これを助けてもらおうというわけではないが、いま首座を請じて、時に私にかわって説法してもらおうというのは、これみな仏祖が道を行ぜられた仕方であるのだ。釈尊に従って得道した者は多いが、また弟子の阿難尊者によって道を悟った人もあった。新任の首座たる者、その器量がないと卑下することなく、洞山守初禅師の「麻《ま》三斤《さんぎん》」の話をとり上げて、仏法の真髄を、みなの者に説き示すがよい。こういわれて、道元禅師は、法座から降り、あらためて太鼓を打ちならし、新首座の懐弉が払子《ほっす》をとり、住持にかわって説法を行った。これが、興聖寺最初の秉払の次第である。時に懐弉が三十九歳のときのことである。

## 五ノ五　俗人のいはく、何人か厚衣を

〔97〕

一日示云《じにいはく》、俗人の云《いはく》、何人《なにびと》か厚衣《こうえ》を欲せざらん。誰人《たれびと》か重味《ぢゅうみ》を貪《むさぼ》らざらん。然《しかれ》ども、みちを存ぜんと思ふ人は、山に入《いり》、水にあき、さむきを忍び、餓《うゑ》をも忍ぶ。先人、くるしみ無《な》きに非ず、是を忍《しのん》で、＝みちを守れば、後人《こうじん》、是を聞《きい》て、みちをしたひ、徳をこふる也。

俗の賢なる、猶、如《かくのごとし》レ是。仏道、豈《あに》、然《しから》ざらんや。古人も皆金骨に非ず。在世もことごとく上器に非ず。大小《の》律蔵によりて、諸比丘をかんがうる〔ふ〕に、不可思議の、不《ふ》当《たう》の心を起《おこ》すも有《あり》き。然《しかれ》ども、後には皆得道し、羅漢《らかん》となれり。しかあれば、我等も、悪くつたなしと云《い》へども、発心修行せば、得道すべしと知《しっ》て、即ち発心する也。古《いにしへ》へも皆《み》な苦をしのび、寒《さむき》をたへて、愁《うれ》へながら修道せし也。今の学者、くるしく愁《うれふ》るとも、只、強《しひ》て学道すべき也。

〔訳〕

ある日のこと、教示していわれた。

世俗の人も、いっている、「誰でも、厚く織った（即ち、立派な）衣服を、ほしがらない者があろう。誰でも、数種の味からなる（ぜいたくな）美味の食物を、食べたいと思わない者があろう。しかしながら、道を知りたいと思う人は、人里離れて山に分け入り、山水を汲んで、長い間、ひたすら生活し、寒さにも耐え、餓えをも、忍ぶのだ。昔の先人にしても、苦しいと思うことがなかったのではなく、むしろ、彼らが苦しみに耐えて、道を大切にしたからこそ、後の人は、このことを聞いて、その道を切に求め、その徳を敬慕するのだ」と。

俗人でも、すぐれた人は、このようである。仏道においても、こうなくてはならぬ。古人、誰しも、筋金入りの人ばかりでない。釈尊の在世の当時の人々、みな生まれつきすぐれていたわけでない。大乗・小乗の律蔵によって、当時の修行者たちの在りようを見るに、まことに思いもよらぬ、道理にはずれた心を起す者もあったのだ。しかし、それでも、後には、みな道を得て、阿羅漢《あらかん》（アルハン、arhan〔梵〕・尊敬を受けるに価する人）となったのである。それであるから、私たちも悪く劣っている人間であるとはいっても、道を求める心を起して修行するなら、道を得ることができるものだと知って、求道の心をおこすのだ。昔も、みな苦しみに耐え、寒さを我慢して、つらい思いをしながら、道を修めたのだ。いま、道を学ぶ者、たとえ、苦しく、つらくとも、ひたすら、あえて、道を学ぶのでなければならぬ。

## 五ノ六　学道の人、悟りを得ざることは

学道の人、悟《さとり》を得ざる事は、即ち、古〔己〕見(1)を存ずる故也。本《もと》より誰れ教へたりとも、知らざれども、心と云へば、念慮知見なりと思ひ、草木なりと(2)云《いへ》ば信ぜず。仏と云《いへ》ば、相好《さうがう》(3)光明《くわうみやう》あらんずると思《おもう》て、瓦礫《ぐわりやく》(4)と説けば、耳を驚《おどろ》かす。即《すなはち》、此《この》見、父も相伝せず、母も教授せず。只、無理に〃久《ひさし》く人の言《いふ》につきて、信じ来れる也。然れば今も、仏祖、決定《けつぢやう》の説なれば、心を改めて、草木と云《いへ》ば、草木を心としり、瓦礫《ぐわりやく》を仏と〔98〕云《いへ》ば、即ち、本執を、あらため去《ゆけ》ば、真《しんに》道を得べき也。

古人云《いはく》、「日月明《あきらか》なれども、浮雲掩《これをおほふ》レ之、叢蘭茂《そうらんも》せんとするとも、秋風吹《これをふき》レ之破る(5)」貞観政要《ぢやうぐわんせいえう》(6)に引《これをひいて》レ之、賢王と悪臣とに喩《たと》ふ。今は云《いは》く、浮雲掩《おほ》へども久《ひさし》からず、秋風やぶるとも、ひらくべし。臣わろくとも、王の賢、久《ひさし》くは転ぜらるべからず。今、仏道を存ぜし〔ん〕も、是《かく》の如《ごと》くなるべし。何《いか》に悪を、しばらくをかすとも、堅く守り、久《ひさし》くたもたば、浮雲もきへ〔え〕、秋風も、とどまるべき也。

〔注〕

〔この箇所は、二ノ十の内容と関連している。参照せよ〕

(1)古見　古くからの見解。「己見」の音写とすれば、「自己の見解」の意。

(2)草木なり　『正法眼蔵』「仏性」に「草木国土、これ心なり」「日月星辰《にちぐわつしやうしん》、これ心なり」という。草木国土、日月星辰は、普通には、「無心者」（心の無い者）と考えられているが、道元によれば、そんなことはない。華厳経には「三界唯一心、心外無別法」とある。三界は唯ひとつの心、心の外に別に法なるものなし。一切は、生ける生命の世界だということである。

(3)相好《さうがう》　二ノ十の注(1)（八九頁）を見よ。仏の顔かたち。

(4)瓦礫《ぐわりやく》　かわらや、石ころ。あるとき僧が問うた「仏心とは何ですか」南陽慧忠国師がいう「牆壁瓦礫《しようへきがりやく》だ。」（『景徳伝燈録』巻二十八、南陽慧忠国師語）道元『正法眼蔵』「身心学道《しんしんがくどう》」および「行仏威儀《ぎようぶついいぎ》」にもあり。

(5)「日月明ならんと欲すれども浮雲これを蓋《おお》う。蘭芝脩《おさ》まらんと欲すれども秋風これを敗る。」（『淮南子《えなんじ》』説林訓《ぜいりんくん》）。
「日月明かならんと欲すれば浮雲これを蓋い、河水清からんと欲すれば沙土これを穢し、叢蘭《そうらん》脩《おさ》まらんと欲すれば秋風これを敗る」（『文子』上徳）

(6)貞観政要《ぢやうぐわんせいえう》　呉兢の書。唐の太宗と諸臣との問答を記録した書。

「叢蘭茂せんと欲すれども秋風これを敗り、王者明ならんと欲すれども讒人これを蔽う」(『帝範』去讒第六)『帝範』は唐の太宗が人君の道を説いて太子に授けた書。この『帝範』の語を『貞観政要』巻第六、杜讒佞(讒佞を杜《と》ず)第二十三に引用。

〔訳〕

悟りの道を学ぶ者が、悟りを得ることができないのは、要するに、在来の思いなしを、そのまま持ち続けているからなのだ。もともと、誰から教わったというわけでもないが、心といえば、思ったり知ったりするものと考え、草木これ心なり、というと、もういぶかしく思う。仏といえば、そのお顔のかたち端厳微妙で、お体《からだ》から光明が発しているものと考え、仏とは瓦や石ころだぞといわれると、ただもうびっくりしてしまうのだ。つまり、こうした通常の見解というものは、父から教わったのでもなく、母から教わったのでもない。ただ、道理もなく長い間人のいうのに従って、そう思い込んできただけの話だ。であるから、今も同様、仏祖の間違いない教えであるから、その考えを改め、草木だといわれたら、そのとおりに、草木を心と思い、瓦や石ころを仏だといわれたら、そのとおりに信じ、こうして、もとから持っていた固執の思いなしを、改めてゆくならば、まことに、悟りの道を得ることができるようになるのだ。

古人もいっている、「日も月も、明らかに光りかがやいているのだが、浮雲が、これを蔽いかくす。香わしい蘭のしげみが生々と育とうとするのに、秋風がおそってきて、これを吹きやぶってしまう」と。『貞観政要《じょうがんせいよう》』は、これを引用して、賢王の明を、悪臣が蔽いかくすことに、たとえている。だが、今、私は、こういおう、浮雲が蔽いかくすにしても、長つづきするものではない。秋風が吹きやぶることがあっても、やがては蘭は花開くことになるのだ、と。たとえ、臣下が悪者でも、王が賢明であり続けるなら、決して、そこなわれることはないのだ。いま、仏道をしっかりと心に持ちつづけることも、これと同じでなくてはならぬ。いかに悪をしばし犯すことがあっても、堅く道心を持し、いつまでも堅固であれば、浮雲もやがて消え、秋風もやがてはやんでしまうものだ。

## 五ノ七　学人、初心のとき

一日示云《じにいはく》、学人、初心の時、道心有《あつ》ても無《なく》ても、経論《きやうろん》・聖教《しやうげう》等よくよく見るべく、学ぶべし。

我、初めてまさに無常によりて、聊《いささ》か道心を発《おこ》し、あまねく諸方をとぶらひ、終《つひ》に
〔99〕山門を辞して、学道を修《しゆ》せしに、建仁寺に寓《ぐう》せしに、中間《ちゆうげん》に正師《しやうし》にあはず、善友《ぜんう》なきによりて、迷《まよつ》て邪念をおこしき。教道の師も、先づ学問先達《せんだつ》にひとしくよき人〔と〕也《なり》、国家に知《しら》れ、天下に名誉せん事を教訓す。よ〔つ〕て教法等を学するにも、先《まづ》、此国《このくに》の上古の賢者に、ひとしからん事を思ひ、大師等にも同《おなじ》からんと思《おもう》て、因《ちなみ》に、

『高僧伝』(1)『続高僧伝』(2)等を、披見《ひけん》せしに、大国《だいこく》の高僧、仏法者の様《やう》を見しに、今の師の教への如《ごとく》には非ず。又我がを《〔お〕》こせる心は、皆《みな》経論・伝記等には、厭《いと》い《〔ひ〕》悪《にく》み、きらへる心にて、有《あ》りけりと思《おもふ》より、漸《やうや》く心つきて思《おもふ》に、道理をかんがふれば、名聞《みやうもん》を思《おもふ》とも、当代下劣の人に、よしと思はれんよりも、上古の賢者、向後《きやうこう》の善人を可レ恥《はづべし》。かれにひとしからん事を思《おもふ》とも、此国《このくに》の人よりも、唐土天竺の先達、高僧を可レ恥《はづべし》。かれにひとしからんと思《おもふ》べし。乃至《ないし》諸天冥衆《しよてんみやうしゆ》、諸仏菩薩等を恥《はぢ》、かれにひとしからんとこそ、思《おもふ》べきに、道理を得て後には、此国《このくに》の＝大師等は、土かわ《〔は〕》らの如く覚《おぼえ》て、従来の身心皆改《あらため》ぬ。

〔100〕

仏の一期《いちご》の行儀《ぎやうぎ》を見れば、王位を捨てて入ニ山林一《せんりんにいり》、学道を成じて後も、一期乞食《ごこつじき》すと見《みえ》たり。律(3)に云《いはく》、「知家非家《ちけひけ》、捨家出家《しやけしゆつけ》」ふるく云《いは》く、「誇《ほこり》て上賢に、ひとしからんと、思ふことなかれ、いやしうして、下賎にひとしからんと、思ふことなかれ」と云《いふ》は、倶《とも》に慢心也。高《たかう》して、下らんことを、わするることなかれ、安んじても、あやう《〔ふ〕》からんことを、忘するること莫《なか》れ。今日存《ぞんず》れども、明日と思ふことなかれ。死に至りあやう《〔ふ〕》きこと、脚下に有り。

又云《いはく》、愚癡《ぐち》なる人は、其詮《そのせん》なき事を思ひ云《いふ》也。此《ここ》につかはるる老尼公、当時いやしげにして有るを、恥《はづ》るかにて、ともすれば、人に向《むかつ》ては、昔《むか》し上郎《じやうらう》にて、有《あり》し由をかたる。喩《たと》へば今の人に、さありけりと、思はれたりとも、何の用とも覚〔え〕ず。甚《はなはだ》無用也と覚《おぼゆ》る也。

皆、人のおもはくは、此《この》心有るかと覚《おぼゆ》るなり。道心無き程も知らる。此《これ》らの心を改《あらため》て、少し人には似べき也。

〔101〕

又、或《あるい》は、入道《にふだう》(4)の極《きはめ》て無道心なる、去難《さりがた》き知《ち》＝音《いん》にて有《ある》に、道心を〔お〕こらんと、仏《ぶつ》神《じん》に祈《き》〔お〕禱《たう》せよと云《いは》んと思ひ、定めて、彼れ腹立《ふくりふ》して中たがふこと有《あら》ん。然《しかれ》ども、道心を、をこさざらんには、得意《とくい》にても、たがひに、詮《せん》なかるべし。

〔注〕

(1)『高僧伝』　十四巻。梁の慧皎の著。『梁高僧伝』また、『梁伝』とも称する。後漢の明帝永平十年（六七）より梁の天監十八年（五一九）に至る諸高僧の伝記をのべたもの。

(2)『続高僧伝』　三十巻。唐の道宣の著。梁の天監年間より、唐の貞観十九年（六四五）に至る、諸高僧の伝記をのべたもの。なお二ノ一注(1)（五八頁）参照。

(3)律　『摩訶僧祇律』四十巻。東晋仏陀跋陀羅・法顕共訳。

(4)入道《にふだう》　在家のままで、仏門に帰依して僧形となった人。

〔訳〕

ある日、教示していわれた。

道を学ぶ者は、初心のときには、道心が有っても無くてもとにかく、経典や論部や尊い教えの書などを、よく読み、よく学ぶのがよい。

私は、はじめ、まさしく世の無常を感じて、道を求める志をいささか起し、あちこちの寺々を良師を求めて訪ねまわった。最後に、比叡山にいとまを告げ、道を学ぶ修行をするため建仁寺に寓居したのであるが、その間、正しい師匠にめぐり会えず、良き修行上の友もなかったので、迷って間違った考えを起した。というのは、私を教え導いてくれた師匠も、学問においても、その道の先人と同じくらいに立派な人となって、国の権威のある人々に知られ、天下に名声があがるようにと教訓をしてくれたからである。そこで教義・理法を学ぶに当たっても、まずわが国の上古のすぐれた人と同じようになりたいと思い、大師といわれるすぐれた師匠たちと同じようになりたいと願ったものだ。ところが、『高僧伝』や『続高僧伝』などを読んでみたところ、立派な国の高僧や仏法者のありようをみるに、現在の師匠の教えとは、まるでちがっている。それに、私が懐いたような考えは、経典・論部・伝記などのどこを見ても、良くない間違った考えとして批難されていることがわかり、ようやく気がついて思いなおし、道理を考えてみるに、たとえ名声を得ようと思うにしても、現代のくだらない人に、良いと思われるよりも、遠い昔のすぐれた人や後の世の立派な人に、どのように思われるかと考うべきであり、また、同じようにすぐれた人になりたいと思うにしても、わが国の人たちよりも、むしろ、シナやインドのすぐれた先人や高僧たちを標準として考えるがよいのだ。このような人たちと肩をならべるようになりたいと考えるべきなのだ。あるいはさらに、諸々の不可見の神と、諸々の仏や菩薩が、どのように御覧になるかを思い、これらの方々と同じように立派な者になりたいとこそ、思うべきであるのだと。そこで、この道理がわかってからは、わが国の大師といわれる人たちなど、土や瓦のように価値なきものに思われて、いままでの自分の考えや生活のありよう、みな改めてしまったことである。

釈尊一代のなされしあとを見てみるに、王位を捨てて山林に入り、悟りの道を成就されてのちも、一生涯、乞食なさったとある。『摩訶僧祇律《まかそうぎりつ》』に「家、家にあらずと知って、家を捨て家を出《い》ず」とある。古くからいわれている言葉に、「思いあがって、すぐれた立派な人々と肩をならべるようになろうと、考えてはならぬ。また卑下して、つまらぬ、くだらぬ人々と同じよう、などと考えてはならぬ」とあるが、これは、いずれも、心のおごりである。高い志をもっても、謙遜することを忘れてはならぬ。安住していても、またあぶないということを、忘れてはならぬのだ。今日はあっても、明日もまたあるとはかぎらぬのだ。死ぬかも知れぬあやういことは、つねに脚もとにあるのだ。

また、いわれる。

愚かな人は、どうにも仕方がないことを、考えたり口に出したりするものだ。さるところに仕えていた老いた尼ぎみがあったが、現在の身分がいやしい様子であるのを恥ずかしいと思うのか、ともすれば、人にむかって、昔は身分ある地位の婦人であったことを口にしていた。たとえ、現在の相手の人に、そうであったかと思われたところで、何の役に立とうとも思われぬ。はなはだ無用なことと思われる次第である。

しかし、人々の考えるところには、みなこうした気持ちがあるのではないかと、思われる。悟りの道を志す気持ちがいかにないか、よくわかることである。このような心を改めるなら、すこしは人らしくなるものだ。

また、これとは別の人だが、入道でありながら、極めて道心のない人で、これがまた、知らん顔もできぬ親しい知り合いであるので、道心が起るように仏や神を信心するようにせよと、いおうと思うのだが、そういえば、きっと立腹して、仲たがいになることになろう。だがしかし、道心を起すことがないならば、親しい知り合いであったとしても、お互いに仕様がないことであろう。

## 五ノ八　三覆して後に云へ

示云《じにいはく》、「三覆《みたびかへさふ》して後に云へ[(1)]」と云心《いふこころ》は、おほよそ物を云《いは》んとする時も、事を行はんとする時も、必《かならず》、三覆《みたびかへさふ》して後に、言行《いひおこなふ》べし。先儒多くは、「三たび思ひかへり〔み〕あるに、三《みた》びながら善ならば、言ひおこなへ[(2)]」と云《いふ》也。宋土の賢人等の心は、三覆をば、いくたびも覆《かへさふ》せよと、云《いふ》也。言《こと》ばよりさきに思ひ、行《おこなひ》よりさきに思ひ、思ふ時に、必《かならず》、たびごとに、善ならば、言行すべしと也。

衲子も又かならず、しかあるべし。我ながら思ふことも、云《いふ》ことも、主《ぬし》にも、知られずあしきことも、有るべき故に、先づ仏道にかなふや、いなや、とかへりみ、自他のために、益有《えきあ》りやいなやと、能々《よくよく》思ひかへりみて後に、善なるべければ、行《おこな》ひもし、言ひもすべき也。行者《ぎやうじや》、若《もし》、此の心を守らば、一期《いちご》、仏意に、そむかざるべし。

〔102〕

昔年《そのかみ》、建仁寺に、初めて入《いり》し時は、＝僧衆、随分《ずゐぶん》に、三業《さんごふ》を守《まもつ》て、仏道の為、利他の為ならぬことをば、不レ言《いはじ》、せじと、各々心を立てし也。僧正の余残有《よざんあり》し程は如《かくの》レ是《ごとし》。今年今月《こんねんこんげつ》は、其義無し。今の学者可レ知《しるべし》。決定《けつぢやう》して自他の為、仏道の為に、可《せん》レ有レ《あるべき》詮事ならば、身を忘《わすれ》ても、言ひもし行《おこなひ》もすべき也。其詮《そのせん》なき事をば、言行すべからず。宿老耆年《すくらうぎねん》(3)の言行する時は、若臘《にやくらふ》(4)にては、言《ことば》を交《まじふ》べからず。仏制也、能々《よくよく》これを忍ぶべし。

身を忘《わすれ》て、みちを思ふ事は、俗、猶、此の心也。

昔、趙《てう》の藺相如《りんしやうじよ》(5)と云《いひ》し者は、下賤《げせん》の人なりしかども、賢によりて、趙王にめしつかはれて、天下を行ひき。趙王の使《つかひ》として、趙璧《てうへき》と云《いふ》玉を、秦国《しんこく》へつかはされしに、かの璧《たま》を、十五城(6)にかえ〔へ〕んと秦王云《いひ》し故に、相如《しやうじよ》にもたしめてつかはすに、余の臣下議して云《いはく》、「これ程の宝を、相如程《ほど》のいやしき人に、もたせてつかはす事、国に人なきに似たり。余臣の恥《はぢ》也。後代のそしりなるべし。路《みち》にして此《この》相如を殺《ころ》して、玉を奪《うばひ》〔103〕取れ」と議しけるを、＝時の人、相如にかたりて、「此使《このつかひ》を辞して、命を守るべし」と云《いひ》ければ、相如云《いはく》、「某甲《それがし》敢て辞すべからず。相如、王の使として、玉をもち、秦に向《むかふ》に、倭〔矮〕臣のためにころさると、後代に聞《きこえ》ん為《ため》に、我悦《わがよろこび》也。我身《わがみ》は死すとも、賢名《けんのな》はのこるべし」と云《いつ》て、終《つひ》に向《むかひ》ぬ。余臣《よのしん》、此の言《ことば》を聞《きい》て、「我等《われら》、此《こ》の人を、うちえん事、有《ある》べからず」とて、留《とど》まりぬ。

相如《しやうじよ》、終《つひ》に秦王にまみえて、璧《たま》を秦王に与《あた》へしに、秦王、十五城を、与へまじき気《け》色《しき》を見て、はかり事を以《もつ》て、秦王に語《かたつ》て云《いはく》、「其玉《そのたま》、きず有り、我《われ》、是を示《しめさ》ん」と云《いつ》て、玉を乞得《こひえ》て後、相如云《いは》く、「王の気色《けしき》を見るに、十五城を惜める気色《けしき》あり。然れば、我《わ》が頭《かうべ》、此玉をもて、銅柱《あかがねはしら》にあて、うちわりてん」と云《いつ》て、怒れる眼《まなこ》を以て、王をみて、銅柱のもとによる、気色まことに、王〔玉〕をも犯しつべかりし時に、秦王云《いはく》、〔104〕「汝、玉をわる事なかれ、十五城、与ふべし。相《あひ》はからはん程《ほど》、汝璧をもつべし」＝と云《いひ》しかば、相如、ひそかに人をして、璧《たま》を本国にかへしぬ。

又澠池《べんち》(7)にして趙《てう》王と秦《しん》王と、共にあそびしに、趙王は琵琶の上手《じやうず》也。秦王命じて弾ぜしむ。趙王、相如にも、云《い》〔ひ〕あはせずして、即《すなはち》、琵琶を弾ぜし時に、相如、命にしたがへる事をいかりて、「我行《われゆ》きて、秦王に簫《せう》をふかせしめん」とて、秦王に告《つげ》て云《いはく》、「王は簫の上手也。趙王、聞かんと子〔ね〕がふ、王、ふき給《たまふ》べし」と、云《いひ》しかば、秦王、是を辞せしかば、相如云《いはく》、「若《もし》、辞せば、王をうつべし」と云《いひ》て、近づく時に、秦の将軍、剣を以て、ちかづきよる。相如、これをにらむ。両目のほころび、さけにけり。将軍、剣をぬかずして、かへりしかば、秦王、終《つひ》に簫を吹くと云へり。

〔105〕

又後に大臣として、天下を行《おこなひ》し時に、かたはらの大臣(8)、我にかさむ事を、そ子《ね》みて打《うた》んとす。時に相如、所々ににげかくれ、わざと参内《さんだい》の時は、参会せず、おぢおそれたる気色《けしき》也。時に相如が＝家人《けにん》、「かの大臣を打《うた》ん事、やすき事也。何の故にか、おぢかくれ給ふ」相如云《いはく》、「我《わ》れ、彼《か》れをおづるに非ず。我れ、目をもて、秦の〔将〕軍をも退け、秦の玉をも奪《うばひ》き。彼《かの》大臣打《うつ》べき事、云《いふ》にもたらず。然れども、軍《いくさ》をおこし、つわ〔は〕ものをあつむる事、敵国のため也。今、左《さ》右《いう》の大将《だいしやう》として、国を守る。若《もし》、二人、中をたがひて、軍《いくさ》を興《おこ》さば、一人死せば、隣国の、一方《ひとかた》かけぬる事をよろこびて、軍《いくさ》を興《おこ》すべし。故に二人ともに全くして、国を守《まもら》んと思ふによ〔つ〕て、かれと軍を興さず」彼《か》の大臣、此の言《ことば》を、かへり聞《きい》(9)て、恥《はぢ》て来《きたり》拝して、二人和《わして》、国を治む。

相如、身を忘れ、道を存《ぞんず》る事、如《かくのごとし》レ是、今、仏道を存ぜん事も、かの相如が心の如くなるべし。「若《もし》、みち有りては死すとも、み〔ち〕なふ〔う〕していくる事なかれ(10)」と云《いふ》也。

〔106〕

又云《いはく》、善悪と云《いふ》事、難《さだめがたし》レ定。世間の綾羅錦繍《りようらきんしう》をきたるを、よしと云い〔ひ〕、麁《そ》布糞掃《ふふんざう》を、わるしと云《いふ》。仏法には、是をよしと＝し、清《きよし》とす。金銀錦綾《きんりよう》をわ〔る〕しとし、穢《けが》れたりとす。如《かくのごとく》レ是、一切の事にわたりて皆然《しか》り。

予《よ》が如きは、聊《いささ》か韵声《ゐんしやう》をととのへ、文字をかきまげ〔ぐ〕るを、俗人等は、尋常なる事に云《いふ》も有り。又、或《ある》人は、「出家学道の身として、如《かくのごときのこと》レ是事知れる」と、そしる人も有り。何れを定《さだめ》て善ととり、悪とすつべきぞ。

文《もん》に云《いはく》、「ほめて白品《びやくぼん》の中に有るを、善と云ふ。そしりて黒品《こくぼん》の中におくを、悪と云《いふ》」又云《いはく》、「苦をうくべきを悪と云《いひ》、楽を招くべきを善と云《いふ》」

如《かくのごとく》レ是、子細《しさい》に分別《ふんべつ》して、真実の善をと〔つ〕〔お〕て行じ、真実の悪を見てすつべき也。僧は清浄《しやうじやう》の中より来れば、物も、人の欲ををこすまじき物をもて、よしとし、きよしとする也。

又云《いはく》、世間の人、多分云《いはく》、「学道の志《こころざし》あれども、世のすえ〔ゑ〕也、人くだれり、我《わが》根、

〔107〕劣也。不レ可レ堪《タエ》ニ如法ノ修行一ニ。〔如法の修行に堪可《たえべから》ず〕只、随分に、やすきにつきて、結縁《けちえん》を思ひ、他生《たしやう》に開悟を期《ご》すべし。」と。

今云《いまはいはく》、此の言《いふこと》は全《またく》、非也。仏法に正像末(11)を立事《たつ》、しばらく一途《いつと》の方便《はうべん》也。真実の教道は、しかあらず。依行《えぎやう》せん、皆、うべき也。在世の比丘《びく》、必《かならず》しも、皆な勝《すぐれ》たるに非ず。不可思議に、希有《けう》に浅《あさま》しき心《ここ》ろ子〔ね〕、下根なるもあり。仏、種々の戒法等を、わけ給事《たまふ》、皆《み》な、わるき衆生《しゆじやう》、下根《げこん》の為《ため》也。人々《にんにん》、皆、仏法の機也。非器《ひき》也と思ふ事なかれ。依行《えぎやう》せば、必ず可レ得也《うべきなり》。既に心あれば、善悪を分別しつべし。手足あり、合掌行歩《ぎやうぶ》に、かけたる事あるべからず。仏法を行ずるに、品《しな》をえらぶべきに非ず。人界《にんがい》の生《しやう》は、皆、是《これ》、器量《きりやう》也。余の畜生等の、性《しやう》にては不レ可レ叶〔叶う可《べ》からず〕。学道の人は、只、明日《みやうにち》を期《ご》する事なかれ。今日今時《こんにちきんじ》ばかり、仏に随《したがつ》て行《ぎやう》じゆくべき也。

〔注〕

(1) 三覆《みたびかへさふ》して　覆はまた復・複・返につくる。「復想《かえそう》して」の意。くりかえし考え直して。「諸善友、斯《こ》の文を三復《みたびかえそう》して、自利利他同じく正覚を成ぜよ。」（禅苑清規、亀鏡文）

(2)「曾子曰く、吾《われ》、日に三《み》たび吾が身を省《かえり》みる」（『論語』学而・四）
「君子《くんし》は博く学びて日に己《おの》れを参省《さんせい》すれば、則ち智は明らかにして、行、過《あやま》ちなきなり。」（『荀子』勧学・一）

(3)宿老《すくらう》　年功を積み老成した者。

耆年《ぎねん》　老年の者。耆《ぎ》は六十歳。四ノ六注(2)（二〇二頁）を見よ。

(4)若臘《にやくらふ》　臘はまた臈《ろう》につくる。臘は、出家受戒後の年数をいう。若臘とは、受戒後、まだ年数少なく、修行の浅い者。

(5)趙《てう》の藺相如《りんしやうじよ》　シナ戦国時代の人。趙王は趙の恵文王。秦王は秦の昭王。『史記』巻八十一、藺相如列伝第二十一。

(6)城　城市の意で、城壁に包まれた都市。その周囲の農村の経済的政治的軍事的な中心地。古くは都市国家で、経済上・政治上・軍事上の権力の一単位として数える。

(7)澠池《べんち》　河南の澠池。秦、趙を攻めて大いに破り、趙王やむを得ず、求められるままに澠池にて和睦に応じた。いわゆる澠池の会。趙にとっては、事実上の降伏確認の宴。

(8)かたはらの大臣　同僚の大臣。ここは趙の将軍、廉頗《れんぱ》のこと。「廉頗曰く、我、趙の将となりて攻城野戦の大功あり。しかるを藺相如は徒らに口舌を以って労となして、位、我が上に居す。且、相如はもと賤人なり。吾、羞《は》ず、之が下たるに忍びず」（『史記』）

(9)かへり聞《きい》て　回《かえ》り聞いて、の意。まわりまわって人づてに聞くこと。

(10)「寧ろ、法あって死すとも、法無くして生きざれ」（禅苑清規、護戒章）

(11)正像末　三時ともいう。「正法《しょうぼう》」時代とは、釈尊の滅後、その教法・修行・証果とが存する時期。次に「像法《ぞう》」時代とは、教法と修行とは存するも、証果（仏果）を得る者がいなくなった時期。像とは、似すがた。正法に似た、正法に準ずる時代の意。次に「末法」とは、証も行も欠け、教法のみが存する時代である。釈尊の滅後以来、次第に世が悪くなると考える歴史観。「末法」の世の次には、最後に、教法もなくなってしまう「滅法」の時代が来る。

各時代の長さは諸説あって一定しない。「正法」五百年、「像法」一千年、「末法」一万年の説はその一例。

〔訳〕

教えていわれた。

「三たび考え直して（復想《かえそう》して）後にいえ」という言葉があるが、その趣旨は、すべて、ものをいおうとするときも、事を行おうとするときも、必ず三度、くりかえし考えなおしてのちにいい、また行え、ということだ。昔の儒者も多くは「三たび考え直してみて、三回とも善であるならば、いい行うがよい」といっている。宋国の賢人たちの考えでは、三たび考え直してというのは、いくたびも考え直してみよ、ということだとしている。言葉に出すまえに、よく考え、行うまえに、よく考えてみて、考えるたびごとに、必ず善ということになるなら、いいもし、また行うべきだということである。

禅僧も、また、必ずこのようでなくてはならぬ。自分で考えたりいったりすることにも、自分では気がつかない悪いことがあるかも知れないのだから、まず、仏道にかなっているかどうかと反省し、自分のため他人のため、悟りのために有益であるかどうかと、よく考え反省してみてのちに、善いということになるようなら、行いもし、いいもすべきなのだ。修行者が、もし、この心がけを守るなら、一生涯、み仏のみこころに、そむくことがないであろう。

その昔、私が建仁寺にはじめて入ったときには、寺の修行僧たちは、それぞれ分にしたがい熱心に、身口意《しんくい》の三業《さんごう》の戒律を守り、仏道のためにもならず、他人の悟りのためともならないことは、いわないし行わないようにしようと、しっかりと心をきめていたものだ。故栄西禅師の御教化のあとが残っていた間は、このようであった。だが、今日ただいまでは、その風儀はまったく見られぬ。当今、道を学ばんとする者は、よく心得るがよい。必ずや、自他のため悟りの道のために、役立つと思われる事ならば、自己一身のことは顧みず、いいもし行いもすべきなのだ。役に立たぬ事は、いったり、行ったりしてはならぬ。長老や老年の僧が、言行するときには、若い未熟の僧は、言葉をさしはさんではならぬ。これは釈尊が定められたことで、よくよく心得《こころえ》、違背してはならぬ。

自己一身のことを顧みず、道理にかなった言行を心がけるというのは、俗人でも、このような心得をもった人がいる。

昔、趙《ちょう》の国の藺相如《りんしょうじょ》という人は、下賤の生まれではあったが、思慮すぐれた立派な人であったので、趙王によって登用され、天下の政治をとりしきった。

あるとき、趙王に命ぜられ、王使として、趙璧という宝玉をもって秦の国へ行ったことがある。それは秦王が、趙璧と秦の十五の都城市とを交換しようといったので、相如に趙璧を持参させたわけである。そのとき、ほかの家臣どもが相談して、

「これほどの立派な重宝を、相如のような下賤の者に、使者として持参させるのは、まるで趙国に人物がいないかのごとくである。ほかの家臣たちの恥であり、また後の世からも批難されよう。途中で相如を殺して、かの宝玉を奪い取れ」ということになった。そのとき、ある人が、相如にこのことを伝え、「この使者を辞退して、いのちを守った方がよい」といった。ところが相如がいうには、

「私は、どうしても、辞退するわけには参りませぬ。この相如が王の使者として、玉をもって秦の国に向ったところ、悪い家臣たちによって殺されたと、後の世の人に知られることは、私にとって、悦びとするところである。わが身は死んでも、賢者たるの名は、後世に残るであろう」

こういって、相如は秦へ向ってしまった。ほかの家臣たちは、この言葉を聞いて、

「我々は、この人を討ち殺すことができぬ」

といって、取りやめてしまったのだ。

藺相如はついに秦国に到り、秦王にお目にかかって、趙璧を秦王に渡した。ところが秦王

には、これと交換の約束の、十五の都城市を渡さない様子が見えた。これを見て相如は、一計を案じ、秦王に申し上げた、

「その玉には、きずがあります。私が、それをお教え致しましょう」

こういって、王から趙璧をもらい受けとってから、相如はいった、

「王の御様子を見るに、十五の都城市を惜しんでおられる御様子である。そういうわけならば、私の頭を、この玉と共に、ここにある銅柱にうち当て、打ち割ってしまいますぞ」

こういって、怒った眼で王を見、銅柱のそばに寄った。その有様、まことに玉をいまにも打ち割ってしまいそうな勢いであった。時に、秦王はいう、

「汝、玉を割ってはならぬぞ。十五都城市は与えることにしよう。その処置をする間、玉は、お前が持っているがよい」

そこで相如は、ひそかに人をつかわして、趙璧を本国の趙にかえしてしまったのだ。

また河南の澠池《べんち》において、趙王は秦王と会合し、会盟の遊楽の宴を催した。趙王は琵琶の名手であった。秦王は趙王に命じて琵琶をひかせた。趙王は、相如に相談せず、ただちに琵琶を弾じたのだが、相如は、趙王が秦王のいうなりになったことを怒り、「おれが行って秦王に簫《しょう》を吹かせてやろう」というわけで、秦王のところへゆき、王に向っていった、

「王は簫の名手でいられる。趙王が聞きたいといっておられる。なにとぞ、お吹き下さい」

と。

秦王は、これを断った。そこで相如は、

「もし、お断りになるなら、お命をいただきますぞ」といって、秦王に迫った。これを見て、秦の将軍も、剣をもって歩みよってきた。相如は、まなじりを決して、はったとこれをにらんだ。将軍は、その勢いにおそれ、剣をぬかず、元の席にかえった。そこで、やむを得ず、秦王もついに簫を吹いたということである。

また、藺相如はのちに趙国の大臣として、国政にたずさわったが、そのとき、同僚の大臣が、自分よりも相如の勢がまさることをねたみ、相如を討とうとしたことがある。これに対し相如は、あちこちに逃げかくれ、宮中に参内《さんだい》するときは、わざと顔をあわせないようにし、こわがり恐れているような様子であった。そのときに相如の家来のものが、「あんな大臣を討ちとるのは、造作もないことです。何故、おそれ逃げかくれたりなさるのですか」といったところ、相如のいうのには、

「私は、あの者を、こわがっているのではない。私は、一にらみで、秦の将軍も追いはらい、秦王にとられた宝玉も奪いかえした。あの大臣を討ちとることなど、わけもないことだ。だが、兵士を集め、軍を動員するのは、敵国のためなのだ。いま、あの大臣と私とは、左右の大将として、趙国を守っている。もし、二人が仲たがいして、お互いに戦い合うようなことになり、一方が死ぬなら、隣国では、左右の一方が欠けたことをよろこんで、いくさを仕かけてくるだろう。だから、二人とも揃って、欠けることなく、わが国を一緒に守ろうと思っているのだ。それで、あの大臣と争おうとしないのだ」と。

その大臣は、この言葉を人づてに聞いて、自己の至らなさを恥じ、相如のところへ訪ねてきて、丁重に礼をとって謝罪した。そして仲なおりをし、二人協力して国を治めたのだ。

相如が、自己一身のことを顧みず、道理にかなった言行をよくわきまえていたことは、以上のとおりである。いま、悟りの道の心得を、よくわきまえようとする場合にも、かの藺相如のような心がけがなくてはならぬ。「道を守って死ぬことがあろうとも、道をなおざりにして生くることがあってはならぬ」といわれているのだ。

またの御言葉。

善い悪いということは、定め難いことである。世間では、あや・うすもの・にしき・ぬいとりなどの上等の美しい衣装を着たのをよいとする。粗末な布や、人が捨てた布をつづり合わせて作った着物は、わるいとする。ところが仏法では反対で、粗末な布・人の捨てた布で作ったものをよしとし、金糸銀糸のあやにしきは、わるいとし、穢れているとする。このように、あらゆる事柄について、同様なことがあるのだ。

私など、いささか、漢字の韻や四声を使いこなして詩を作ったり、まがりなりにも文字を書いたりするのだが、これを、世間では、たいしたものだと、いう人もいる。ところが、これと反対に、またある人は、「出家学道の身でありながら、このような漢字漢文学にかかずらわっているのは何たることか」とそしる人もいる。はたして、いずれを善であるとなし、いずれを悪として捨てるべきであるか。

経文には「人がほめて、浄らかな種類の中にあるのを、善という。人がそしって、不浄な種類の中に入れるのを、悪という」とある。また、「苦を受けるようなことになるものを悪といい、楽をもたらすようなものを善という」とある。

このように事細かに分別し考えて、真実の善をとり行い、真実の悪を見定めて捨てるのがよい。僧は、本来、欲にけがされぬ清浄の世界を本源とするものであるから、人の欲を起させないようなものをもって、よしとし、清しとするのだ。


またの御言葉。

世間の人は多く次のようにいうものだ、

「道を学ぶ志はあるのですが、何といっても末世で、人間も劣っており、私の生まれつきの能力も劣っている。法に従った修行に堪えられませぬ。ただ分相応に、易しいやり方に従って、仏道に縁を結び、生まれ変わった後の世で、悟りを開きたいと思います」と。

さて、いうが、この言葉は、まったく間違っているのだ。仏法に、正法と像法と末法という区別を立て、釈尊の時代から時代が降るにつれて世が悪くなり、仏法が次第に行われなくなるというのは、衆生教化のための仮りの一つの方便としての説にすぎないのだ。真実の教えは、そんなものではない。教えに従って修行するなら、誰にも悟りは得られるとしたものだ。釈尊在世の時代の修行者がみな必ずしもすぐれていたわけではない。思いもよらぬほど世に稀な、あさましい心根の者もあったし、愚かな者もいたのだ。釈尊がさまざまな戒律の法をそれぞれ立てられたのは、みな、よくない人々や愚かな人々のためにである。しかも人間それぞれみな、仏法の生きて働くところである。能力がないなどと思ってはならぬ。教えに従って修行すれば、必ずや、悟りは得られるとしたものだ。みなめいめい、すでに心をもっている。心があるなら、よいわるいを分別することができよう。手も足もある。合掌したり歩行したりして修行するに、もうそれで充分ではないか。仏法を行ずるに、素質のよいわるいは問題ではないのだ。人間界以外の畜生界などに生まれたものは、みな、悟りの道を行ずる資格をもっているのだ。人間界に生まれたものには、できないことである。道を学ぶ者は、決して、明日という日のことを、当てにしてはならぬ。今日、ただいまとばかり、み仏に従い、行じゆくのでなければならぬ。

## 五ノ九　俗人のいはく、城を傾ることは

示云《じにいはく》、俗人の云《いはく》、「城を傾《かたむく》る事わ《〔は〕》、うちにささやきこと、出来《いできた》るによる」又云《いはく》、
〔108〕「家に両言《りやうげん》有る時は、針をもかう《〔ふ〕》ことなし、家に両言無時《なきと》きは、金《こがね》をもかう《〔ふ〕》＝べし」

俗人、猶、家をもち、城を守るに、同心ならでは、終に亡《ほろぶ》と云へり。況《いはんや》、出家人は、一師にして水乳(1)の和合せるが如し、又、六和《ろくわ》敬《けい》(2)の法あり。各々寮々を構え《〔へ〕》て、心身《しんじん》を隔て、心《ここ》ろ心《ごこ》ろに学道の用心する事なかれ。一船に乗《のつ》て海を如レ渡《わたるがごとし》。同《こころを》レ

心《おなじくし》、威儀《ゐいぎ》を同《おなじ》くし、互《たがひ》に非をあげ、是《ぜ》をとりて、同《おなじ》く学道すべき也。是《これ》、仏世より行じ来《きた》れる儀式也。

〔注〕

(1)水乳　「堂中の衆は、乳水のごとく和合して、たがいに道業を一興すべし」（『正法眼蔵』重雲堂式）

(2)六和敬《ろくわけい》　身と口と意との三業を同じくし、戒法を同じくし、空等の見解を同じくし、行道を同じくする。僧の和合の六つの局面。

〔訳〕

御教示。

世俗の人の言葉に、「国が亡びるのは、内部で、ひそひそ話（味方同士の間での隠しごと）が出てくること〔内部分裂〕による」と。また「一家の中で、二つの意見が対立するときは、針のような些細なものですら買うことができない。一家の中で、意見の対立がないときは、最も高価な黄金ですら、買うことができる」とある。

世俗の人でも、家を保持し城を守るに当っては、心を同じくすることなしには、ついに亡びてしまう、といっているのだ。まして、出家した仏弟子たちは、一人の師匠のもとで、水と乳とがとけ合ったように一つにならねばならぬ。また六和敬の法もある。めいめいが、それぞれ独立の寮をかまえ、心も体も別々にへだてて、思い思いに、仏道を学ぼうなどと心得てはならぬ。一つの船にのって、海を渡るようでなくてはならぬ。心を同じくし、行住坐臥の振る舞いを同じくし、互いに悪いところは注意し合い、良いところは互いにとり入れて、一緒に道を学ぶべきなのだ。これが、釈尊の在世のとき以来、行ってきたやり方なのだ。

## 五ノ十　楊岐山の会禅師

示云《じにいはく》、楊岐《やうぎ》山の会《ゑ》禅師(1)住持の時、寺院旧損《くそん》して、わづらひ有《あり》し時に、知事申《まう》して云《いはく》、「修理《しゆり》有るべし」

会、云《いはく》、「堂閣やぶれたりとも、露地樹下《ろぢじゆげ》には、勝《すぐ》れたるべし、一方やぶれてもらば、一方のもらぬ所に居《こ》して、坐禅すべし。堂宇造作によ〔つ〕て、僧衆可二得悟一者《とくごすべくは》、金玉をもても、つくるべし。悟は居所の善悪によらず。只、坐禅の功の、多少に有るべし」

翌日の上堂に云《いはく》、「楊岐はじめて住するに、屋壁疎《おろそか》也。満床《まんしやう》にことごとくちらす、雪の珍珠。くびを縮却《しゆくきやく》して、そらに嗟嘘《ききよ》す。かへ〔つ〕て思ふ、古人の樹下に居《こ》せ
〔109〕し事を」ただ仏＝道のみに非ず、政道も是《かく》の如し。太宗はい《〔ゐ〕》やをつくらず。龍牙《りゆうげ》(2)云《いはく》、

「学道は先づ須《すべから》く、貧《ひん》を学《がくす》べし。貧を学《がく》して、貧なる後に、道まさにしたし」と云へり。昔、釈尊より、今に至《いたる》まで、真実学道の人、一人も宝に饒《ゆたか》なりとは、聞《きか》ず見《み》ざる処《ところ》也。

〔注〕
(1)楊岐《やうぎ》山の会《ゑ》禅師　楊岐《ようぎ》方会《ほうえ》（九九六―一〇四九）。なお、以下の話は、『正法眼蔵』行持上、参看。
(2)龍牙《りゆうげ》　龍牙居遁《ことん》（八三五―九二三）。

〔訳〕

御教示。

楊岐山の方会《ほうえ》禅師が住持であったとき、寺がふるくなって破損し、困ることが多かったので、知事が申し出て、「修理していただきたいと存じます」と。

方会禅師のいわれるに、

「寺の建物がいたんでいるとしても、露天の雨ざらしや樹の下よりは、ましであろう。一方がいたんでいて雨もりするならば、もう一方の雨もりしないところに坐って坐禅すればよいのだ。建物やその建て方の立派さによって、修行僧たちの悟りが得られるものならば、黄金や珠玉を用いてでも作るがよい。だが、悟りというものは、その居る場所のよいあしによらないのだ。むしろ、坐禅をどれだけ、しっかりやったかやらないかによるのだ」

翌日、法堂にのぼって、次のように示された。

「楊岐山の住持として住んでみると、屋根も壁も、まことにすきまだらけ。床一面にいたるところ、雪の珠玉が撒きちらしてある。首をちぢめて、ひそかにため息をついている。だが、これによって、かえって、古人が樹下で坐禅したことが偲ばれる」と。だがこれは、仏道にかぎったことではない。天下の政治の道も、これと同様だ。唐の太宗は、御自分の住居も作らなかった。

龍牙禅師の言葉に、「道を学ぶに、まず是非とも、貧しく生きることを学ばねばならぬ。貧しく生きることを学んで、貧しい生活を経験したのちに、はじめて仏道は身近かなものとなる」といわれてある。昔、釈尊が出家されて貧しい乞食行をなされて以来、今日に至るまで、まこと道を求めた人にして一人も財宝に豊かであったとは、聞いたこともなく、見たこともないところだ。

## 五ノ十一　ある客僧のいはく、近代遁世の法

一日《いちじつ》、ある客僧の云《いはく》、「近代、遁世《とんぜい》の法、各々時《おのおのじ》料等《れうとう》の事、かまへて後、わづらひ、なき様に支度《したく》す。これ少事《せうじ》なりと云へども、学道の資縁《しえん》なり、かけぬれば、事の違乱《ゐらん》

出来《いできたる》。今、此御様《このおんさま》を承《うけたまは》り及《およぶ》に、一切、其《そ》の支度無く、只、天運《てんうん》にまかす。こと実《まこと》ならば、後時《こうじ》の違乱《ゐらん》あらん、如何《いかん》」

〔110〕示云《じにいはく》、事、皆、先証《せんしよう》あり、敢《あへ》て私曲《しきよく》を存《ぞん》ずるに非ず。西天東地《さいてんとうち》の仏祖、皆、如レ是《かくのごとし》。私《わたくし》に活計を至《いたさ》ん、不レ可レ有二尽期一《じんごあるべからず》。又、いかにすべしとも定相《ぢやうさう》なし。この様《やう》は、仏祖、皆《み》な、行じ来れるところ、私なし。若し事闕如《けつじよ》し、絶食《ぜつじき》せば、其時《そのとき》こそ、退《たい》しもし、方便《はうべん》をもめぐらさめ。か子〔ね〕て思ふ＝べきに非ず。

〔訳〕

ある日のこと、ある客人の僧がいった。

「世間をはなれて修行するについて、近ごろのやり方は、各自、時節に応じ必要な生活資料など、あらかじめ前もって用意して、あとになって困ることがないようにします。このようなことは、小さな事だとはいっても、学道のためには必要なことで、これが不用意だと、修行もうまくゆかないことになります。ところが、いま、このお寺の御様子を、お聞きしましたところ、なにも御用意なく、ただ運を天にまかせておられる、とのことです。それがもし本当ならば、やがて将来、うまくゆかなくなりはしませんか」

これに対して、道元禅師は教えていわれた。

いや、これは、みな、先例があって、はっきりしていることなのだ。私が、勝手に考えて、こうやっているわけではない。インドの釈尊も、シナの祖師たちも、みな同じようにしてこられたのだ。自分で暮らし向きのことを、あれこれ考えたら、いくらでも、きりがあるまい。また、暮らし向きはどうしたらよいか、別にきまった定めがあるわけではない。この寺のありようは、釈尊や祖師がたが、みな、やってこられたところに、従っているまでで、勝手にやっているのではない。こうやっていて、もしも、うまくゆかず、食べものがなくなって食事をすることができなくなったら、そのときこそ、やり方をかえるなり、何とか手だてを講ずるなりしよう。前もって、あらかじめ、考えておくべきことではないのだ。

## 五ノ十二　伝へ聞きき、実否を知らざれども

示云《じにいはく》、伝へ聞《き》きき、実否《じつぷ》を知らざれども、故持明院《ぢみやうゐん》の中納言入道、或時《ある》、秘蔵《ひさう》の太刀《たち》を、ぬすまれ〔ゐ〕たりけるに、さぶらひの中に、犯人有《ぼんにんあり》けるを、余《よ》のさぶらひ、沙汰《さた》し出《いだし》て、まひらせたりしに、入道の云《いはく》、「是は我がたちに非ず。ひが事なり」とて、かへしたり。決定《けつぢやう》、其の太刀なれども、さぶらひの耻辱《ちじよく》を思《おもう》て、かへされたりと、人皆是を知りけれども、其時《その》は無為《ぶゐ》にて過《すぎ》し。故に、子孫も繁昌せり。

俗、猶、心あるは是《かく》の如《ごと》し。況《いはん》や出家人、必ず此心有《このこころある》べし。出家人は、財物《ざいもつ》なけれ

ば、智恵功徳《ちゑくどく》をもて宝とす。他の無道心なる、ひが事なんどを、直《ぢき》に面《おも》てにあらはし、非におと〔す〕べからず。方便を以《もつ》て、かれ腹立つまじき様に云《いふ》べき也。「暴悪なるは、其《その》法久しからず」と云《いふ》。たとひ法をもて、呵責すれども、あらき言《こと》ばなるは、法も久しからざる也。少人と云《いふ》は、いささか人のあらき言《こと》ばに、即ち腹立《ふくりふ》して、恥〔111〕=辱を思《おもふ》也。大人《たいじん》はしかあらず。たとひ打《うつ》たりとも、報《ほう》を思はず。国に少人多し。つつしまずは、あるべからず。

〔訳〕

禅師は教えていわれる。

伝え聞いた話で、本当かどうか、よくは知らないが、いまは亡き持明院の中納言入道（一条基家、一一三二―一二一四）が、あるとき、大切にしていた太刀を、盗まれたことがある。ところが、仕えていた侍の中に、その犯人がいて、ほかの侍たちが取り調べて、その太刀を差し出し、お返し申し上げた。そのとき、中納言入道のいわれるに、「これは、私の所蔵していた太刀ではない。間違いである」とて、太刀を、お返しになった。まさしくその太刀に間違いなかったのであるが、盗んだ侍の恥辱を考えて、お返しになったのである。人みな、このことを知っていたけれども、そのときは、なに事もなく無事にすんだのだ。このような、お心づかいの立派な方であったから、中納言の御家は、その後、大いに繁昌したのだ。

俗人でも、心ある人は、このようである。まして、出家人には、必ずこのような心づかいがなければならぬ。出家人は、財宝はもっていないが、智恵や功徳を宝としている。他人の無道心や間違いなどに対して、すぐに表情に出して悪いときめつけ、おとしめるようなことをしてはならぬ。てだてを講じ、その人が立腹しないような仕方で、いうべきなのだ。「荒くれて悪いやり方では、その法も、長つづきしない」といわれている。たとえ、法にもとづいて叱り責めるにしても、乱暴な言葉つきでは、正しい法も、長くは行われがたい、ということである。小人（徳のない人）というものは、他人から、少しでも乱暴な言葉でいわれると、すぐに腹を立て、恥をかかされたと思うものである。大人（有徳な人）というのは、そうではない。たとえ、打たれても、仕返しなどは考えない。国中に小人はたくさんいる。気をつけなくては、いけないことだ。

正法眼蔵随聞記　五　終

〔112〕

# 正法眼蔵随聞記　六

## 六ノ一　仏法のためには

一日、示云《じにいはく》、仏法の為には、身命《しんみやう》〔を〕おしむ事なかれ。俗、猶、みちを思へば、身命をすて、親族をかへりみず、忠節をつくす。是を忠臣とも、賢者とも云也《いふ》。

昔、漢の高祖、隣国と、軍《いくさ》を興《おこ》す時、(1)有る臣下の母、敵国に有《あり》き。官軍《くわんぐん》も二《ふ》た心《ごころ》有《あら》んかと疑《うたがひ》き。高祖も、「若《もし》、母を思《おもう》て、敵国へさる事もや、有らんずらん。若、さるならば、軍《いくさ》やぶるべし」とあやぶむ。

ここに母も、「我子、若《もし》、我故に二心もや、有《あらん》ずらん」と思《おもう》て、いましめて云《いはく》、「我れによりて、我国《わがくに》に来《きたる》ことなかれ。我によりて軍《いくさ》の忠を、ゆるくする事なかれ。我、若、いきたらば、汝《なん》ぢ、若、二心もこそ、有《あら》ん」と云《いっ》て、剣に身をなげてうせしかば、其の子、もとより、二心なかりしかば、其の軍《いくさ》に忠節を至す志《こころざ》し深かりけると云《いふ》。

況《いはん》や衲子《のっす》の仏道を行ずる、必ず二《ふ》た心なき時、真《まこ》とに仏道にかなふべし。仏道には〔113〕慈悲智恵、もと＝よりそなわ〔は〕れる人もあり。たとひ無けれども、学すればうる也。只《た》だ身心を倶《とも》に放下《はうげ》して、三宝の海に廻向《ゑかう》(2)して、仏法の教へに任せて、私曲《しきよく》を存する事なかれ。

漢の高祖の時、或《ある》賢臣の云《いはく》、「政道の理乱《りらん》(3)は、縄の結《むすぼ》〔ほ〕おれるを解《とく》が如し。急にすべからず。能々《よくよく》結び目をみて解《とく》べし」仏道も是《かく》の如《ごと》し。能々道理を心得て、行ずべき也。法門をよく心得《う》る人は、必ず道心ある人の、よく心得《う》る也。いかに利智聡明なる人も、無道心にして、吾我《ごが》をも不レ離《はなれず》、名利《みやうり》をも不ニ捨得一《すてえざる》人わ〔は〕、道者ともならず、正《しやう》理《り》をも心得ぬ也。

〔注〕

(1)ここの話は、漢の高祖、即ち、前漢の初祖、劉邦（前二四七―前一九五。在位、前二〇二―前一九五）が、項羽と戦ったときの話である。このとき、王陵は手兵数千をひきいて劉邦の軍に属した。項羽は王陵の母をとらえ、これを人質とし、王陵が漢からそむき、項羽の味方となることを求めた。王陵の母は、陵が漢王に仕えることを求め、自刃して死んだ。この話は『前漢書』列伝にあり、またこれに拠った『蒙求』「陵母伏剣」にある。

(2) 廻向《ゑかう》　自己の積んだ功徳を、他にめぐらし向ける。三ノ十六注(5)（一六七頁）を見よ。

(3) 理乱《りらん》　理は、おさまる。乱は、みだれる。

〔訳〕

ある日、禅師は教えていわれた。

仏法のためには、身体・生命を惜しんではならぬ。俗人ですらも、道理を考える人は、自己の身命をすて、親族のことも顧慮せず、ひたすら忠節をつくすのだ。こういう人を、忠臣ともいい、賢者ともいうのである。

昔、漢の高祖が、隣国と戦争をはじめたとき、ある臣下の母が、敵国にいた。味方の軍勢も、その臣下の者が、敵と通じ裏切りはしないかと疑った。高祖自身も、「その臣下の者が、母親のことを思い、味方から離れ敵国側につくようなことがあるかもしれない。もし、そういうことになるならば、敗け戦になるだろう」と心配した。

ところで、その母親の方でも、「自分の息子が、私のために、裏切り行為をするかもしれぬ」と心配し、いましめていうには、「私のために、お前は、こちらの国へ来てはならぬ。私のために、軍人たるものの忠節を、おろそかにしてはならぬ。私が生きていれば、お前も、裏切り行為をするかもしれない」こういって、剣に身を投げかけて、自刃してしまった。その息子は、もともと裏切るつもりはなかったから、その戦で軍人として忠節をつくす気持ちが一層深くなったということである。

ましてや、禅の修行者が、悟りの道を行ずるに当り、必ずふた心なく純一であるならば、まことに悟りの道に、かなうことができよう。悟りの道を行ずるに当って、慈悲や智恵がはじめから具わっている人もある。だが、たとい無い人でも、修行すれば、身に具わるのだ。ただ身も心もすて、仏・法・僧の三宝という海のように宏大な世界に身命を向けささげ、仏法の教えの命ずるがままにふみ行い、決して自分勝手な考えをもってはならぬのだ。

漢の高祖のときに、ある賢臣がいった、「政治の道が、よく治まるか乱れるかの要点は、〔乱れを、いかによく治めるかにある。それは〕縄の結び固まっているのを解くようなものだ。急ぎあわててはならぬ。よくよくその結び目をしっかりと見て解かなければならぬ」と。仏道も、また、これと同じである。よくよく道理を心得て、行ぜねばならぬ。仏教の教えがよくわかる人は、必ず道を求める志が切なる人であり、そういう人であってこそ、道をよく理解できるのだ。いかに知恵があり頭のよい人でも、道心がなく、利己心が強く、名誉や利益を求める心を捨て得ないような者は、仏道を心得た者となることもできず、正しい道理を知ることもないのだ。

## 六ノ二　学道の人は、吾我のために

〔114〕

示云《じにいはく》、学道の人は、吾我《ごが》の為に、仏法を学する事なかれ。只、仏法の為に、仏法を学すべき也。その故実《こしつ》は、我身心《わがしんじん》を、一物ものこさず放下《はうげ》して、仏法の大海に廻向《ゑかう》すべき也。其後《そののち》は、一切の是非を、管《くわん》ずる事無く、我《わが》心を存《そん》する事なく、成し難きことなりとも、仏法につかはれて、強《し》ひて＝是をなし、我心になしたきことなりとも、仏法の道理に、なすべからざることならば、放下《はうげ》すべき也。穴賢《あなかしこ》(1)、仏道修行の功をもて、代《かは》りに善果《ぜんくわ》を、得んと思ふ事無《なか》れ。只、一たび仏道に、廻向《ゑかう》しつる上は、二たび自己をかへりみず、仏法のおきてに任せて、行《ぎやう》じゆきて、私曲《しきよく》を存すること莫《なか》れ。先証、皆、如レ是。心に子《ね》がひて、もとむる事無《な》ければ、即ち大安楽也。

世間の人にまじはらず、己《おのれ》が家ばかりにて、生長したる人は、心のままにふるまい〔ひ〕、おのれが心を先《さ》きとして、人目を知《しら》ず、人の心をか子《ね》ざる人、必ず、あしき也。学道の用心も是《かく》の如《ごと》し。衆にまじはり、師に随ひて、我見を立《りふ》せず、心をあらため行けば、たやすく道者となる也。

学道は先づ須《すべから》く、貧を学すべし。猶《な》〔ほ〕を利を捨てて、一切へつらう〔ふ〕事なく、万事なげすつれば、必ずよき僧となる也。大宋によき僧と、人にも知られたる人は、皆な貧道也。衣服《えぶく》も＝やつれ、諸縁ともしき也。

〔115〕往日《そのかみ》、天童山の書記(2)、道如上座《だうによじやうぞ》(3)と云し人は、官人宰相《さいしやう》(4)の子なり〔し〕かども、親族にもむつびず、世利をも、むさぼらざりしかば、衣服《えぶく》のやつれ、破壊《はゑ》したる、目もあてられざりしかども、道徳、人に知《しら》れて、大寺の書記ともなりしなり。予、かの人に問云《とうていはく》、「和尚《をしやう》(5)は官人の子息、富貴《ふうき》の孫《そん》也。何ぞ身に近づくるもの、皆、下品《げぼん》(6)して貧道なる」これ答云《こたへていはく》、「僧となれれば也」

〔注〕

(1)穴賢《あなかしこ》　噫畏《ああかしこ》しの意。おそれつつしむべきことをいう。

(2)書記　禅院で六つの重要な役位（六頭首）の一つ。公私の文書をつかさどる。

(3)上座《じやうぞ》　上席にある僧の意で、上席の法位。

(4)宰相《さいしやう》　天子を補佐し、百官を統率する官職。

(5)和尚《をしやう》　高徳の僧に対する尊称。

(6)下品《げぼん》　下級・下等の意。品《ぼん》は等級。一ノ二注(9)（二〇頁）を見よ。

〔訳〕

禅師は教えていわれた。

悟りの道を学ぶ者は、自分のために、仏法を学ぶのであってはならぬ。ただ、仏法のために、仏法を学ぶのでなければならぬ。その基本となるべきことは、自分の身心を、一つも残さず、すべて投げすてて、仏法という宏大な海に、向けめぐらすべきことである。それからのちは、一切の是非判断に関わることなく、自分の思いなしも投げすて、なしがたい事であっても、仏法の命ずるがままに、あえてこれをするのだ。また、自分ではやりたい事であっても、仏法の道理にてらして、なすべからざることであったなら、捨て去ってしまうのだ。おそれ多くつつしむべきことであるが、仏道修行をしたら、その功の報いとして善い果報が得られよう、などと思ってはならぬのだ。ただ、ひとたび仏道へ身心を向けめぐらした以上は、二度と自分のことをかえり見ず、仏法で定める戒律に従って、何事も行い、自分の勝手な考えをもち出してはならぬのだ。古人はみな、こうやってきたので、間違いないことなのだ。心に願い求めるところが何もないなら、まことに大安楽である。

世間の人と交際せず、自分の家の内だけで生長した人は、自分の心のままに振る舞い、自分の思いを先にし、他人がどう思うかを考えず、他人の気持ちに気がねをしない。こういう人は、何としても、よくない。道を学ぶ上の心がけも、またこれと同じである。修行者の仲間と一緒に共に生活し、師匠の教えにしたがって、決して自分勝手な意見を立てず、自分の心を改めるよう心がけてゆくならば、道を心得た者となることも容易である。

道を学ぶには、まず、すべからく、貧を学ばねばならぬ。その上、利益を捨て、一切へつらうことをやめ、万事を投げすてるならば、必ず立派な僧となるものだ。大宋国で、立派な僧であると人にも知られた人は、みな貧しき道人であった。衣服も見すぼらしく、暮らし向きの資料も不足がちであった。

昔、天童山の書記の役位にあった道如《どうによ》上座という方は、高位高官の家に生まれた方であったが、親戚の人々とも交際を断ち、世俗的な利を何にも求めなかったから、衣服も見すぼらしく、ぼろぼろになっていて、目も当てられぬ有りさまであったが、その悟りの道の修行によって身につけた徳は、誰しも認めるところであって、大寺院の書記ともなられたわけである。私は、この道如上座におたずねしたことがある、「あなたは官職にある方の御子息で富める高貴な家の御生まれである。どうして、身のまわりのものが、みな粗末で貧しげな御様子なのですか」道如和尚は答えていわれた、「僧となったからだ」と。

## 六ノ三　俗人のいはく、財はよく身を害す

一日、示云《じにいはく》、俗人の云《いはく》、「財はよく身を害す。昔も有《これあり》レ之。今も有レ之」と。言《いふこころ》は、昔、一人の俗人あり、一人の美女をもてり。威勢ある人、これをこう〔ふ〕。かの夫、是を惜む。終《つひ》に軍《いくさ》を興《おこ》して、かこめり。彼《かの》いえ〔へ〕、既に、うばい〔ひ〕とられんとする時《と》き、かの夫、「なんぢが為めに命をうしなう〔ふ〕べし」かの女云《いはく》、「我れ、汝が為に命をうしなはん」と云《いっ》て、高楼よりおちて死《しに》ぬ。其《その》後かの夫、うちもらされて、命遁《いのちのが》れし時、

いひし言《こと》ば也。(1)

〔116〕

昔、賢人、州吏《しうり》として、国〃を行なふ時に、息男《そくなん》あり。父を拝してさる時、一疋《ぴき》の縑《けん》をあたふ。息の云《いはく》、「君、高亮《かうりやう》也。此《この》縑、いづくよりか得たる」父云《いはく》、「俸禄のあまり有り」息、かへり皇帝に参ず。はなはだ其の賢を感ず。かの息男申さく、「父、猶、名をかくす、我は猶、名をあらはす。父の賢すぐれたり(2)」此心《このこころ》は、一疋の縑は、是《これ》、少分なれど、賢人は、私用せざる事、聞へ〔え〕たり。又、まことの賢人は、猶、賢の名をかくして、俸禄なれば、使用するよしを云《いふ》。俗人、猶、然り。学道の衲子《のっす》、私を存する事なかれ。又、まことの道を好まば、道者《だうしや》の名をかくすべき也。

又云《またいはく》、仙人ありき。有る人問云《とうていは》く、「何《いかん》がして仙をえん」仙の云《いはく》、「仙を得んと思はば、道をこのむべし(3)」然《しか》あれば、学人仏祖を得んと思はば、すべからく、祖道を好むべし。

〔注〕

(1)この話は、『晋書』第三十三巻石崇伝にあり、また、これによった『蒙求』「緑珠墜楼」に見える。石崇《せきすう》、字《あざな》は季倫《きりん》は、多くの婢妾をもっていたが、その中に、美人で笛の名手であった「緑珠」という美妓を、ことのほか愛していた。中書令の職にあった孫秀《そんしゅう》という権勢家が「緑珠」をほしがったが、これをことわった。孫秀は怒って、趙王倫に石崇を誅《ちゅう》することをすすめ、ついに詔を矯めて石崇を攻めた。そのとき、石崇が緑珠に向って「我、今、爾《なんじ》の為に罪を得たり」といったのに対し、緑珠は泣いて「まさに死を君の前に致すべし」とて、楼下に身を投じて死んだという。石崇は、捕えられ、そのときに石崇が、「奴輩、吾が家財を利す」といった。捕えた者が、「財の害を致すを知らば、何ぞ早くこれを散ぜざる」といった。石崇は答えることができず、ついに殺されたという話である。

(2)この話は『晋書』列伝「胡威伝」および『蒙求』「胡威推縑《こいすいけん》」による。この話の「父」は胡質、字は文徳。魏に仕え、荆州の刺吏となる。「息子」は胡威、字は伯武。息子は都から父のもとへゆき、帰るときに、父から絹一疋を与えられた。威いわく「大人、清高、いずくより此の絹を得たるか」答えていわく「是、吾が俸禄の余りなり」と。のちに、威、徐州の刺吏となり、大いに治政の実をあげた。宮廷に参内し、武帝にお目にかかったとき、武帝がたずねる、「卿、父の清といずれぞや」答えていわく「臣が父の清は、人の知らんことをおそれ、臣の清は、人の知らざらんことをおそる。是、臣の及ばざること遠きなり」と。

(3)この話の根拠は、『神仙伝』巻三。およびこれに拠る『蒙求』「初平起石《しょへいきせき》」にある。黄初平という羊飼いの少年が道士に見込まれて連れ去られ、ついに仙人になってしまった。兄の黄初起が、弟をさがし、ついにさがし当てた。弟は羊を飼っているという。兄が山へ行ってみたが、白い石が無数にあっただけである。弟によると、羊はいるのだが、兄さんは見ようとしないだけだ、という。一緒に行って、弟が「羊おきよ」というと、白い石がみな起き上って数万頭の羊となった。兄はいう「わが弟、神通《じんずう》を得ること、かくのごとし。吾、学ぶべきや否や」と。弟いわく「唯だ、道を好めば、すなわち得ん」と。そこで兄も道士の修行にはげんで、ついに仙人になったという話である。

〔訳〕

ある日、教えていわれる。

俗人の言葉であるが、「財は、それをもっている人自身に害を与えることがよくある。昔もそうであったし、今もそうだ」と。そのいう意味は、次のとおりである。昔、一人の俗人があった。一人の美女をもっていた。ところが、ある権勢ある人が、この美女をよこせといった。その男は、その美女を渡すのが惜しくて、これを断った。そのため、権勢家は、兵をくり出して、彼の邸を包囲した。家もろとも、奪い取られようとしたとき、男は、かの女にいった、「お前のために、死ぬことになった」と。これに対して、かの女は、「私は、あなたのために、死にましょう」といって、高楼から身を投げて死んでしまった。その後、その男は、討ち洩されて命たすかった。そのときに言った言葉が、はじめに挙げた言葉である。

昔、ある高徳の賢人があった。州の長官として、その地方の国々の政治をとり行った。この人に息子があった。父のところへ逢いに行き、都に帰るとき、父は息子に一疋の縑《けん》（カトりの絹、カトリは細糸で、目を細かく織った絹織物）を与えた。息子は父にたずねる、「父上は、節操の高い方です。この絹布は、どこから入手なされましたか」父は答える、「俸禄の余りがあったのだ」と。息子は都に帰り、皇帝にお目にかかった。皇帝は、その話を聞いて、その父の立派な賢人であることに感嘆した。その息子は、皇帝に申し上げた、「私の父は、やはり名をかくそうとしています。ところが私はやはり名をあらわそうとしています。賢者として、私よりも、父の方がすぐれています」と。この話の趣意は、一疋の絹は、まことに僅かなものではあるが、立派な人は、公のものを決して私用にはしないということであり、また、本当に立派な人は、立派な人であるということをあらわさぬようにするということである。そして、俸禄だから私用にするといったのである。俗人でも、なお、このようである。仏道を学ぶ修行者たるもの、決して私心をもってはならぬ。また、まことの道を志すのであるならば、仏道修行者としての名をあらわさぬように心がけるべきである。

　またの御教示。

　ある仙人があった。ある人が、その仙人にたずねて、「どうしたら、仙人になることができますか」と。仙人の答えに、「仙人になりたかったら、仙人になるための道を志し歩むがよい」と。こういうわけであるから、修行者が仏祖の道を得ようと思うなら、何はおいても、まず仏祖の道を志し歩むがよいのだ。

# 六ノ四　昔、国皇有り

〔117〕
示云《じにいはく》、昔、国皇《こくわう》有り(1)、国を《くにを》さめて後、諸臣下に告《つぐ》、「我よく国を治む、賢也《なりや》」諸臣皆云《いはく》、「帝は甚《はなはだ》よくをさむ」一《ひとりの》臣ありて云《いはく》、「帝、賢ならず」＝帝云《いはく》、「故《ゆ》へ〔ゑ〕如何」臣云《いはく》、「国を打取《うちとり》し時、帝の弟にあたへずして、息にあたう〔ふ〕」帝の心にかなはずして、おい〔ひ〕たてられて後、又一《ひとりの》臣に問《とふ》、「朕よく心〔仁〕帝なりや」臣云《いはく》、「甚《はなはだ》よく仁《じん》也」帝云《いはく》、「其故如何《そのゆゑいかん》」臣云《いはく》、「仁君には忠臣有り。忠臣は直言《ちよくげん》ある也。前《さきの》臣、はなはだ直言也。是れ忠臣也。仁君にあらずはえじ」即ち、帝、是を感じて、前《さきの》臣をめしかへされぬ。

又云《いはく》、秦の始皇《しくわう》の時、太子、花園をひろげんとす(2)。臣の云《いはく》、「尤《もつともなり》、もし花園ひろふ〔う〕して、鳥類多くは、鳥類をもち〔て〕、隣国の軍をふせいつべし」よ〔つ〕て其事《そのこと》とどまりぬ。

又、宮殿《くうでん》をつくり、はし〔階〕をぬらんとす。臣の云《いはく》、「もとも然るべし。はしをぬりたらば、敵はとどまらん」よ〔つ〕て其事も、とどまりぬ。云心《いふこころ》は、儒教の心、如《かくのごとし》レ是。たくみに言《ことば》を以て、悪事をとどめ、善事をすすめし也。衲子《のっす》の人を化《け》する、善巧《ぜんげう》として、其の心あるべし。

〔注〕

(1)国皇《こくわう》　魏の文侯のこと。『呂氏春秋』二十四、「不苟《ふこう》論」第四。および『新序』。さらに『蒙求』「翟璜《てきこう》直言」

『呂氏春秋』「任座《にんざ》曰く、君は不肖の君なり。中山を得て、以て、君の弟を封ぜずして、以て、君の子を封じたり。是を以て、君の不肖なるを知る」また「君は賢君なり。臣聞く、その主、賢なる者は、その臣の言、直なりと。いま任座の言、直なり。ここを以て、君の賢なることを知るなり」

『新序』「次いで翟璜《てきこう》に至る。曰く、君は仁君にあらず、君、中山を伐ち、以て、君の弟を封ぜずして、以て、君の長子を封ず。臣、これを知る。と」また「君は仁君なり。臣聞く、その君、仁なる者は、その臣、直なりと。さきに、翟璜の言、直なり。是を以て知る」『蒙求』は『新序』に拠る。

(2)『史記』「滑稽列伝」およびこれに拠る『蒙求』「優旃滑稽《ゆうせんこっけい》」

『蒙求』「優旃《ゆうせん》は、秦の倡《しょう》侏儒《しゅじゅ》なり。善く笑言を為す。然れども、大道に合《かな》う。……嘗て、苑囿《えんゆう》を大にせんと欲す。旃曰く、『善し。多く禽獣を其中に縦《はな》たば、寇《あた》、東方より来るも、麋鹿《びろく》をしてこれに触れしむれば、足らん』と。始皇、故を以て輟止《てっし》す。二世立つ。又、その城に漆《うるし》せんと欲す。旃曰く『佳なる哉。漆城は蕩々《とうとう》として、寇来るも、上る能わざらん。即《も》し之に就かんと欲するも、漆を為し易きのみ。顧うに、蔭室《いんしつ》を為し難からん』と。二世、笑って止む」

〔訳〕

禅師は教えていわれた。

昔、ある国王があった。国政をとり、諸臣下にいった、「私は立派に国の統治を行った。賢君といえるであろうか」と。臣下の者はみな、「帝は大変立派に国を治めなさった」といったが、一人の臣下が、「帝は、賢君ではありませぬ」といった。帝は「何故か」と聞く。その臣下は答えていう、「国を取ったとき、その国を、帝の弟にお与えにならず、御子息にお与えになった。よくありませぬ」帝は御機嫌ななめになり、その臣下の者を去らせた。帝は、また一人の臣下に御下問になった。「どうだ、私は仁君といえるか」その臣が答える、「はなはだ仁君におわします」帝が聞く、「その理由は」その臣が答える、「仁君には、忠臣というものがあります。忠臣は、正しいと思う考えを、はばからず、はっきりといいます。さきの臣は、まことに、その正しいと信ずることを、はっきりと申しました。これは忠臣です。君主が仁君でなければ、こういう忠臣はいないものです」そこで帝は、心ふかくうなずくところがあって、ただちに、前の臣を召しかえされたということである。

またの御教示。

秦の始皇帝のときに、皇太子が花園を拡げようとなさった。ある臣下の者がいった。「大変、結構に存じます。花園が広くて鳥どもが多ければ、その鳥どもで、隣国から攻めて来た軍勢も、防ぐことができるでありましょう」そこで、花園の拡張計画は、とりやめになった。また、宮殿を作って、階《きざはし》を美しく塗ろうとなさったことがある。臣下の者がいった、「大変結構なことと存じます。階を美しく塗っておけば、敵軍は、そこから内へは入らないことでありましょう」そこで、この計画もとりやめになってしまった。

以上の話の趣旨は、儒教で教えるところであって、このようにたくみに言葉をしつらえて、悪いことをしないように、善いことをするように、すすめたものである。禅僧が人々を教化するに当たり、善い手だてとして、このような心得があってほしいものである。

## 六ノ五　僧問うていはく、智者の無道心なると

〔118〕一日、僧問《とうて》云《いはく》、「智者の無《む》道心《だうしん》なると、無智の有《う》道心《だうしん》なると、始終如何《しじゆういかん》」示云《じにいはく》、無智の道心、始終、退《たい》する事多し。智恵有る人、無道心なれども、つい《〔ひ〕》に道心をおこす也。当世、現証、是《これ》多し。しかあれば、先づ道心の有無《うむ》をいわ《〔は〕》ず、学道勤労《ごんらう》すべき也。

又云、内下《ないげ》の書籍《しよじやく》に、まづしうして、居所《きよしよ》なく、或《あるい》は滄浪《さうらう》の水にうかび、或は首陽《しゆやう》の山にかくれ、或は樹下《じゆげ》露地《ろぢ》に端坐し、或は塚間《ちようけん》深山に、草庵する人あり。又、富貴《ふつき》にして財多《おほく》、朱漆《しゆうるし》をぬり、金玉をみがき、宮殿《くうでん》等をつくるもあり。倶《とも》に典籍《てんじやく》にのせたりと云へども、褒《ほ》めて後代《こうだい》をすすむるには、皆、貧《ひん》にして、無財《むざい》なるを以て本《もと》とす。そしりて、来業《らいごふ》をいましむるには、財多《おほき》をば、驕奢《けうしや》のものと云《いつ》てそしる也。

〔訳〕

ある日のこと、一人の僧が質問した。

「智者であって、道心がないのと、無智であって道心があるのと、結局のところ、どちらがよいでしょうか」

これに対して禅師は教えていわれた。

無智なものの道心は、結局、後もどりしてしまう事が多い。これに反して、知恵ある者は、たとえ無道心であっても、しまいには求道心をおこすものである。いまの世でも、実例はたくさんある。であるから、まず、道心の有る無しは問題にせず、仏道を学ぶことにいそしみ努めるべきである。

また の御教示。

仏書や漢籍その他の書をみると、貧しくて住む所なく、あるいは、屈原のように滄浪の水のほとりをさまよい、あるいは、伯夷・叔斉のように首陽山にかくれ住み、あるいは、樹の下や露天で坐禅し、あるいは、墓の間や山奥で、草庵を結んで修行する者もいた。そうかと思うと、また、身分高く財宝ゆたかで、宮殿などを造り、朱や漆を美しく塗り、黄金や宝玉で飾り立てる者もあった。いずれも書物にのせてあるが、後代の人々に、いずれがよいかとすすめるに当っては、すべて貧しく財宝のないのを根本とするのだ。来世のことを考え、現世の生活をしっかり送るよう戒めるに当っては財産が多いのは、心おごり、ぜいたくをする人として非難するのである。

## 六ノ六　学人、人の施をうけて

〔119〕

示云《じにいはく》、学人、人の施《せ》をうけて、悦《よろこ》ぶ事なかれ。又、うけざる事なかれ。故僧正云《いはく》、「人の供養《くやう》を得て悦ぶは、制にたがふ。悦ばざるは、檀那《だんな》の〓心にたがふ」是の故実《こしつ》は、我《われ》に供養ずるに非ず、三宝に供養ずる也。故に彼の返事《かへりごと》に云《いふ》べし。「此《この》供養、三宝定《さだめ》て、納受《なふじゆ》あるらん、申《まうし》けがす(1)」と云《いふ》べき也。

〔注〕

(1)申《まうし》けがす　「申し伝える」ということを謙遜していう。

〔訳〕

禅師は教えていわれた。

仏道を学ぶ者は、人から布施を受けて、悦んではならない。また、受けとらないのもいけない。故栄西禅師は、「人の供養を、受けて悦ぶのは、仏制にそむく。悦ばないのは、施主の心にそむく」といわれた。この場合の基本たるべき心得は、自分に供養されたのではなく、三宝に供養されたのだ、ということである。故に、布施を受けたら、施主に対する返事には、「この御供養、三宝は必ずや御受け取りなさることでありましょう。以上、申し伝えます」というべきなのだ。

## 六ノ七　ふるくいはく、君子の力ら、牛に勝れたり

示云《じにいはく》、ふるく云《いはく》、君子《くんし》の力《ちか》ら、牛に勝《すぐ》れたり。しかあれども、牛とあらそわ〔は〕ず。今の学人、我《わが》智恵才学、人に(1)すぐれて存《ぞん》ずとも、人と諍論《じやうろん》を好む事なかれ。又、悪口《あくく》をもて、人を云い〔ひ〕、怒目《どもく》をもて、人を見る事なかれ。今の世の人、多く財をあたへ、恩をほどこせども、瞋恚《しんい》を現じ、悪口を以て謗言《はうげん》すれば、必ず逆心《ぎやくしん》を起す也。

〔注〕

(1)底本には「我智恵ヲ、学人ニ」とあり。慶安本「我カ智恵才学人ニ」により改む。

〔訳〕

禅師は教えていわれた。

古くいわれた言葉に、「君子《くんし》の力は、牛よりも、すぐれている。しかし、君子は、牛と争うようなことはしない」とある。当今の学人も、自分の知識、学問の才能が、ほかの人よりもすぐれていると思っても、決して、ほかの人と論争をするようなことを、してはいけないのだ。また、ほかの人に対して口ぎたなくののしったり、怒った目つきで人をにらんだりしてはいけないのだ。当今の世の人をみるに、その多くは財を与えたり恩を施したりしてやっても「憎」みいきどおる気持ちを顔にあらわし、口ぎたなく非難したりすれば、必ず敵対心を起すものだ。

## 六ノ八　真浄の文和尚

示云《じにいはく》、真浄《しんじやう》の文和尚《ぶんをしやう》、衆《しゅ》に示《しめして》云《いはく》、「我《わ》れ昔《むか》し雪峰《せつぽう》と、ちぎりを結びて、学道せし時、雪峰、同学と法門を論じて、衆寮《しゅれう》に高声に諍談《じやうだん》す。つい〔ひ〕にたがひに、悪口《あくく》に及ぶ。よ〔つ〕て喧嘩《けんくわ》す。事《こと》、散《さん》じて、峰《ほう》、真浄にかたりて云《いはく》、『我れ、汝ぢと同心同

〔120〕
学＝也。契約あさからず。何が故に、我れ人とあらそう〔ふ〕に、不ニ口入一《くちいれせざる》。』浄、揖《いつ》してし恐惶《きようくわう》せるのみ也。其後、かれも、一方《の》善知識たり。我《われ》も今住持たり。そのかみおし〔もへ〕らく、法門〔の〕論談すら、必〔畢〕竟じて無用也。況や諍論は、定《さだんで》、僻事《ひがごと》なるべし。我れ争そ〔つ〕て、何《な》にの用ぞと思ひしかば、無言にして止りぬ」

〔121〕
今の学人も門徒も、其の跡を思ふべし。学道勤労《ごんらう》の志《こころざし》有《あら》ば、時光を惜《をしん》で学すべし。何の暇《いと》まにか、人と諍談《じやうだん》すべき。畢竟じて自他ともに無益《むやく》也。何況《いかにいはん》や世間の事において、無益《むやく》の論をすべからず。君子の力らは、牛にもすぐれたり。しかれども牛と相ひ争はず。我れ法を知れり。彼れにすぐれたりと思ふとも、論じて彼を難じ負かすべからず。若《もし》、真実に、学道の人有りて、法を問はば、惜むべからず。為に開示《かいじ》すべし。然れども、猶《な》〔ほ〕を其れも、三度《たび》問はれて、一度《たび》答ふべし。多言閑語《たごんかんご》する事なかるべし。此の咎《とが》は身に＝有り。是、我《われ》を諫《いさめ》らるると思《おもひ》しかば、其後、人と法門を諍《じやう》論《ろん》せず。

〔訳〕

禅師は教えていわれた。

真浄克文《こくぶん》禅師（一〇二五―一一〇二）が、衆僧に教示していわれるに、「私は、むかし雪峰道円と兄弟弟子として一緒に仲よく修行したのだが、あるとき、雪峰は同輩の僧と教理を論じて衆寮の中で大声で論争した。そしてついに、お互いに悪口をいいあい、喧嘩になってしまった。事が終わってから、雪峰は、私のところへ来ていうに、『私とあなたとは、心を同じくして相共に学んでいる学友ではないか。二人の契りも浅からぬものがある。私が人と争っているのに、何故、私の味方をしてくれないのだ』私は、一言もなく頭をさげて恐縮するばかりであった。その後、雪峰も一方のすぐれた指導者となった。私もいま一山の住持となっている。あのときのことを、考えてみるに教理上の議論ですら、結局のところ、無用なものである。ましてや、争論などは、間違いであるにきまっていよう。私がその争いに参加したとて何の役に立つか。とこう思ったから、私は何もいわず、無言のままでいたのだ」と。

今日、仏道を修行している者も、また信者の者も、この真浄克文禅師のなされようを考えてみるがよい。骨身惜しまず仏道を学ぶ志があるならば、時を惜しんで学ばねばならぬ。人と争論している暇など、あろうはずがないのだ。自分のためにも相手のためにも、そんなものは、結局役に立たぬ。まして、俗世間の事について、無益な議論をなすべきでない。君子《くんし》の力は、牛よりもすぐれているが、しかし君子は牛などと相争うことはしないのだ。「自分は法を心得ている。彼よりも自分はすぐれている」などと思っても、彼を相手に議論していい負かすようなことをしてはならぬ。もし本当に学道の人があって法を問うならば、いつでもこころよく教えてやるのがよい。彼のために説き示してやるのがよい。しかしながら、なおそれも、三回問われて一回答えるくらいがよい。あまり多くしゃべったり余計なことをいったりしてはいけない。以上のことは、私にも身におぼえのあることであった。私自身の欠点を指摘され注意されていると思ったから、その後は、人と法門を論争することを一切やめたのである。

## 六ノ九　古人多くはいはく、光陰虚しく度ることなかれ

示云《じにいはく》、古人、多《おほく》は云《いはく》、「光陰虚《むなしく》度《わた》る事なかれ」或云《あるひはいはく》、「時光徒《いたづら》に過《すご》すことなかれ」と。学道の人、すべからく、寸陰を惜《をし》むべし。露命消へ〔え〕やすし。時光すみやかに移る。暫く存する間に、余事を管《くわん》ずる事無く、只、須《すべからくみちをがくすべし》レ学レ道。

今の時の人、或《あるひ》は父母《ぶも》の恩すてがたしと云《いひ》、或は主君の命《めい》そむきがたしと云《いひ》、或は妻子の情愛、離れがたしと云《いひ》、或は眷属《けんぞく》等の活命《くわつみやう》、我れを存じがたしと云《いひ》、或《あるひは》、世人謗《そし》つべしと云《いひ》、或貧《あるひはひんに》して道具調《ととの》へがたしと云《いひ》、或非器《あるひはひき》にして、学道にたへじと云《いふ》。如是《かくのごとき》レ等の、世情をめぐらして、主君父母《ぶも》をもはなれず、妻子眷属をもすてず、世情にしたがひ、財色《ざいしき》を貪《むさぼ》るほどに、一生虚《むなし》く過《すぐし》て、まさしく命の尽くる時にあた〔つ〕て、後悔すべし。

〔122〕須《すべから》く閑《しづか》に坐して、道理を案《あん》じて、終にうち立《たた》ん道を、思ひ定むべし。主君父母も、我《われ》に悟りを与ふべきに非ず。恩愛妻子《おんないさいし》も、我が＝くるしみを、すくう《〔ふ〕》べからず。財宝も死をすくはず。世人終《せじんつひ》に我をたすくる事なし。非器なりと云《いっ》て、修せずは、何《いづ》れの却《こふ》にか得道せん。只須《すべからく》、万事を放下《はうげ》して、一向《いつかう》に学道すべし。後時《ごじ》を存《ぞん》ずること莫《なか》るべし。

〔訳〕

禅師は教えていわれた。

古人の多くは、次のようにいっている、「時をむなしく送ってはならぬ」あるいは、「時をいたずらに過ごしてはならぬ」と。悟りの道を学ぼうとする者は、ぜひとも、わずかの時間をも大切にしなければならぬ。露のようにはかない人間の命は消えやすいものである。時間はたちまちに経ってゆく。しばらくこの世に在るあいだに、ほかの事にかかずらうことなく、ひたすら、悟りの道を学ばねばならぬのだ。

いまの世の人、あるいは父母の恩を捨てがたしといい、あるいは主人の命にはそむくわけにゆかぬといい、あるいは妻子の情愛はなれがたいといい、あるいは一族の生活を考えれば自分のことばかり考えてもおれぬといい、あるいは世の中の人々から非難されるかもしれぬといい、あるいは貧乏だから修行のための道具も調えられぬといい、あるいは自分には素質がないから修行をやりとおせないという。このような工合に、世間的な思わくをあれこれ考え、主君、父母から離れられず、妻子家族をも捨てず、俗世間の人情に流され、財を求め、色欲におぼれ、そうやって一生をむなしくすごし、いよいよ死ぬときに当たって、後悔することになるのだ。

むしろ、静かに坐り、道理をよく考え、最後に出で立つ死出の旅路の覚悟をきめるべきだ。主君も父母も、自分に悟りを与えてくれるわけではないのだ。血縁の愛情も妻子も、自分の苦しみを救ってくれはしないのだ。財宝も死からのがれさせてくれぬ。世の中の人誰も、結局、自分を助けてはくれぬのだ。自分には素質がないといって修行しなかったら、未来永劫、悟りの道を得ることはないのだ。むしろ一切をすて去って、ひたむきに道を学ぶのでなければならぬ。いずれ後で、と考えるようなことがあってはならぬのだ。

## 六ノ十　学道は須く、吾我をはなるべし

一日、示云《じにいはく》、学道は須《すべから》く、吾《ご》我《が》をはなるべし。たとひ千経万論《せんきやうばんろん》を、学し得たりとも、我執《がしふ》をはなれずは、つい〔ひ〕に魔坑《まきやう》にを〔お〕つ。古人云《いはく》、「仏法の身心《しんじん》なくば、焉《いづくん》ぞ、仏となり祖とならん」我《が》をはなると云《いふ》は、我が身心をすてて、我が為に仏法を、学すること無き也。只、道の為に学すべし。身心を仏法に放下《はうげ》しつれば、くるしく愁《うれ》う〔ふ〕れ

ども、仏法にしたがつて、行じゆく也。乞食《こつじき》をせば、人、是をわるしと、思はんずるなんど、是《かく》の如《ごと》く思ふ程に、何《いか》にも仏法に入り得ざる也。世情の見《けん》をすべて忘《わすれ》〔ふ〕て、只、道理に任《まかせ》て、学道すべき也。我身《わがみ》の器量《きりやう》をかへりみ、仏法にもかなうまじき、なんど思《おもふ》も、我執をもてる故也。人目をかへりみ、人情をはばかる、即、我執の本《もと》也。只すべからく、仏法を学すべし。世情に随ふこと無《なか》れ。

〔訳〕

ある日、教えていわれた。

悟りの道を学ぶには、まず何よりも、自分というものを離れなければならぬ。たとえたくさんの経典や論書を学ぶことができたとしても、自己への執着をはなれなかったならば、悪魔の穴に墜ち込んで二度と出られなくなってしまう。古人はいっている、「自分の身心を投げすてて仏法そのものの身心となるのでなければ、どうして仏となり祖となることができようか」と。我をはなれるというのは、自分の身心をすてしまい、決して自分のために仏法を学ぶということがないことである。ただひたすら道のために学ぶのでなくてはならぬ。身心を仏法の方へと投げすててしまったならば、苦しくても、つらくても、仏法にしたがって、ふみ行ってゆくのだ。托鉢乞食をしたら、人が是を見て見苦しいと思うかもしれないなどと、こんなふうに思うものだから、どうしても、仏法の中へはいることができないのだ。

世間的な情量分別の考えをすべて忘れて、ただ道理が示すとおりに従って、道を学ばなくてはならぬのだ。自分自身の素質を反省して、とても自分の力量では仏法には耐えられぬなどと思うのも、我執をもっているからなのだ。他人が何と思うかと考えたり、人の世の情量分別を気にしたりするのは、とりもなおさず、我執のもとなのだ。ただ、ひたすらに仏法を学ぶのでなければならぬ。世間的な情量分別にしたがってはならぬのだ。

## 六ノ十一　奘問うていはく、叢林の勤学の行履といふは

〔123〕一日、奘、問云《とうていはく》、叢林《そうりん》の勤学《きんがく》の行履《あんり》と云《いふ》は、如何《いかん》。示云《じにいはく》、只管打坐《しくわんたざ》也。或は、閣《かく》上《じやう》、或《あるひは》楼下《ろうか》にして、常坐《じやうざ》をいとなむ。人に交《まじは》り物語《ものがたり》をせず、聾者《ろうじや》の如く、瘂者《あしや》の如くにして、常に独坐《どくざ》を好む也。

〔訳〕

ある日、懐奘がおたずねした。

「禅寺でひたすら仏道修行にはげむ行いとは、どのようなことでしょうか」

禅師の御教示。

ただひたすら坐禅することである。あるいは堂の内、あるいは堂の外で、常に坐禅するこ

とだ。人と交りおしゃべりをしないことだ。聾者のように、聾啞者のように、常に独り坐禅することを心がけることだ。

## 六ノ十二　泉大道のいはく

一日、参次《さんのついで》に、示云《じにいはく》、泉大道《せんたいだう》の云《いはく》、「風に向《むかつ》て坐し、日に向《むかつ》て眠る、時の人《ひ》との錦《にしき》被《き》たるにまされり」(1)此のことば、古人の語《こと》ばなれども、すこし疑ひ有り。時の人と云《いふ》は、世間貪利《とんり》の人を云《いふ》か。若然《もししから》ば、敵対尤《てきたいもつと》もくだれり。何ぞ云《いふ》にたらん。若《もし》学道の人を云《いふ》か、然《しから》ば何ぞ、錦被《にしきをきる》と云《いは》ん。

此の心をさぐるに、猶、被を、重くする心有《あり》やと聞ゆ。聖人《しやうにん》はしからず。金玉《きんぎよく》と瓦《ぐわ》礫《りやく》と、ひとしくす。執《しふ》する事なし。故に釈迦《しやか》如来、牧牛女《もくごによ》が乳の粥《しゆく》を得ても食《じき》し、馬《め》麦《みやく》を得ても食《じき》す。何《いづれ》も〔ひ〕としくす。法に軽重《きやうぢゆう》なし、情愛浅深あり。

今の世に金玉を重しとて、人の与《あたふ》れども、取《とら》ず、木石《ぼくせき》をば軽しとて、是を愛するも有り。思《おもふ》べし、金玉も本来、土中より得たり、木石も大地より得たり。何ぞ一つをば〔124〕重し＝とて取《とら》ず、一《ひとつ》をば軽しとて愛せん。此《この》心を案ずるに、重《おもき》を得て執《しふ》すべき心《ここ》ろ有らんか。軽《かるき》を得て愛する心有らば、とがひとしかるべし。是れ学人の用心すべき事也。

〔注〕

(1)「迎風坐向日睡。也勝時人蓋錦被。（風ヲ迎エテ坐シ、日ニ向ッテ睡ル。マタ、時ノ人ノ、錦被ヲ蓋ウニ勝レリ）『建中靖国続燈録』巻二十九、大道谷泉「大道歌」

〔訳〕

ある日、参学の折の御教示。

大道谷泉《だいどうこくせん》（一〇五六―一一六四）禅師の言葉に、「風に向かって坐し、日に向って眠る、時の人の錦《にしき》きたるにまされり」というのがある。この言葉は、古人の言葉ではあるけれど、すこし疑問の点がある。時の人というのは、世間で利をむさぼっている人をいうのか。もしそうだとすれば、そういうのを相手にするのは、まことにくだらぬことである。まるで問題とするに足りないことだ。もしまた、仏道を学ぶ人をいうのか。だとすれば、どうして錦着たるというのか。

この言葉の趣旨を察するに、やはり錦を着るということを重視する気持ちがあるのではないかと思われる。しかし仏道に達した人は、そんなものではない。金銀宝玉と瓦・石ころとを同じように見る。金銀宝玉だからといって執着することはないのだ。だから釈迦如来は、牛飼い女のささげた、おいしい乳の粥《かゆ》も受けとって召しあがったのだし、馬の飼料であるまずい麦の供養を受けても召しあがったのだ。えりごのみを、されはしなかった。仏法では、ものに軽いとか重いとかの区別はしないのだ。ただ人間の情量・愛情に、浅いと深いとの差別があるのだ。

今の世でも、金銀宝玉を貴重なものであるとして、人が与えても、受け取らぬ人があり、また木や石は、つまらぬ軽少のものであるからとして、これを愛玩している人もいる。考えても見るがよい。金玉も本来は土の中から出たのだ。木石も大地から得られたものだ。何で一方を貴重であるとして受け取らず、一方を軽少なものであるからといって愛したりするのか。この気持ちを察するに、貴重なものを手に入れると執着してしまう心があるからではないか。軽少なものを手に入れて愛する気持ちがあるのなら、罪は同じであろう。仏道を学ぶ者が気をつけなければいけないことである。

## 六ノ十三　先師全和尚入宋せんとせしとき

示云《じにいはく》、先師《せんじ》(1)全和尚《ぜんをしやう》(2)入宋《につそう》せんとせし時、本師《ほんし》(3)叡《えい》山の明融阿闍梨《みやうゆうあじやり》(4)、重病に沈み、すでに死なんとす。

其時《そのとき》、この師云《いはく》「我、既に老病に沈み、死去せんとする事、近《ちかき》にあり、汝《なん》ぢ一人《ひとり》、老病をたすけて、冥路《よみぢ》をとぶらふべし。今度の入唐《につたう》、暫く止《とどまつ》て、死去の後、其《その》本意をとげらるべし」

〔125〕

時に先師、弟子及同朋等をあつめて、商議《しやうぎ》して云《いはく》、「我、幼少の時、双親の家を出でて後、此師の覆育《ふいく》(5)を蒙《かうむつ》て、今、成長《せいちやう》せり。世間養育の恩、尤も重し。又出世法門の事、大小権実教文《ごんじつのけうもん》、因果をわきまへ、是非を知《しり》て、等輩にもこ〔え〕、名誉を得たる事も、又仏法の道理を知《しり》て、今入宋求法《につそうぐほふ》の志を、おこすまでも、＝彼《か》の恩に非ずと云《いふ》こと無し。然るに、今年、すでに窮老《きゆうらう》して、重病の床に臥《ふ》し給へり。余命存じがたし。後会《こうくわい》、期すべきに非ず。よ〔つ〕てあながちに是をとどむ。彼《か》の命もそむき難し。今、不レ顧二身命一《しんみやうをかへりみず》、入宋求法《につそうぐほふ》するも、菩薩《ぼさつ》の大悲、利生《りしやう》の為《ため》也。彼《か》の命をそむき、宋土にゆかん道理如何《いか》ん。各々、存知《ぞんぢ》を、のべらるべし」

時に人々、皆云《いはく》、「今年の入宋止るべし。老病、已《すで》に窮《きはま》れり。死去、定《ぢやう》なり。今年ばかり止《とどまつ》て、明年の入唐、尤然《もつともしか》る可《べ》し。彼《か》の命をもそむかず、重恩《ぢゆうおん》をも忘れず。今一年半年の、入唐の遅々《ちち》、何のさまたげか有《あら》ん。師弟の本意《ほんい》も、相違《さうゐ》せず、入宋の本意も、如意《によい》なるべし」

時に我《わ》れ末臘《ばつらふ》にて云《いはく》、「仏法の悟り、今はさて有りなんと、おぼしめさるる義ならば、御とどまり然るべし」

先師の云《いはく》、「然《し》か也《なり》。仏法修行のみち、是程《これほど》にて、さても有りなんと存ず。始終是《かく》の如《ごと》くならば、さりとも出離《しゆつり》(6)、などかと存ず」

〔126〕我、云《いは》く「其の義な〻らば、御とどまり有《あ》るべし」

時に先師、皆の義をはりて云《いはく》、「各々の義定《ぎぢやう》、皆とどまるべき、道理なり。我が所《しよ》存《ぞん》は然らず。今度止りたりとも、決定《けつぢやう》死ぬべき人ならば、其《それ》によりて、命のぶべからず。又、我とどまりて、看病外護《げご》せんによりて、苦痛も、やむべからず。又最後に我《わ》があつかひ、勧《すす》めんによりて、決定、生死《しやうじ》を可《はなるべき》ㇾ離道理にもなし。只、一旦《たん》、命《めい》に随ひたる、うれしさばかりか。是《これ》によりて、出離得道の為に、一切無用也。誤《あやまつ》て求法《ぐほふ》の志をさ《〔障〕》え《〔へ〕》て、罪業《ざいごふ》の因縁となるべし。然《しかる》に、若《もし》、入唐求法の志を遂《とげ》て、一分の悟《さとり》をも、ひらきたらば、一人有漏《うろ》の迷情《めいじやう》にこそ、たがふとも、多人得道の縁となるべし。功徳若勝《くどくもしすぐ》れば、又師の恩報じつべし。たとひ又渡海の間に死《しに》て、本意をとげずとも、求法の志をもて死せば、玄奘三蔵《げんじやうさんざう》(7)のあとをも思ふべし。一人の為に、うしなひやすき〔127〕時を、空《むなし》く〻すぐさん事、仏意にかなふべからず。よ〔つ〕て今度の入唐、一向に思ひきりをはりぬ」とて、終《つひ》に入宋《につそう》しき。

先師にとりて、真実の道心と、存《ぞん》ぜん《〔し〕》事、是等《これら》の心也。然れば、今の学人も、或は父母《ぶも》の為、或は師匠の為に、無益《むやく》の事を行《ぎやう》じて、徒《いたづら》に時を失ひ、勝《すぐ》れたる道を指《さし》おきて、光陰をすぐす事無《なか》れ。

〔128〕

時に弉〔公〕云《いはく》、「真実求法《ぐほふ》の為には、有漏《うろ》の父母、師僧の障縁を、すつべき道理、然るべし。但し、父母恩愛《おんない》等のかたをば、一向に捨離《しやり》すとも、又菩薩《ぼさつ》の行《ぎやう》を存ぜん時、自利をさしおきて、利他をさきとすべきか。然《しか》るに、老病にして、又他人のたすくべきもなく、我一人其《そ》の人にあたりたるを、自《みづか》らの修行を思《おもう》て、彼をたすけずは、菩薩の行にそむくか。又大士《だいし》(8)の善行を不レ可レ嫌〔嫌ふ可《べ》からず〕。縁に対し事に随《したがっ》て、仏法を存《ぞん》ずべきか、若《もし》、是《これ》らの道理によらば、又ゆいてたすくべきか如何。

示云《じにいはく》、利他の行も自行《じぎやう》の道も、劣《れつ》なる＝をすてて、すぐれたるを取るは、大士の善《ぜん》行《ぎやう》也。老病をたすけんとて、水菽《すゐせう》(9)の孝を至《いた》すは、今生暫時《こんじやうざんじ》の妄愛《まうあい》、迷情の悦《よろこ》びばかり也。背《そむ》きて無為《ぶゐ》の道を学せんは、たとひ遺恨《ゐこん》はありとも、出世《しゆつせ》の縁となるべし。是《これ》を思へ。是を思へ。

〔注〕

当時、懐弉禅師の老母が老病で、ひとり寂しく亡くなったが、懐弉禅師は興聖寺の制を守って、この老母の臨終のときにも、同門の勧めにもかかわらず、ついに寺を出ることがなかった。もし、そうであるならば、この段の示教は、孝養と修行との二者択一に迷い悩む懐弉禅師に対する「道元禅師の慈誨」であったということになるであろう。（水野弥穂子訳註『正法眼蔵随聞記』、筑摩書房版、二三九頁）そう思って読んだ方が、この段の味わいは深い。

(1)先師《せんじ》　亡くなった師匠。

(2)全和尚《ぜんをしやう》　仏樹房明全《ぶつじゆぼうみようぜん》（一一八四—一二二五）。姓は蘇我。伊賀の人。八歳のとき、延暦寺で出家し、横川《よかわ》首楞厳院にて天台学を学び、後、建仁寺の栄西に参禅しその上足となる。道元の師である。貞応二年（一二二三）、道元をつれて入宋し、天童山で修行中、嘉禄元年（一二二五）五月二十七日、入寂。年四十二歳。道元は帰国のとき、その遺骨を持ち帰っている。

(3)本師《ほんし》　本来は釈尊をいうが、また、得度の後、僧として必要な作法、知識、学問を授けてくれる師僧をいう。

(4)阿闍梨《あじやり》　梵語アーチャーリア。軌範、正行と訳す。弟子の行為を正し、他の軌範となるべき高僧の敬称。わが国では、天台、真言の高僧が朝廷から任補される僧職名。

(5)覆育《ふいく》　天地が万物を覆い育てること。

(6)出離《しゆつり》　迷いを出でて悟りに入ること。

(7)玄弉三蔵《げんじやうさんざう》　（六〇〇—六六四）。唐の学僧、太宗の貞観三年（六二九）、単身インドに渡り、ナーランダ寺にて戒賢について梵典および唯識を学び、その他、各地の師をたずね仏跡を遊歴し、貞観十九年（六四五）仏舎利、仏像、経典六百五十七部を携え長安に帰り『大唐西域記』を著し、訳経を行った。七十五部千三百三十五巻、新訳と称せられ、法相宗の開祖。「三蔵」とは経・律・論の三蔵に通達した高僧の意。
(8) 大士《だいし》　菩薩の漢訳語。
(9) 水菽《すゐせう》　菽は豆の総称。水を飲み豆の粥をすする。水菽の孝とは貧しい暮しの中で孝行をすること。

〔訳〕

禅師の御教示。

今は亡き師匠の明全和尚が宋に渡ろうとされたとき、その育ての師匠であった比叡山の明融阿闍梨が、重病のあげく、今にも死のうとされていた。

そのとき、明融阿闍梨のいわれるに、「私はすでに老病が重く、息をひきとるのも間近かである。お前ひとりにだけ、この老病人を看護し死出の旅路を見とってもらいたいのだ。このたびの渡唐はしばらく思いとどまって、私が死んでから、その思いを遂げるようにしてほしい」と。

そのとき、明全和尚は、同門の友人や弟子たちを集め、相談されて、こういわれた、「私は幼少のとき、両親の家を出て以来、この師匠に育てられ成長して今日に至った。世間的にいって養育の恩は、まことに重い。また出世間的な法門のこと、大乗・小乗・権教・実教の教えや文言を教わり、因果の道理を知り是非をわきまえ、同輩にもすぐれ名誉を得たことも、また仏法の道理を知って、いま宋に渡り法を求めようとの志を起すに至るまで、一つとして、この師匠の恩でないものはないのだ。しかるに師匠は今年、老いこんで重病の床に臥しておられる。あといくばくもないと思われる。今、別れては、再びお目にかかることもできまいと思う。そこで、無理にも私を引きとめようとなされているのだ。その仰せには背《そむ》きがたいものがある。いま、自分の身命をかえりみず、宋に渡り法を求めるのも、菩薩の大慈悲の行為、生きとし生けるものを救わんとの念願に出《い》ずるものである。かの師匠の仰せにそむいて宋国に行くのがよいか悪いか。その道理はいかに。皆の衆、それぞれ、思うところを述べてほしい」と。

そのとき、人々みな次のようにいった。

「今年入宋なさることは取りやめた方がよい。師の老病はもう先が見えている。もうじき必ずお亡くなりになろう。今年は取りやめにして、来年行くことにするのが一番よろしい。そうすれば、師匠の仰せにもそむかず、師の重恩にも報いられよう。今一年や半年、入宋がおくれたからといって、何の差し支えもないのだ。師弟の情誼にももとらず、入宋の望みもかなうわけである」と。

私は末席にいたが、そのとき、申し上げた、「仏法の悟りは、いまは、このくらいでよい、とお考えであるならば、おとどまりなさるのがよろしかろうと存じます」と。

先師明全和尚はいわれた、「そのとおりである。仏法修行の道は、ここまでくれば、まずはよかろうと思う。たえず、このようにして努めてゆけば、迷をはなれ悟りを得ることができないことは、よもやあるまいと思う」と。

そこで私は申し上げた、「そのようなわけでしたら、おとどまりなさるのがよろしいでしょう」と。

ところで先師明全和尚は、皆の者が論じ終わってから、いわれた、「おのおの方の御評議の結果は、皆、とどまるのが道理ということになった。私の考えは、ちがう。今回、行くのを中止したとしても、どうあっても死ぬべき人ならば、それで命がのびるわけのものでない。また私がとどまって看病し、身のまわりの御世話をしたからとて、お師匠様の苦しみがなくなるわけのものでない。また御臨終のときに、私が御世話して往生よろしきよう、取りはからい、お勧めしたところで、生死の輪廻《りんね》から離れられるという道理もない、ただお師匠様としては、一応は自分のいうことを聞いてくれたといって喜ぶだけのことでは、なかろうか。こういうわけであるから、いま入宋を思いとどまるのは、迷いから離れ、悟りの道を得るためには、一切無用である。そんなことをすれば、お師匠様としては、かえって弟子の求法の志をさまたげることになって、罪業の因縁となることであろう。ところが、これと反対に、入宋求法の志をとげて、わずかでも悟りを開いたならば、一人の煩悩を懐《いだ》いている人間の迷いの情にはそむいても、やがて多くの人が悟りの道を得る縁ともなるであろう。その功徳がもしすぐれているなら、またお師匠様の御恩に報いることができるというものだ。たとえ海を渡っている間に死んで目的が遂げられなかったとしても、求法の志を懐いて死ぬのだから、あの玄奘三蔵法師がインドまで法を求めて赴いたのに、いささかなぞらえることもできよう。一人の迷える人のために、失いやすい時をむなしく過すようなことは、み仏《ほとけ》のみこころにかなうわけがない。よって、このたびの入宋は、きっぱりと決意した」こういわれて、ついに宋に行かれたのだ。

先師明全和尚にあって、真実の道心とは、どのようなものであったか、それはこのようなものであったのだ。であるからして、今、道を学ぶ者も、あるいは父母のため、あるいは師匠のために、無益なことをして、徒に時を空費し悟りのすぐれた道をさしおいて時をすごしてはならぬ。

そのとき、懐弉がおたずねした。

「真実、法を求めるためには、迷いの世界にある父母・師僧との、さしさわりある関り合いを、捨てなければならぬという道理は、そのとおりでありましょう。ただし、父母の恩愛の情の方は全く捨て去るにしても、他方で菩薩の行を考え実行しようとするときには、自利をさしおいて、利他を先とすべきでありましょう。ところで、老病で、他人は誰も助けて面倒をみてくれる者もなく、ただ自分ひとりがその老病の者を世話すべき立場にありながら、自分は、自己の修行のことを考えてその老病の者を世話してやらないでいるという場合、これは菩薩の行にそむくのではないでしょうか。また、菩薩は、善行に差別しないものです。縁にのぞみ事にしたがって、仏法を行ずべきものでありましょう。したがって、これらの道理によれば、この老病の者のところへ行ってやって、世話してやるべきでないでしょうか。いかがなものでしょうか」

禅師の御教示は次のようであった。

他人を救う行いも、自分の悟りのための修行も、いずれにしても、すぐれた方をとり、劣っている方をすてるのが、菩薩たるものの善行なのだ。老病の者の看護をし、貧しい中で苦労して孝養をつくすのは、この世にあって、しばしの間、誤った迷いの愛情によって悦ぶだけにすぎないのだ。むしろ、そういうものに背を向けて、悟りの道を修行するのは、たとえつらい思いは残っても、やがては輪廻の迷いから解脱《げだつ》する縁ともなるであろう。このことを、よくよく考えよ。よく考えよ。

## 六ノ十四　世間の人、自らいはく

〔129〕

一日、示云《じにいはく》、世間の人、自云《みづからいはく》、「某甲《それがし》し、師の言《ことば》を聞《きく》に、我が心にかなはず」我思《われおもふ》に、此言非《このことばひ》也。其心如何《そのこころいかん》。若《もし》、聖教《しやうげう》等の道理を心得《こころえ》をし、すべて、其《そ》の心《こころ》に違《ゐ》する、非也と思《おもふ》か。若《もし》、然らば何ぞ師に問ふ。又ひごろの情見《じやうけん》をもて云《いふ》か。若《もし》、然らば、無始より以来《このかた》の妄念《まうねん》也。学道の用心と云《いふ》は、我心《わがこころ》にたがへども、師の言《こと》ば、聖教のことばならば、暫く其《それ》に随《したがつ》て、本《もと》の我見《がけん》をすてて、改めゆく、此の心《こころ》、学道の故実《こしつ》也。

我れ当《たう》年、傍輩《はうはい》の中《なか》に、我見を執《しふし》て、知識をとぶらい〔ひ〕、我《わが》心に違《ゐする》をば心得ずと云《いつ》て、我見に相叶《あひかなふ》を執《しふし》て、一生虚《むなし》く、仏法を会《ゑ》せ＝ざりしを見て、知《ち》、発《ほつ》して、学道は不ㇾ可ㇾ然《しかるべからず》と思《おもう》て、師の言《ことば》に随《したが》て、暫《しばら》く道理を得て、其後《そののち》看経《かんきん》の次《ついで》に、或経《あるきやう》に云《いはく》、

「仏法を学せんとおもはば、三世の心《しん》を相続する事なかれ」と。知りぬ、先の念を記《き》持《ぢ》せずして、次第に改めゆくべき也。書に云《いはく》、「忠言は耳にさかふ」(1)と、我が為に忠なるべき言《こと》ば、耳に違《ゐ》する也。違《ゐ》すれども強《しひ》て随はば、畢竟《ひつきやう》じて益あるべき也。

〔注〕

(1)『孔子家語』『史記』『漢書』『後漢書』等にあり。「忠言ハ耳ニ逆エド、行イニ利アリ」

〔訳〕

ある日の御教示。

世間の人は、自分から次のようにいう、「私は、師のお言葉を拝聴しますに、どうも私の気に入りません」と。私の考えるところでは、こういうのは、間違っている。その意はどうかといえば、もしそういうつもりなら、例えば、経典にある尊い教えの道理を理解して、それが、自分の考えとちがっている場合に、経典の方が間違っている、ということになるであろう。それでよいか。もしそうなら、何で師匠にたずねたりするのだ。また、平生の日常的な思慮分別にもとづいて、いっているのか。もし、そうであるなら、そんなものは、この世のはじまり以来の間違った考えなのだ。悟りの道を学ぶ上で気を付けなければならないことは、自分の考えとは、たとえちがっていても、師匠の言葉や経典の教文であるならば、一応はそれにしたがって、まえまえからの自分の考えをすてて改めてゆくのだ。こういう心がけが、道を学ぶ上での基本である。

かつて当時、私の同門の仲間の中に、自分の見解に固執して、多くの師匠のところを訪ねあるき、自分の考えとちがうのは、納得できないといい、自分の意見に一致するものを喜び信じて、一生を空しくすごし、ついに悟りの道を会得しないで終わってしまった者がいた。これを見て、はっと気がついたのは、学道はそういうふうではいけないということだ。そう思ったから、師匠の言葉にしたがって、いささか悟りの道理を会得したのだ。そしてその後、経を読んでいたときに、ある経に、「仏法を学ぼうと思うなら、過去・現在・未来と輪廻をくりかえす心を相続してはならぬ」とあった。それでわかったのだが、それは、以前の考えを、いつまでも思い続けているというようなことをやめて、段々と自分の考えを改めてゆくようにせねばならぬ、ということである。書物にある言葉に、「忠言は、耳に逆う」とある。自分のために忠告となるべき言葉は、聞き入れることができないものだということである。しかし、こころよく聞き入れることができないにしても、しいてその言葉に従うようにすれば、結局は、益があるとしたものなのだ。

## 六ノ十五　人の心、元より善悪なし

一日、雑話《ざふわ》の次《ついで》に云《いはく》、人の心、元《もと》より善悪なし。善悪、縁に随《したがつ》てをこる〔お〕。仮令《けりやう》、人、発心《ほっしん》して、山林《せんりん》に入る時は、林家《りんか》はよし、人間はわるしと覚《おぼゆ》。又、退心《たいしん》して山林を出《いづ》る時は、山林はわるしと覚ゆ。是、即ち、決定《けつぢやう》して、心に定相《ぢやうさう》なくして、縁にひかれて、ともかくもなる也。故に善縁にあへばよくなり、悪縁に近づけば、わるくなる也。我《わ》が心、本《もと》よりわるしと思ふことなかれ。只、善縁に随ふべき也。

又云《いはく》、人心《の》は、決定《けつぢやう》、人の言《ことば》に随ふと存《ぞん》ず。大論《だいろん》(1)に云《いはく》、「喩《たと》へば愚人《ぐにん》の手に、摩尼《まに》(2)を以《も》てるが‖如し。人、是を見て『汝《なん》ぢ下劣なり。自《みづから》、手に物をもてり』と云《いふ》を聞て〔130〕思はく、『珠は惜しし、名聞《みやうもん》は有り、我は下劣ならじ』と思ふ。思ひわづらひて、猶《なほ》、名聞《みやうもん》に引《ひか》れて、人の言《ことば》について、珠をおいて、後に、下人《げにん》に取らしめんと思ふ程に、珠を失《うしなふ》」と云《いふ》。

人の心は如《かくのごとし》レ是。一定《いちぢやう》、此言《このことば》、我《わ》が為《ため》によしと思へども、人の(事《ことば》に)(3)語《ことば》につく事あり。されば、何《いか》に本《も》とよりあしき心なりとも、善知識にしたがひ、良人久《よきひとのひさしく》語《かたる》を聞《きけ》ば、自然《じねん》に心もよくなる也。悪人にちかづけば、我が心にわるしと思へども、人の心に暫《しばらく》く随ふほどに、やがて真実にわるくなる也。

又、人の心、決定《けつぢやう》して、ものを此《こ》の人に、とらせじと思へども、あながちにしひて、切《せつ》に重子《かさね》て云へば、にくしと思ひながら与《あたふる》也。決定して与《あたへ》んと思へども、便宜《びんぎ》あしくて、時すぎぬれば、さてやむ事も有り。

〔131〕

然らば、学人《がくにん》、道心なくとも、良人《よきひと》に近づき、善縁にあふて、同じ事をいくたびも、聞き見《みる》べき也。此言《このことば》、一度《ひとたび》聞＝き見れば、今は見聞《みき》かずともと思《おもふ》ことなかれ。道心一度発《ひとたびおこ》したる人も、同じ事なれども、聞くたびにみがかれて、いよいよ、よき也。況《いはん》や、無道心の人も、一度二度こそ、つれなくとも、度々《とど》重《か》さなれば、霧の中を行く人の、いつぬるるとをぼ〔お〕へ〔え〕ざれども、自然《じねん》に恥《はづ》る心もおこり、真《まこ》との道心も起る也。

故に、知りたる上にも、聖教《しやうげう》を又々《またまた》見るべし、聞くべし。師の言《ことば》も、聞《きい》たる上にも、聞《き》きたる上にも、重々《かさねがさね》聞くべし、弥《いよい》よ深き心《こころ》、有る也。道の為《ため》にさはりと、なりぬべき事をば、か子《ね》て是《これ》に近づくべからず。善友《ぜんう》には、くるしく、わびしくとも、近づきて行道《ぎやうだう》すべき也。

〔注〕

(1)大論《だいろん》　『大智度論』百巻。龍樹著。鳩摩羅什訳。『摩訶般若波羅蜜経』(大品般若)の注釈書である。

(2)摩尼《まに》　梵語マニは珠の意。宝、宝珠、如意珠とも訳す。

(3)原文「人ノ事ニ語ニツク事アリ」ここで「語《ことば》ニ」は、「事ニ」とは「語ニ」の意であるとの注釈の言葉が、本文に挿入されたもの。

〔訳〕

ある日、いろいろ御話のあった折りに、御教示あり。

人の心というものは、元来、善悪はないものである。善悪は、縁にしたがって起るのだ。例えば、ある人が、求道心をおこして山林に入るときには、山林の中での住いは良い、人間の世の中は嫌《いや》なものだ、と考える。ところが、求道心が衰えて修行が嫌になり、山林の中から出てくるときは、山林は嫌だ、と考える。これはとりもなおさず、心というものに一定不変のかたちがなく、縁にひかれて、どういうふうにも心は変わるものだということを、はっきりと示している。善い縁にあえば良くなるし、悪い縁に近づけば、悪くなるものなのだ。自分の心は、元来、悪いのだ、などと考えてはならぬ。ただ、善縁に従ってゆくように、せねばならぬのだ。

また の御教示。

人間の心というものは、必ず他人の言葉によって左右されるものだと思う。『大智度論』には、次のようなことが書いてある、

「例えば、愚かな人が、手に宝珠をもっていたところ、ほかの人が、それを見て、『お前は下賤な人間だ。自分で手に物を持っている』（貴人は、自分では手に物をもたず、従者にもたせる）といったとする。こうした場合がそうである。愚人は、こういわれて、『珠は惜しいが、外聞もある。下賤だと思われたくない』と考える。どうしたらよいか、考えあぐねた

すえ、見栄《みえ》に引きずられ、他人の言葉に左右されて、珠を手ばなし下に置き、あとで召し使いに取りにこさせようと考える。ところが、その間に、珠は失くなってしまう」という話である。

人の心というものは、このようなものである。たしかに、この言葉は自分のために良い言葉だと思っていても、ほかの人から何かいわれると、またそれに気がひかれる。だから、いかに本来わるいこころの人でも、すぐれた師匠にしたがい、立派な人が語る言葉を長い間聞いていれば、おのずと心も立派になってくるのだし、また悪い人に近づけば、はじめは自分でも悪いと思っていても、その人のいうとおりに従っている内に、やがて本当に悪い人間になってしまうのだ。

また、人の心というものは、こんなやつには決して物をやるまいと思っていても、無理押しして、どうしてもと、くり返しねだられると、いやなやつだとは思いながらも、与えることになってしまうものである。また反対に、是非与えようと思っていても、そのうまい機会がなくて時が経ってしまうと、そのままになってしまうことがあるものだ。

こういうわけだから、道を学ぶ者は、たとえ道心がなくとも、立派な人になるべく近づき、善い機会にめぐり合うようにし、同じ事を、何度も何度も、聞いたり見たりするのがよいのだ。この言葉は、まえに一度聞いたから、あるいは見たから、いま見なくとも、あるいは聞かなくてもいい、などと思うようなことがあってはならぬ。ひとたび道心をおこした人であっても、同じことでも繰り返し聞くごとに、みがきがかかって、ますますよくなるのだ。道心なき人は、一度や二度、いってきかせても、なかなかいうことを聞かないものだが、何度もくりかえしいいきかせれば、道心なき人でも、あたかも、霧の中を行く人が、いつ濡れたとも判らぬうちに濡れてしまうように、おのずと自分を恥ずかしいと思う気が起り、まことの道心も起ることになるのだ。

故に、知っている上にも、教典はくり返し見るがよく、聞くがよい。師匠の言葉も、すでに聞いた上にも、何度もくり返し拝聴するがよい。そのたびごとに、ますます深い意味あいが判ってくるのだ。仏道のために障害となりそうなことには、あらかじめ、これに近づかないようにせねばならぬ。善い友人には、さしさわりがあっても、つらくても、何とかして近づいて、修行を共にするよう努めねばならぬ。

## 六ノ十六　大恵禅師、あるとき

示云《じにいはく》、大恵《だいゑ》禅師(1)、或時《あるとき》、尻に腫物《はれもの》を出《いだ》す。医師、是を見て、「大事《だいじ》の物也」と云《いふ》。恵云《いはく》、「大事の物ならば、死すべしや」医云《いはく》、「ほとんどあやう〔ふ〕かるべし」恵云《いはく》、「若《もし》、死ぬべくは、弥《いよいよ》、坐禅すべし」と云《いつ》て、猶、強盛《がうじやう》に坐《ざ》したりしかば、かの腫物、うみつぶれて、別の事なかりき。

〔132〕古人の心、如《かくのごとし》レ是。ニ病を受《うけ》ては、弥《いよいよ》、坐禅せし也。今の人の、病なからん、坐禅

ゆるくすべからず。

病は心に随《したが》つて、転ずるかと覚《おぼゆ》。世間にしやくりする人、虚言《そらごと》をもし、わびつべき事をも、云ひつげつれば、其《そ》れをわびしき事に思ひ、心に入《いれ》て陳《ち》んぜんとするほどに、忘《わすれ》て、その病止《とどま》る也。

我も当時《そのかみ》、入宋《につそう》の時《と》き、船中にして痢病《りびやう》をせしに、悪風出来《いできたつ》て、船中さわぎし時、病忘《わすれ》て止まりぬ。

是を以《も》つて思ふに、学道勤学《きんがく》して、他事《たじ》を忘れば、病もおこるまじきか、と覚《おぼゆ》る也。

〔注〕

(1)大恵《だいゑ》禅師　大慧《だいえ》宗杲《そうごう》（一〇八九―一一六三）。臨済宗大慧派の祖。寂後「普覚禅師」と諡《おくりな》された。

〔訳〕

禅師の御教示。

大恵禅師があるとき、尻に腫物ができた。医者がこれを見て、「大変な悪性のものである」という。大恵いう、「それなら、命にかかわるものか」医師、「まず、いけません」大恵、「どうせ死ぬものなら、ますます坐禅して死ぬことにしよう」こういって、一層、勢い盛んに坐禅なされたところ、その腫物は、うみつぶれて、なんということもなかった。

古人の心がまえの立派なことは、このようである。病気にかかっては、なおさら坐禅されたのだ。今の者で、病気でもない者が、坐禅を手ぬるくしてはならぬのだ。

病気というものは、気の持ちようで、変わるように思われる。世間で、しゃっくりをする人に、嘘をいって、がっかりするような事をいってやると、それは嫌なことだと思うものだから、本気になって、そんな筈がないといい立てるうちに、気がまぎれて、しゃっくりも止ってしまう。

私も、往時、入宋のとき、船中で下痢をしたが、そのときたまたま嵐になって、船中大さわぎになり、それで病気どころではなくなり、すっかり忘れて、下痢もとまってしまった。

これによって考えるに、力をつくして道を学び修行して、ほかのことを忘れてしまえば、病気にもなかなかかからないのではないか、と思う次第である。

## 六ノ十七　俗の野諺にいはく

示云《じにいはく》、俗《ぞく》の野諺《やげん》に云《いはく》、「唖《あ》せず聾《ろう》せざれば、家公《かこう》[1]とならず」云心《いふこころ》は、人の毀謗《きはう》をきかず、人の不可《ふか》を云はざれば、よく、我《わ》が事を成《じやう》ずる也。是《かく》の如《ごと》くなる人を、家の大人《たいじん》とす。是《これ》、即《すなはち》、俗の野諺《いやしきことわざ》也と云《い》へども、取つて衲僧《なふそう》の行履《あんり》としつべし。他のそしりに〔とり〕[2]あはず、他のうらみに〔とり〕あはず、いかでか我《わ》が道を行《ぎやう》ぜん。徹《てつ》得困《とくこん》(3)の者、是を得べし。

〔注〕

(1)家公　一家の主人公。

(2)原文「他ノソシリニアハズ、他ノウラミニアハズ」では、ここの文意の上から、言葉が不足している。面山本により、「とりあはず」とする。面山本は「他のそしりにとりあはず、他の恨みにとりあはず、他の是非をいはずして、如何《いか》んが道を行ぜん」この方が文意の筋は通る。

(3)『聯燈会要』巻七、「大潙霊祐禅師」「師、上堂ス。良久シテ、僧出デテ云ワク、『請ウ、和尚、衆ノタメニ説法セヨ』ト。師、云ワク『我、汝ノタメニ、徹困ナルコトヲ得タリ』ト。僧、便チ作礼ス」困はきわめる。「得徹困」は、どこまでも徹底してやりぬく。力のありったけをつくす。原文の「徹得困」は、誤写ならんか。

〔訳〕

禅師の御教示。

世俗のことわざにいう、「聾唖者になり、聾者にならなければ、一家のあるじにはなれぬ」と。いう意味は、他人からの非難を受けても耳にいれず、また他人のよくないところを口にしないようであれば、自分の思うところを成しとげることができる、ということである。このような人であってこそ、一家の家長となることができるのだ。これは俗世のことわざではあるが、これはそのまま禅僧の行いとして採り入れることができよう。他人からそしられても、取り合うことなく、他人のうらみを受けても、取り合うことなく、なんとかして、我が道を行じたいものである。徹底してやりぬこうとする者であってこそ、道を得ることができよう。

## 六ノ十八　大恵禅師のいはく

〔133〕

示云《じにいはく》、大恵禅師の云《いはく》、「学道は須《すべから》く、人の千万貫銭を、おえ〔へ〕らんが、一文をも=もたざらん時《と》き、せめら〔れ〕ん時の心の如くすべし。若し、此の心《ここ》ろ有らば、道を得《うる》こと易し」(1)と云へり。

信心銘《しんじんめい》(2)云《にいはく》、「至道《しいだう》かたき事なし。但《ただ》、揀択《けんぢゃく》を嫌《きら》ふ」揀択《けんぢゃく》の心を放下《はうげ》しつれば、直《ぢき》下《げ》に承当《じょうたう》する也。揀択　心　放下《けんぢゃくのこころをはうげ》すと云《いふ》は、我《が》を離《はな》るる也。所謂《いはゆる》、我身《わがみ》仏道をならん為に、(3)仏法を学すること莫《なか》れ。只、仏法の為に、仏法を行じゆく也。たとひ千経万論を学し得、坐禅、とこをやぶるとも、此心無《このこころな》くば、仏祖の道を不レ可ニ学得一《がくしうべからず》。只、須《すべから》く身心を放下《はうげ》して、仏法の中に他に随〔う〕ふて、旧見《くけん》なければ、即ち直下《ぢきげ》に承当《じょうたう》する也。

〔注〕

(1)『大慧普覚禅師語録』」巻二十三。「又、欠了ノ人、万百貫ノ債ニ、銭ノ還得スル無カランニ、債主ニ門戸ヲ守定セラレ、憂愁・怕怖、千思万量シテ、還サンコトヲ求ムレドモ、得ベカラザルガ如シ。モシ、常ニコノ心ヲ存スレバ、則チ、趣向ノ分アラン」

(2)信心銘《しんじんめい》　禅宗第三祖、鑑智僧璨《かんちそうさん》（―六〇六）の作。「至道無難、唯嫌揀択」は、その冒頭第一句。

(3)仏道をならん為に　いささか語意曖昧。「仏道を成らん為に」（仏道を成就するため・水野弥穂子）。「仏道を習《なら》わんために」（安良岡康作）。

〔訳〕

禅師の御教示。

大恵禅師の言葉に、

「道を学ぶには、千万貫の借金を背負いこんだ人が、一文も銭がなくて、しかも返済を迫られているときのような気持ちになってするがよい。もしこのような心がまえがあれば、悟りの道を得ることは易しいのだ」と。

『信心銘』には、「悟りの道に至るに、なんの難しいことはない。ただ、えり好みをして、あれだこれだと情量分別する心があっては駄目だ」と。こういう、えりごのみをする心をすて去ってしまえば、直ちに悟りは得られるのだ。えり好みする心をすて去るというのは、自分を離れるということである。いわゆる自分というものが悟りたいために、仏法を学ぶというのではいけない。ただ仏法のために、仏法を行じゆくのだ。たとえ千万巻の経論を学び得たとしても、また坐禅に打ちこんで、その坐っている床をぶちぬくほどはげんでも、こういう心がまえがなかったら、仏祖の道を学ぶことは、とてもできぬことだ。ただひたすら心身をすて去り、仏法のただなかに、師の教えのままに身をまかせて、前から自分が持っていた詰らぬ見解がなくなれば、そのまま即座に、判ってしまうのだ。

## 六ノ十九　春秋にいはく(1)

示云《じにいはく》、春秋《しゅんじう》(2)に云《いはく》、「石の堅《かた》き、是をわれども、其の堅きこと奪《うばふ》べからず。丹《たん》のあかき、是をわれども、其《その》あかき事を奪《うばふ》べからず」玄沙(3)、因《ちなみ》に、僧、問ふ、「如何《いかならんか》、是《これ》、堅固法身《けんごほっしん》」沙云《いはく》、「膿滴々地《のうてきてきち》」。（けだし、同じ心なるべきか）

〔注〕

(1)この段は、慶安本、面山本にはない。長円寺本にのみあり。

(2)『呂氏《りょし》春秋《しゅんじゅう》』秦の呂不韋の撰。第十二、清廉。「石ハ破ルベキモ、堅キヲ奪ウベカラズ。丹ハ磨スベキモ、赤キヲ奪ウベカラズ」丹とは朱砂・丹砂・辰砂。水銀と硫黄との化合物。赤絵具として用いる。

(3) 玄沙師備《げんしゃしび》（八三五―九〇八）。『大慧正法眼蔵』巻一。および、『聯燈会要』二十三。「師、因ミニ、誤ッテ服薬シ、偏身紅ク爛《タダ》ル。僧、問ウ、『如何ナランカ、是、堅固法身』師、云ワク『膿滴滴地』ト」

〔訳〕

禅師の御教示。

『呂氏春秋』にいう、

「石の堅いことは、たとえ石を割っても、その堅さをなくすわけにはゆかぬ。丹の赤いことは、たとえ丹を割っても、その赤さをなくすわけにはゆかぬ」と。

玄沙師備禅師が、あるとき、服薬を間違えて、体中が赤くただれたことがあった。そこで、ある僧がたずねる、

「如何ならんか、是《これ》、堅固法身《けんごほっしん》」〔御師匠様は、悟りを得た達道の方ですから、堅固法身というわけですが、それでも体中、赤くただれるというようなことがあるのですか。堅固法身とは一体、どういうことですか〕

御師匠様は答える。

「膿滴滴地《のうてきてきち》」〔膿《うみ》が、たらたらと、たれているのだ。それが、堅固法身というものだ。堅固法身というものが、生ま身の体と別にあるわけではない。薬を呑み間違えれば、体中、赤くただれるのは当り前だ。当り前のことを、当り前だと知ることが悟りだぞよ。たとえ膿がたらたらたれていても、俺は堅固法身だぞ。このばか者めが。出なおしてこい〕

思うに、同じ意味であろうか。〔この最後の一行「ケダシ、同ジ心ナルベキカ」は、はなはだ弱い語で、道元禅師の御言葉とは思われぬ。「後人の書き入れではあるまいか」という推定は、けだし、当を得ている。参看、水野弥穂子註〕

## 六ノ二十　古人いはく、知因識果の知事に属して

〔134〕

示云《じにいはく》、古人云《いはく》、「知因識果《ちいんしきくわ》の知事《ちじ》(1)に属《しよく》して、院門《ゐんもん》の事すべて管《くわん》＝ぜず」言心《いふこころ》は、寺院の大小事《だいせうのこと》、須《すべからく》、管《くわん》ぜず、只《ただ》、工夫打坐《くふうたざ》すべしと也。

又云《いはく》、「良田万頃《りやうでんばんきやう》(2)よりも、薄芸《はくげい》(3)、身にしたがうる〔ふ〕には、必〔如〕ず(4)」

「施恩《せおん》は報《むくい》をのぞまず、人に与《あたへ》て、おふて(5)悔ること無《なか》れ」

「口を守《まもる》こと、如レ鼻《はなのごとく》すれば、万禍不レ及《およばず》」と云へり。

「行《ぎやう》、堅き人は、自《おのづか》ら重《おもん》ぜらる。才《ざえ》、高き人は、自伏《おのづからふく》せらる」

「深く耕《たがへ》して浅く種《うう》る。猶《なほ》、天災あり。自《みづから》利して人を損《そん》ずる、豈《あに》、果報《くわはう》なからんや」

学道の人、話頭《わとう》を見る時、目を近《ちかづ》け、力をつくして、能々是《よくよくこれ》を可レ看《みるべし》。

〔注〕

(1)知因識果《ちいんしきくわ》の知事《ちじ》　寺院経営に関して、どうやれば、どうなるか、という因果の理をよく知っている「知事」職の者。
(2)良田万頃《りやうでんばんきやう》　「頃」は百畝。地味肥沃なたくさんの田。
(3)薄芸《はくげい》　わずかな、拙い芸。
(4)必ず「如《しか》ず」の間違い。
(5)おふて　「追って」「あとで」「のちに」の意。

〔訳〕

禅師の御教示。

古人の言葉に、「寺院の経営のことは、もの知りの知事職の者にまかせて、一切かかわらぬ」と。その意味は、寺院の大小さまざまの事には、すべて関係せず、ただ力をつくして坐禅をせよ、ということである。

またいう。

「立派な田、何万町よりも、わずかな芸でも身につけている方がよい」

「人に施しをするとき恩返しを期待しないこと。人に施しをして、あとになって、こんなことなら、やらなければよかったと、後悔するようではならぬ」

「口をつつしむこと。あたかも鼻のように、物いうことなければ、どんな禍いもやって来ない」といわれている。

「行いがしっかりしている人は、おのずから人に重んぜられる。学才の高い人は、おのずから人から敬服される」

「深く耕して浅く種植をしても、なお、天災にあうことがある。自分ばかり得をして他人に損害をかける、こんなことをして、どうして天罰がないといえようか」

道を学ぶ者は、古人の語・公案・古則を見るときには、その意味を綿密に読みとり、力をふりしぼって、よくよく読み取らねばならぬのだ。

## 六ノ二十一　古人いはく、百尺の竿頭に

示云《じにいはく》、古人云《いはく》、「百尺《ひやくせき》の竿頭《かんとう》に、更《さらに》、一歩を進むべし」(1)此《こ》の心は、十丈の、さをのさきにのぼりて、猶《なほ》、手足をはなちて、即ち身心を、放下《はうげ》せんがごとし。是について、重々《ぢゆうぢゆう》の事あり。

今の世の人、世を遁《のが》れ、家を出《いで》たるに似《にた》れども、行履《あんり》をかんがふれば、猶《な》〔ほ〕を真の出家にては、無きも有り。所謂《いはゆる》出家と云《いふ》は、先《ま》づ吾我名利《ごがみやうり》を、はなるべき也。是《これ》をはなれずしては、行道《ぎやうだう》、頭燃《づねん》を＝はらい〔ひ〕、精進《しやうじん》、手足をきれども、只、無理勤苦《のごんく》のみにて、出離《しゆつり》にあらざるも有り。

〔135〕大宋国にも、難レ離《はなれがたき》、恩愛をはなれ、難レ捨《すてがたき》世財《ざい》をすてて、叢林《そうりん》に交《まじは》り、祖席《そせき》をふれ(2)

〔136〕

ども、審細《しんさい》に此の故実《こしつ》を知らずして、行じゆくによりて、道をもさとらず、心をも明らめずして、いたづらに一期《いちご》をすぐすも有り。

其故《そのゆゑ》は、人の心のありさま、初めは道心をおこして、僧にもなり、知識に随へども、仏とならん事をば、思《おもは》ずして、身の貴《たつと》く、我が寺の貴き由を、施主《せしゆ》檀那《だんな》にも知られ、親類境界《しんるいきやうがい》にも云ひ聞かせ、何《いか》にもして人に貴《たつ》とがられ、供養《くやう》ぜられんと思ひ、あまつさえ、僧ども不当不善《ふたうふぜん》なれども、我《わ》れ独《ひと》り道心も有り、善人なるやうを、方便《はうべん》して云ひ聞《きか》せ、思ひ知らせんとする様《やう》もあり〔へ〕。是は、不レ足レ言《いふにたらざる》の人、五闡提《ごせんだい》(3)等の、在世《ざいせ》の悪比丘《あくびく》の如く、決定《けつぢやう》、地獄の心《ここ》ろばえ也。是を、物もしらぬ在家人は、道心者、貴き人、何《な》んど思《おもふ》もあり。

此《こ》のきわ〔は〕（のきわ）(4)を、すこしたち出でて、施主檀那をも貪《むさぼ》らず、親＝類恩愛をもすてはてて、叢林に交《まじは》り、行道するも有れども、本性《ほんじやう》、懶惰《らんだ》懈怠《けだい》なる者は、ありのままに、懈怠《けだい》ならんことも、はづかしきかして、長老首座《しゆそ》等の見る時は、相構《かまへ》て行道する由をして、見ざる時は、事にふれて、やすみ、いたづらならんとするも有り。是は在家にして、さのみ不当ならんよりは、よけれども、猶、吾我名利《ごがみやうり》の、すてられぬ心《ここ》ろばえ也。

又、すべて師の心をもか子〔ね〕ず(5)、首座《しゆそ》兄弟《ひんでい》の見不見《けんふけん》をも思はず、つ子《ね》に思はく、仏道は人の為《た》めならず、身の為也と云《いつ》て、我身心《わがしんじん》にて仏になさんと、真実にいとなむ人も有り。是《これ》は、以前の人々よりは、真《まこと》の道者《だうじや》かと覚《おぼゆ》れども、是《これ》も猶《な〔ほ〕》を、吾我を思《おもう》て、我身《わがみ》よくなさんと思へる故《ゆゑ》に、猶《な〔ほ〕》を、吾我を離《はなれ》ず。又、諸仏菩薩に、随喜(6)せられんと思ひ、仏果《ぶつくわ》(7)菩提《ぼだい》(8)を、成就せんと思へる故《ゆゑ》に、名利《みやうり》の心《ここ》ろ、猶、捨てられざる也。

是までは、いまだ百尺の竿頭をはなれず、とりつきたる如し。只、身心《しんじん》を仏法になげすてて、更に悟道得法までも、のぞむ事なく、修行し＝ゆく、是を不染汚《ふぜんわ》(9)の行人《ぎやうにん》と

〔137〕

云《いふ》也。「有仏《うぶつ》の処にもとどまらず、無仏の処をもすみやかにはしりすぐ(10)」と云《いふ》、この心なるべし。

〔注〕

(1)「百尺の竿頭云々」は長沙景岑の頌。二ノ十注(2)（八九頁）を見よ。

(2)ふれども　「経れども」の意か。

(3)五闡提《ごせんだい》　闡提は一闡提（icchāntika）の略。信不具、断善根と訳す。仏法を信ぜず成仏しないこと。五人の悪比丘が、外形だけととのえ、聖者と思わせて、人々から供養を受けたが、福つき命終わって地獄におち、八千劫の間、その施を償い、再び人間と生まれたが、性器を欠いた石女となったという伝説。『未曽有経』下巻。『止観輔行伝弘法』一ノ三。

(4)原文「此ノキワノキワヲ」を「此ノキワヲ」に改める。

(5)師の心をもかねず　「かね」は「兼ね」。他の人の気持ちになっての意。

(6)随喜　人の善行を見て、随同し、喜ぶこと。

(7)仏果《ぶつくわ》　修行という因によって到達できる仏の位。

(8)菩提《ぼだい》　さとり。

(9)染汚《ぜんわ》　古くはゼムワ、ゼンマ、今普通にはゼンナ。煩悩の意。

(10)『聯燈会要』巻六「趙州」。「有ル僧、辞ス。師、問ウ『何レノ処ニカ去ル』云ワク『諸方ニ仏法ヲ学シ去ル』師、云ワク『有仏ノ処モ、住《トド》マルコトヲ得ザレ。無仏ノ所モ、急ギ走リ過ギヨ。云々」（ある僧が、お暇ごいにやってきた。趙州禅師が質問する、「お前、どこへゆくのだ」僧が答える、「方々の寺々を訪ね、仏法を勉強しようと思って、去ります」そこで趙州禅師が教えていった、「仏さんがいるところに、とどまってもいけないよ。仏さんがいないところは、急いで走りすぎてゆくのだね」云々）

〔訳〕

禅師の御教示。

古人の言葉に、「百尺の竿頭に、さらに一歩を進めてみよ」とある。その趣旨は、十丈の竿の先に登り、さらに手足を放って、つまり身心ともに、投げすてるというわけである。これに至るまでには、かさねがさねの幾段階があるのだ。

当今の世の人を見るに、世をはなれ、家を出たにはちがいないが、そのやっていることを見ると、まだ本当の出家ではない者がある。いわゆる出家というのは、まず自分をはなれ、名声・利欲から、離れなくてはならぬ。これらのものから離れないでは、修行にあたって、頭についた火を払うように専心し、自分の手足を斬るほど切実に精進努力をしても、ただ無理押しの苦労あるばかりで、さっぱり悟りは得られない。そういう者がいる。

大宋国でも、世俗の離れがたい恩愛の情から離れ、捨てがたい財産をすてて、禅寺の修行者の一人となり、諸方の師匠のところを、めぐりたずねまわっても、この基本のところを綿密にふみ行うことをわきまえずに、修行してゆくものだから、道もさとらず、心もあきらめず、むだに一生を過してしまう者がいるのだ。

そのわけはこうだ。人の心のありさまを見るに、はじめは道心をおこして、僧にもなり、すぐれた師匠に従うのだが、仏（目ざめた者・覚者）となることを思わず、むしろ、自分の位が高く、自分の寺の位が高いことを、施主や檀那に知られるようにし、親類や知人にも話して聞かせ、何とかして、人々から尊敬され、供養を受けるようになりたいと思い、さらにその上、ほかの僧たちは道理にそむき悪いことをしているが、私ひとりは道心があり、善事をなす者であるということを、手だてをめぐらして人々にいい聞かせ、わかって貰おうとするやり方の人もいる。これは、まことに問題外で、釈尊在世の折りの五闡提などの悪比丘のように、このような心がけでは、必ず地獄におちるにきまっている。それなのに、事情を知らぬ在家人は、こういう僧を、道心者であるとか、有難い人だとか、などと思ったりするのである。

さて、この段階から少しあがって、施主檀那をも貪らず、親類親族の者からも離れてしまって、禅林に立ち交り、修行する者がいるが、生まれつき物ぐさで怠け根性の者は、怠けていることを、あまりあらわに知られることも恥ずかしいと思うのか、住持や首座の見ている前では、熱心に修行しているふうに見せかけ、見ていないところでは、何かにつけて休み、怠けようとするのがいる。これは、在家人で同じように駄目なのよりはよいにしても、やはり自分というものや名誉心や利欲心が捨てられない心情なのだ。

さらにまた、師匠が何とお考えであるかにお構いなく、首座や兄弟弟子が見ていようと見ていないとにかかわりなく、仏道は人のためでなく自分のためだと、いつも考えて自分自身で仏（覚者）になろうと、真剣に修行している者がいる。これは、前にあげた人々よりは、真実の仏道修行者であるかと思われるが、これも、なお自己に固執し、わが身のためよくしようとしている故に、なお、自己というものから離れているのではないのだ。また諸々の仏や菩薩に喜ばれようと思い、仏となり悟りを完成しようと思っているのだから、名利の心がなお捨てられていないわけである。

これまでのところでは、まだ百尺の竿頭をはなれず、竿の先にくっついているわけである。そうではなくて、ひたすら、身も心も、仏法の大海の中に投げ捨て、決して、道を悟り法を得ようとすら望むことなく、ひたすら修行してゆくのを「不染汚《ふぜんわ》の行人《ぎょうにん》」（清浄この上なき修行者）というのだ。「有仏の処にもとどまらず、無仏の処も、すみやかに走り過ぐ」という趙州禅師の言葉は、この趣旨のものといってよいのだ。

## 六ノ二十二　衣食のこと、兼ねてより

示云《じにいはく》、衣食《えじき》の事、兼ねてより、思ひあてがう〔ふ〕事なかれ。たとひ、乞食《こつじき》の処なりとも、失食絶煙《しつじきぜつえん》の時、其処《そのところ》にして乞食《こつじき》せん、其人《そのひと》に用事云はん、なんど思ひたるも、即《すなは》ち、物をたくわ〔は〕へ、邪食《じやじき》(1)にて有る也。衲子《のつす》は、雲の如く、定《さだま》れる住処《ぢゆうしよ》もなく、水の如くに流れゆきて、よる所もなきを、僧とは云《いふ》也。直饒《たとひ》、衣食《えじき》の外《ほか》に、一物ももたずとも、一人の檀那をも、たのみ、一類の親族をも思ひたらんは、即ち自他ともに、結《けち》縛《ばく》(2)の事にて、不浄食《ふじやうじき》にてある也。

如レ是《かくのごときの》不浄食等をもて、やしない〔ひ〕、もちたる身心《しんじん》にて、諸仏の清浄《しやうじやう》の大法《だいほふ》を、悟らん、心得ん、と思《おもふ》とも、何《いか》にもかなふまじき也。たとへば、藍《あゐ》にそめたる物はあお〔を〕く、蘗《きはだ》にそめたるものは、き〔黄〕なるが如《ごと》くに、邪命食《じやみやうじき》をもて、そめたる身心は、即ち
〔138〕邪命身《しん》也。此《この》身心をもて、仏法をのぞまば、沙《いさご》をおして、油をもとむ＝るが如し。只、時にのぞみて、ともかくも、道理にかなふやうに、はからふべき也。兼《かね》て思ひたくわ〔は〕ふるは、皆たがう〔ふ〕事也。能々《よくよく》思量すべき也。

〔注〕

(1) 邪食《じゃじき》　邪命食《じゃみょうじき》。仏戒を守らず、食糧を得ること。比丘が乞食・信施によらず、田畑の耕作、天文・数学・卜筮等により生計の資を得ること。

(2) 結縛《けちばく》　煩悩のこと。身心を縛りつけ、悟りの妨げとなる。

〔訳〕

禅師の御教示。

衣服や食料など生計のこと、前々から予想して配慮するようなことがあってはならぬ。たとえ托鉢の場所についても、もしも食料がなくなって、かまどの煙も絶えるようなことになったときには、あそこで托鉢しようとか、あの人にお願いして布施して貰おうとか、などと思うのも、すでに物を貯えていることであって、僧として生計の資の正しい得かたではないのだ。禅僧は、雲のごとく定まった住居もないもの、水のごとくに流れゆき寄るところもないもの、としたもので、これが僧というものだ。〔だから「雲水」という〕たとえ袈裟と鉄鉢のほかに何ももっていなくても、当てにする檀家の一人があったり、親族の一軒も頼りにしたりするのは、すでに自分も相手も、煩悩の思いで縛ってしまうことで、それでは、仏戒に従って得た正しい浄らかな食料とはいえなくなるのだ。

このような不浄な食料などで養い維持した身心で、諸仏の清浄の大法を悟ろう、心得ようと思うとも、そんなことは、とてもできるわけがないのだ。例えば、藍《あい》で染めたものは青く、蘗《きはだ》で染めたものは黄色であるように、邪命食で染まった身心は、すでに邪命身なのだ。

こういう不浄の身心で、仏法を得ようと望むのは、砂を押しつぶして、油を得ようとすることだ。むしろ、ただ、時に応じて、ともかくも道理にかなうように、はからうがよい。前々から予想して計画するのは、みな間違いである。ここのところを、よくよく考えてみなくてはいけない。

## 六ノ二十三　学人、各々知るべし

示云《じにいはく》、学人、各々《おのおの》知るべし。人々、一の非《ひ》あり。憍奢《けうしや》、是、第一の非《ひ》也。内外《ないげ》の典《てん》籍《じやく》に、同《おな》じく是《これ》をいましむ。

外典《げでん》に云《いはく》、「貧《まづし》くしてへつらはざるは有れども、富《とみ》ておごらざるは無し(1)」と云《いつ》て、猶〔富〕、とみを制して、おごらざる事を思ふ也。此事《このこと》、大事《だいじ》也。能々《よくよく》、是《これ》を思ふべし。

我身《わがみ》、下賤《げせん》にして、人におとらじと思ひ、人にすぐれんと思はば、憍慢《けうまん》のはなはだしきもの也。是《これ》は、いましめやすし。仮令《けりやう》、世間に、財宝にゆたかに、福力《ふくりき》もある人、眷属《けんぞく》も囲繞《ゐねう》し、人もゆるす。かたはらの人の、いやしきが此を見て、卑下《ひげ》する。此《こ》のかたはらの人の、卑下《ひげ》をつ〔へ〕つしみて、自躰福力《じたいふくりき》の人、いかやうにかすべき。憍心《けうしん》なけれど、ありのままにふるまえば、傍《かた》はらの賤《いやし》き、此をいたむ。すべての大事也。

〔139〕是をよくつつしむを、憍奢《けうしや》をつつしむと云《いふ》也。我身《わがみ》〔富〕とめれば、果報《くわはう》にまかせて、貧賤＝の見《み》、うらやむを、はばからざるを、憍人《けうじん》と云《いふ》也。

古人の云《いはく》、「貧家《ひんか》の前を、車に乗《のつ》て、過《すぐ》る事なかれ(2)」と云へり。然《しかれ》ば、我身《わがみ》、車にのるべくとも、貧人《ひんにん》の前をば可レ憚《はばかるべし》と云へり。外典に如レ是《かくのごとし》。内典《ないでん》も又如レ是。

然るに、今の学人僧侶《がくにんそうりよ》は、知恵・法文《ほふもん》(3)をもて、宝とす。是《これ》を以て、おごる事なかれ。我《わ》れよりおとれる人、先人傍輩《せんじんはうばい》の非義《ひぎ》をそしり非《ひ》するは、是れ憍奢《けうしや》のはなはだしき也。

古人云《いはく》、「智者の辺《ほとり》にしては、まくるとも、愚人《ぐにん》の辺《ほとり》にして、かつべからず(4)」我身《わがみ》よく知りたる事を、人のあしく知りたりとも、他の非を云《いふ》は、又是《これ》、我が非也。法文を云《いふ》とも、先人の傍愚をそしらず。又、愚癡未発心《ぐちみほつしん》の人の、うらやみ、卑下しつべき所にては、能々是《よくよくこれ》を思《おもふ》べし。

〔140〕建仁寺《けんにんじ》に寓せしとき(5)、人々多く法文を問《とひ》き。非《ひ》も咎《と》がも有りしかども、此の儀を深く存じて、只、ありのままに、法の徳をかたりて、他の非を不レ云《いはず》。無為《ぶゐ》にてやみき。

愚者執見深《ぐしやのしふけんふか》きは、我が先徳《せんとく》の非を云へば、瞋《しん》＝恚《い》をおこす也。智恵ある人の、真実なるは、法のまことの儀をだにも、心得つれば、不レ云《いはず》とも、我非及我《わがひおよびわ》が先徳の非を、思ひ知りあらたむる也。是《か》くの如《ごと》きの事、能々《よくよく》、思ひ知るべし。

〔注〕

(1)『論語』、学而篇。「子貢曰く、貧しゅうして諂うこと無く、富んで驕ることなし。如何《いかん》」

(2)出典未詳。

(3)法文《ほふもん》「法文《ほうもん》」は「仏法の文言」であるが、おそらく「法門《ほうもん》」の意ならん。「法門」とは衆生が仏法に入るための門、即ち、教法。教え。以下の「法文」も、同じ。

(4)出典未詳。

(5)道元禅師は安貞元年(一二二七)に宋より帰国後、しばらく建仁寺に仮寓していた。

〔訳〕

禅師の御教示。

仏道を学ぶ者、めいめい、よく知るがよい。人間には誰にも、一つ欠点がある。それは、おごり高ぶるということで、これが、第一の欠点なのだ。仏教の典籍でも、仏教外のでも、みな同じように、これを戒めている。

儒教の書に、「貧しくても、ひとに諂《へつら》うことのない人はあるが、富んで、おごらない者はない」といって、やはり、富んだときに、おごり高ぶらないよう、戒めているのだ。このことは大切なことである。よくよく考えてみなければならぬ。

自分の身が賤しいものでありながら、人に負けまい、人よりも優れようと思うのは、憍慢はなはだしいもので、これは煩悩の一つである。しかし、これは戒めやすい。ところが、例えば世間で財宝がたくさんあって、幸福で勢力のある人があり、その人のまわりには家族、親族、従者の者が取り巻き、地位があって、世間もこれを認めているとする。この人の近くに身分いやしい者がいて、これを見て劣等感を抱く。みずから富も力もある人は、この近くにいる者が劣等感を抱かないようにするには、どうしたらよいか。おごる心はなくとも、ありのままに振る舞えば、近くにいる身分いやしい人の心を傷つけてしまう。すべてこれは大切なことである。こういう場合に身をつつしみ慎重にするのを、憍奢をつつしむというのだ。自身が富んでいると、その倖せにまかせて、貧しく賤しい者たちが見てうらやむのを、気にもかけないで横柄に振る舞う。こういうのを憍人というのだ。

古人はいっている、「貧しい人の家の前を、車に乗って通ってはならぬ」と。即ち、自分は車にのる身分であっても、貧しい人の前を車で通らぬよう慎重にせよ、というのだ。仏教外の書でも、このとおりである。仏教の書でも同様である。

ところで今の修行者や僧侶は、知恵や仏教の教えを、その宝としている。このような宝をもっているからといって、おごり高ぶってはならないのだ。自分より劣っている者として、昔の人や仲間の者の間違っている点を、いい立て非難するのは、まことに高慢なおごり、はなはだしいものがある。

古人はいっている、「智者の前で負けるはよいが、愚者の前で勝ってはならぬ」と。自分自身が正しく知っている事を、ほかの人が間違えて知っていたとしても、その間違いをいい立てるのは、これまた自分の間違いなのだ。仏教の教えについていう場合でも、先人の至らない点を、決して悪くいわないことだ。また、仏教の道理のわからぬ愚かな者や、まだ求道心を起していない人が、うらやんだり、劣等感をもちそうなところでは、よくよくこの点を慎重に配慮しなければいけない。

私が、建仁寺に仮寓していたとき、多くの人たちが、仏教の教えについて、質問にきた。そのいうところに間違いもあり欠点もあったが、私は、以上のべたことを心の奥で考えていたから、相手の間違いをいい立てないで、ただ卒直に仏法の教えを語り、その悦びを共にしただけである。それで何事もなく無事にすんだ。愚かで、執らわれた見解に固執している人は、自分の師匠すじの人の間違いを指摘されると、腹を立てるものだ。知恵があり真実心のある人は、法の真実の道理がわかれば、あえて指摘しなくても、自分の間違いや自分の師匠すじの人の誤りに気がついて、考えを改めるものである。このようなわけであるから、よくよく心得おくがよい。

## 六ノ二十四　学道の最要は、坐禅これ第一なり

示云《じにいはく》、学道の最要《さいえう》は、坐禅、是、第一也。大宋《だいそう》の人、多く得道《とくだう》する事、皆、坐禅の力也。一文不通《いちもんふつう》にて、無才愚鈍《むさいぐどん》の人も、坐禅を専《もつぱ》らにすれば、多年の久学《きうがく》、聡明《そうみやう》の人

にも勝《すぐ》れて出来《しゅつらい》する。然《しかれ》ば、学人《がくにん》、祇管打坐《しくわんたざ》して、他を管ずる事なかれ。仏祖の道《だう》は、只《ただ》、坐禅也。他事に順《じゅん》ずべからず。

弉《じゃう》、問《とう》て云《いはく》、「打坐《たざ》と看語《かんご》と、ならばべて、是を学するに、語録公案《ごろくこうあん》等を見《みる》には、百千に一つ、いささか心得られざるかと、覚《おぼゆ》る事も出来《いできた》る。坐禅は、其程《それほど》の事もなし。然《しかれ》ども、猶、坐禅を好むべきか」

示云《じにいはく》、公案話頭《わとう》を見て、聊《いささ》か知覚ある様《やう》なりとも、其《それ》は仏祖の道に、とを〔ほ〕ざかる因〔141〕縁也。無所得無所悟《むしょとくむしょご》にて、端坐《たんざ》して、時を移さば、即《すなはち》、祖道＝なるべし。古人も、看《かん》語《ご》、祇管《しくわん》坐禅ともに進めたれども、猶、坐をば、専ら進めし也。又、話頭を以《もっ》て、悟《さとり》をひらきたる人、有《あり》とも、其《それ》も坐の功によりて、悟《さとり》の開くる因縁也。まさしき功は、坐にあるべし。

〔訳〕

禅師の御教示。

悟りの道を学ぶ上で最も重要なのは、坐禅が第一である。大宋国の人が、多く悟りを得るのも、みな坐禅の力である。文字一つ知らず、学才もなく、愚かな鈍根の者でも、坐禅に専心すれば、長い年月参学した聡明な人にもまさって、出来あがるのだ。したがって、悟りの道を学ばんとする者は、ひたすら坐禅して、ほかのことに関わらぬようにせよ。仏祖の道は、ただ坐禅あるのみだ。ほかのことに、従ってはならぬのだ。

懐弉《えじよう》がおたずねした。

「坐禅と看語《かんご》（古人の語録を読むこと）とを、並べ併せて勉強していますと、語録や公案などを見ている場合、百千に一つくらいは、いささか会得できはしないか、と思われることも、出てきます。ところが、坐禅の方には、それほどの事がありませぬ。それでもやはり、坐禅を心がけねばいけませんか」

禅師の御教示。

公案や祖師の語を読んで少しは判ったような気がしても、それは仏祖の道から、ますます遠ざかることになるのだ。何も得ようとせず、何も悟ろうとせず、ひたすら端然と坐禅して時をすごす。これが即ち仏祖の道なのだ。古人も、看語と祇管坐禅《しかんざぜん》（ひたすらなる坐禅）とを、共に勤めてはいるが、やはり坐禅の方を切にすすめているのだ。また、古人の語で悟りを開いた人はあるが、それも坐禅の功によって、悟りが開けることになったのだ。本当の功績は、坐禅にあったといってよいのだ。

〔以上で、懐弉禅師の筆録になる『随聞記』の本文は終わり。次の跋文は、懐弉禅師の寂後、その弟子によって書かれたもの。慶安本にはなく、明和（面山）本には、ほぼ同文のものが付いている〕

先師永平弉和尚、在リシ二学地ニ一日、学道ノ至要、随テレ聞ニ記録ス、所以ニ謂フ二随聞ト一。如二雲門室中ノ玄記一、如シ二永平宝慶記一。今録二集シテ六冊ヲ一、記シレ巻ヲ、入ル二仮名正法眼蔵拾遺分内ニ一。六冊倶ニ嘉禎年中ノ記録也。

〔先師《せんじ》、永平弉《じやう》和尚、学地に在りし日、学道の至要、聞くに随って記録す。ゆゑに随《ずゐ》聞《もん》といふ。雲門室中の玄記(1)の如く、永平(2)の宝慶記《ほうきやうき》の如し。今、六冊を録集して巻を記し、仮名正法眼蔵(3)拾遺分の内に入る。六冊ともに嘉禎年中(4)の記録なり。〕

〔注〕

(1)雲門室中の玄記　雲門文偃《うんもんぶんえん》（八六四―九四九）の語録「雲門広録」三巻は、門弟守堅の撰述。その中巻「室中語要」（雲門室中録）は、方丈の室内で聞き得た記録、故に「玄記」という。

(2)永平　永平寺初祖道元禅師の意。宋の宝慶元年（一二二五）より同三年までの間、天童山景徳寺に在って、師如浄禅師から道元が親しく受けた教えを、書きしるした記録が「永平宝慶記」である。道元禅師の寂後、遺品の中より発見され、懐弉禅師はこれを書写し、後世に伝わった。

(3)仮名正法眼蔵　道元禅師著の漢字仮名まじり文の『正法眼蔵』のこと。このほか、道元禅師には、漢字のみで書かれた『正法眼蔵三百則』があり、これに対していう。

(4)嘉禎年間　文暦二年（一二三五）九月十九日に、嘉禎と改元して以来、同四年（一二三八）十一月二十三日に暦仁と改元となるまでの間。道元禅師三十五歳より三十八歳まで。懐奘禅師三十七歳より四十歳までの間。

正法眼蔵随聞記　六　終

康暦《かうれき》(1)二年五月初三日於宝慶《ほうきやう》寺浴主《よくす》寮《れう》書焉
三州旛頭《はづ》郡中島山《なかじまさん》　長円《ちやうゑん》二世暉堂《きだう》写也
寛永二十一甲申歳八月吉祥日

〔注〕

(1)「康暦」は北朝の年号。天授六年（一三八〇）。この年月日は長円寺本の原本が書写されたときを示す。懐奘禅師寂後百年である。原本は、このときに福井県大野市にある「宝慶寺《ほうきよう》」の浴主寮（浴室を管理する役僧・浴主《よくす》の居室）において、書き写された。

この原本にもとづいて、寛永二十一年（一六四四）八月に、三河、旛頭《はず》郡中島《なかじま》山長円《ちようえん》寺《じ》の二世、暉堂和尚が書写したのが、現存のもの。寛永二十一年は、暉堂和尚五十八歳のときである。長円寺は当時、中島《なかじま》にあった。現在は万燈山《まんとうざん》を山号とし、愛知県西尾市貝吹《かいふく》に在る。

# 解　説

山崎正一

## 一　書籍解題

本書『正法眼蔵随聞記《しょうぼうげんぞうずいもんき》』は、永平初祖道元禅師が、折りにふれ、弟子たちに教えられた言葉を、近侍していた二祖懐弉《えじょう》が、筆録しておいたものが原型である。懐弉禅師は、この筆録を、生前公表する意志がなかったようであるが、懐弉禅師の寂後、その遺品の中から見出され、その門弟の手で、まとめられて、『正法眼蔵随聞記』という表題が与えられ、六巻の写本として、世に行われる端初となった。その主な内容は、仏道修行者（悟りの道を求めてはげむ者）たちのため、その心得《こころえ》を説いたものである。それは、今日においても、真実を求め道を求めてはげむ者にとっての心得となるものである。

最初の板本は、徳川時代になって、慶安四年（一六五一）に上梓《じょうし》されたものである。さらに同じ本文を板木を改めて刊行されたのが十八年後の寛文九年および十年に、それぞれ世に出ている。いずれも、序も跋も欠けていて、詳細が判らなかった。

曹洞宗の面山瑞方（一六八三―一七六九）が、この印版本とちがう古写本のあることを知り、探して、ついにこれを得、浄写し対校し、宝暦八年（一七五八）に序を書いたものが、明和七年（一七七〇）に、印行された。これが明和本とよばれる。この明和本で、はじめて現在見るような跋があって、永平二代の嘉禎年中の記録であることが明らかとなった。以来、明和本は流布して今日に至った。従来、最も権威ありとされたものである。近年の刊行のものは、岩波文庫版（和辻哲郎校訂）をはじめ、すべてこの明和本に拠ってきた。

昭和十七年に至り、大久保道舟氏が愛知県の長円寺に、江戸初期書写の古写本を発見し、世に紹介された（参看、大久保道舟校註『正法眼蔵随聞記』山喜房仏書林刊）。西尾実および水野弥穂子両氏を中心とする国文学者の研究によって、この写本が、鎌倉・室町時代の言葉によって書かれた古体の俤《おもかげ》をのこしているものとせられた。

以来、長円寺本を底本とする校訂本に次のごときがある。

一、水野弥穂子訳『正法眼蔵随聞記』（筑摩書房・昭三八）
一、西尾実・鏡島元隆・酒井得元・水野弥穂子校註『正法眼蔵・正法眼蔵随聞記』（岩波書店・日本古典文学大系81・昭四〇）
一、安良岡康作校註訳『正法眼蔵随聞記』（小学館・日本古典文学全集27所収・昭四六）
なお、随聞記の現代語訳の試みとしては、
一、古田紹欽『正法眼蔵随聞記・附現代語訳』（角川文庫・昭三五）

が最初である。これは明和本を底本とする。次いで、前記の水野弥穂子訳（筑摩書房）および安良岡康作訳（小学館）がある。この二書は前記のとおり長円寺本を底本とする。

本文庫本も、凡例に記したとおり長円寺本を底本とする。

## 二　永平二代略伝

道元禅師は、正治二年（一二〇〇）正月、京都に生まれた。父は久我内大臣源通親《こがのないだいじんみなもとのみちちか》、母は、松殿関白藤原基房《まつどののかんぱくふじわらのもとふさ》の女伊子《むすめいし》であったと推定されている。この女性は、名門の深窓に生まれた絶世の美女で、やがては女御・后となるべき人であったが、十七歳のとき、木曾将軍義仲に見染められ、その寵《ちょう》を受けた。木曾義仲の敗死後、未亡人となっていたが、三十歳あまりのとき、久我内大臣通親の寵を受けることになった。そして生まれた男子が、後の道元であるといわれる。

通親は名門村上源氏の出身で、頭脳明晰な宮廷政治家として頭角をあらわし、特に平家滅亡後は、後白河院、後鳥羽天皇の宮廷で最大の実力者となった。この通親は、建仁二年（一二〇二）、道元三歳のときに、突然、死に襲われた。少年は母のもとで生育したが、その母も、彼が八歳のときに亡くなった。母亡きあと、少年は、祖母や叔母の手によって育てられた。少年の聡明利発さを見て、母の弟の松殿尊閤藤原師家《そんこうもろいえ》が、少年を養子にし、貴族の子弟としてのさまざまな教養を授けた。十三歳になったら、元服させて宮廷の要臣とし、自家のすぐれた後継者とするつもりであった。

少年は十三歳の春、元服の期が迫ったとき、ひそかに家を出て比叡山の麓にゆき、師家の弟良観法眼を訪れ、出家を求めた。少年がいうには、出家学道は、母が亡くなるときの遺言である。自分もそう思う。徒《いたず》らに塵俗に交わろうとは思わぬ。亡き母や祖母や叔母の養育の恩に報いるため、出家修行して、その菩提《ぼだい》を資《たす》けることにしたい、と。少年のこのけなげな言葉を聞いて、良観法眼は、涙を流してこの甥の入室を許したという。

少年はその後、比叡山で学道修行にいそしんだが、満足できなかった。栄西禅師のことを聞き、建仁寺を訪れ、はじめて臨済禅に接した。しかし、栄西禅師は建保三年（一二一五）、道元十六歳のときに、七十五歳で示寂した。

道元が建仁寺に入って禅を正式に学びはじめたのは建保五年（一二一七）、道元十八歳のときで、栄西禅師の法嗣仏樹房明全和尚に就いた。道元が、つねに先師として敬愛の情をこめて語るのは、この明全和尚のことである。

貞応二年（一二二三）、道元二十四歳のとき、師明全ならびに同門の二人の者と共に宋に渡った。そして、栄西禅師ゆかりの天童山景徳寺に至り、修行にいそしんだ。当時、天童山の堂頭和尚は拙庵徳光《せったんとくこう》の法嗣の無際了派《むさいりょうは》であった。その後、道元は諸方を歴参して歩いたようである。嘉禄元年（宋の宝慶《ほうきょう》元年・一二二五）、二十六歳のとき、亡くなった無際了派の遺言によって天童山景徳寺に新任した如浄禅師の徳望を聞き、天童山に帰り、五月、如浄禅師の会下《えか》に投じた。当時、如浄は六十四歳であった。如浄は修行のきびしい人であったが、この異国の青年僧を一目みて、その器量を認め、その真摯《しんし》な潔らかさを愛した。

その年の七月、道元は「身心脱落《しんじんとつらく》」を体得して、一生参学の大事を了畢した。道元は、その後、二年間、如浄のもとにあって修行にいそしみ、安貞元年（宋の宝慶三年・一二二七）、如浄のもとを辞し、二年前に天童山で亡くなった師明全の遺骨を携えて、帰国した。ときに道元二十八歳であった。

後年、道元は、帰国したときのことを、次のようにいっている。「中国で、多くの寺々を訪れたというわけでもなかった。ただ、たまたま天童先師にお目にかかり、そのときに、目は横に、鼻はまっすぐということを悟った。当り前のことを、当り前のことと知っただけである。即ち、空手で故国に帰ってきた（空手還郷《くうしゅげんきょう》）。だから、仏法などというみやげは何もない。云々。」

道元は帰国後、しばらく建仁寺に仮寓した。宋から新しく法を伝えた新帰朝者というので、道元を訪ねてくる人々があった。それは『随聞記』六ノ二十三に見える。そういう人々の中の最初の一人が、懐弉である。

懐弉は、建久九年（一一九八）、京都の生まれである。道元より二年年長である。俗姓は藤原氏、九条大相国《くじょうのだいしょうこく》為通の曾孫と伝える。十八歳のとき、横川《よかわ》の円能法師について出家し、天台・法相の教学を修めた。また、小坂光明寺の証空《しょうくう》上人（法然の高弟）について浄土門の教えを受け、さらに多武峰《とうのみね》の仏地《ぶつじ》房覚晏《かくあん》から禅を学んだ。覚晏は、宋の拙庵徳光《せったんとくこう》から書信によって印可をうけ、日本達磨宗を開いた大日房能忍の高弟である。

懐弉は道元に逢って、正法《しょうぼう》の師たることを覚った。その後、道元は深草に移り、やがて観音導利興聖宝林寺を創設し文暦《ぶんりゃく》元年（一二三四・十一月五日文暦と改元）懐弉は約に従って道元のもとに参じ師事することになった。道元三十五歳、懐弉三十七歳のときのことである。『随聞記』の筆録は、その翌年から始められたものであろう。以来、二十年間、道元禅師の示寂の日に至るまで、懐弉はつねにその侍者として仕え、師と顔を合わせなかったのは、病に臥した十数日のみであったという。道元禅師の方でも、この二歳年上の弟子に対し、あたかも師匠に対するごとく大切にされたと伝える。

興聖寺には、道元禅師の教えを慕って、僧俗の参学者が集まったが、その数は、多くはなかったようである。嘉禎二年（一二三六）十二月三十日、道元禅師は懐弉を興聖寺の首《しゅ》座《そ》に任じ、「衆《しゅ》のすくなきに、はばかること莫《なか》れ」と激励している（『随聞記』五ノ四）。

寛元元年（一二四三）、叡山からの圧迫を避け、道元は、信者波多野義重らの請にしたがい、弟子たちと共に、越前に移った。禅師四十四歳のときのことである。翌年には、新しい道場ができ、大仏寺と名付けられた。寛元四年に、この大仏寺は永平寺と改称された。「永平」とは永遠の平和の意であるが、仏教がはじめてシナに伝来したといわれる漢の明帝の永平十年（六七）の年号にちなんでいる。

宝治元年（一二四七）、禅師四十八歳の秋から翌年のはじめにかけ、執権北条時頼の招きによって鎌倉に赴《おもむ》いた。最初にして最後の布教旅行であった。

道元禅師の健康は、次第にそこなわれた。建長五年（一二五三）七月、永平寺の住持職を懐奘禅師にゆずり、波多野義重の勧めにしたがい、療養のため京に向い、八月、高辻西洞院の俗弟子覚念《かくねん》の邸に入ったが病勢悪化し、八月二十八日夜半、示寂した。五十四歳であった。道元禅師が亡くなったとき、懐奘禅師は悲嘆のあまり、半時《はんとき》ばかり絶え入ったと伝えられている。懐奘禅師は、師の遺骨を奉じて永平寺に帰り、九月、入涅槃の式を行った。

以来、懐奘禅師は自室の片すみに、道元禅師の遺影をかざり、朝夕に礼拝して一日も怠らず、さながら生ける師に仕えるごとくであった。弘安三年（一二八〇）、八十三歳で示寂したが、死に当って弟子に遺言して、没後には、自分の遺骨を師の塔の傍の侍者の位置に埋め、別に塔を建てることを禁じたと伝えられている。

## 三　現代において『随聞記』を読む意義

この『随聞記』を現代の人々が読む場合、なるほどと思うところも多いと共に、時々、首をかしげるような箇所もあろう。例えば、「一ノ三」には「食分《じきぶん》」とか「命分《みようぶん》」とかいう言葉がでてくる。一生涯に食べる食料の分量とか一生涯の寿命の長さとかが、人々によって、それぞれ、あらかじめ、きまっている、という考え方である。そんな馬鹿なはなしがあるか、というのは、現代一般の考えであろう。

また、同じ「一ノ三」のすこし後のところに「白毫《びやくごう》の一相、二十年の遺恩《ゆいおん》」というのが出てくる。お釈迦様の眉間のところに白い毛が一本生えている。それは右に巻いて丸く収まり、宝石のように見える。目ざめた人・ブッダの三十二相の一つで、仏陀は常人を超えているというところから、世の常ならぬ格別の身体的特徴を三十二数え上げたその一つである。仏陀は福徳無量であって、白毫相の百千億分の一分を、諸々の弟子たちに供養されたが、それだけでも、一切世間の人がみな出家し仏弟子となってその供養を受けても、なお、つきることがない、というのに拠る。

また二十年の遺恩というのは、釈尊は百年生きる寿命をおもちであったが、それを二十年ちぢめて八十歳で亡くなられた。そしてその残りの二十年の福分を末世の仏弟子たちのために施されたというのに拠る。

このような次第であるから、悟りを求める心をおこして仏弟子となったからには、決して衣食に困ることはない。仏弟子たるものは、衣食のことは思いわずらうことなく、ひたすら修行にはげむべきである、というのが、その趣旨である。

「白毫の一相、二十年の遺恩」といわれても、現代の人々は、「本当かしら」と疑うであろう。しかし、こうした説話の根本にあるのは、仏陀の宏大無辺の慈悲心ということであり、また、悟りを求めて努力するならば、修行のために必要な最小限度の衣食は、求めずとも与えられるとしたものだという信念である。こういう信念の根拠は、どこにあるか。それは、人々が、多かれ少かれ、人間存在の有限性を感じ、自覚していて、むやみに欲しがらないということが、その前提である。

「食分」とか「命分」という観念も、その基本は、人間存在の有限性を感じ、欲望の無制限の追求を悪とする感覚にある。一生涯に食べる食料とか、一生の寿命とかは、その人が死んだとき、後から振りかえってみれば、それは一定の有限量である。だが、あらかじめ、それが、決まっているわけのものではなかろう、というかもしれぬ。

しかしながら、「食分」でも「命分」でも、一定の有限量であることは、はっきりしている。ただ、それが、あらかじめ我々に判らないというだけである。生を終えてみなければ判らぬ。ここにあるのは、根本的には人知の有限性の観念であるということができるであろう。

現代社会が見失ってしまったのは、このような有限性の観念であり有限性の感覚である。近代西欧社会は、世俗世界における人間自由を説くことによって、――同じことであるが、中世西欧社会の身分制秩序を打破することを通じて、――自己を形成した。そこにもたらされたのは、人間の欲望の無制限の追求を、むしろ、善なりとする観念であった。だが、真実には、近代的自由とは、どのようなものと考えられたのであるか。

カントによれば、「自由」とは、自己立法の自由である。それは、我がまま勝手という意味での自由ではなく、およそ、その反対の意味の「自由」であった。それは、「感性的衝動」からの自由であり、そして自己と他人とを律する客観的な法則を立てる立法の自由であり、そういう客観的な法則に従って行為するという意味での、理性的な、「自由」であった。カントは、ここに、人間の尊厳を認めたのであった。

カントと同時代のベンタムの功利主義倫理学も、カント厳粛説に対して快楽説をとる点で、一見、反対のゆき方のもののごとく見えるが、実は、根本の基本構造という点では、カントと同じである。

ベンタムによれば、人間は快を求め、苦を避けようとする存在である。快楽ができるだけ多く、苦痛ができるだけ少ないことを人間は求める。したがって、人間の行動は、その動機からすれば、すべて利己的なものである。しかし、行動の結果という観点からすれば、できるだけ多くの人々が、できるだけ多くの幸福を、即ち、「最大多数の最大幸福」を、めざすということが、行動の基準となる。そこで人間の行動の基準は、行動の結果の計算――「快楽計算」(bedohisticcalculus)――にある、と。

この場合、計算されるものは快苦の量であるが、計算する主体は、もはや快楽的ではあり得ない。それは、「最大多数の最大幸福」をめざして配慮する理性的な主体である。してみれば、人間存在の二重構造という点では、カントと同じ基本構造の人間観ということができるであろう。

人間は地上界における経験的存在者であるから、快苦によって規定せられ、その限り利己的な「自己愛」の存在者であって、幸福を求め不幸を避けようとするのが本性である。しかし人間は他面において、快苦によって規定せられるばかりでなく、同時に、快苦を「計算」し、「最大多数の最大幸福」をはかる人間である。これは、経験的であると同時に理性的な、人間存在の二重性ということができよう。この二重性とは、要するに、人間の自己規制・自己統制ということである。

ベンタムにあっては、「最大多数の最大幸福」という目的をめざしての、人間の自己規制であり自己統制である。カントの場合には、道徳律による、人間の自己規制であり自己統制である。前者の理性は、目的合理的な理性であり、後者の理性は、自己立法的な理性である。そこに相異があるのであって、人間存在の二重構造という点では同じである。それは、いずれにしても、感性的衝動のままに、利己的にふるまうということの、およそ正反対の意味をもっている。これが、近代的自由の意味であったということができる。

しかしながら、産業革命とフランス革命以後、このような自由の意味は、変質した。人間は自然界に対しても、人間界に対しても、無制限に利己的に振る舞う権能を与えられていると錯覚しはじめたのである。それも、無理ではなかった。なぜなら、自己立法的な理性も、目的合理的な理性も、ともに、人間の理性として考えられたものであるからである。こうして人間は、自己の有限性を次第に忘れ、無制限の自己拡張を善であると信じはじめたのである。そしてその信念を行動に移した。

十九世紀の後半に明治維新を迎えたわが国は、この信念を受け容れ、文明開化の途をつき進んで、今日に至った。今日において必要なことは、近代的自由の意義を、その在るべき正しい位置に、置き直してみることである。我々が自由と思ったものは、実は自由ではなくて、単なる我がままにすぎないものであったということを自覚することが必要であろう。

近代社会は、前近代社会に対して一歩を進め、新しい世界をきり開いたのではあるが、それは単に進歩であったのみでなく、また袋小路に至る前進でもあった。このことは、二十世紀に、ますます明確となってきた。我々は、自然と人間との調和を見失い、人間と人間との調和を見失い、人間の内部で理性と感情との調和を見失いつつある。これが、その何よりの証拠である。

人間は有限な存在者であると同時に、また無限な可能性をもっている。人間は、自然界の内に生まれた受動的依存的な存在であると同時に、能動的自主性をもった存在である。単に受動的依存性だけでは、無気力となってしまうであろう。単に能動的自主性だけでは傲慢になってしまうであろう。自主的ではあるが、つねに有限性を自覚し、有限性をわきまえながら、しかも自主的であろうとするところに、健全な人間生活が再建されうるであろう。正しい人間生活とは、当り前の平凡なことである。現代の社会は、奇抜・奇矯なもののみを目指して、これを能動的自主性と錯覚してしまった。だが、これは、能動的自主性でも何でもありはしない。ただ奇矯な趣向にすぎず、末梢神経を刺戟するだけで、魂に感動を与えはしない。

『正法眼蔵随聞記』を読むと、現代社会の人間が、すでに遠い昔に忘れてしまい、見捨ててしまった価値の世界が、再びその姿の一端を、かいま見せてくれる思いがするであろう。現代の文明社会は、こうした価値の世界を否定し、死せる物質を操作し編成し、合成し運用することを、新しい価値実現の世界と考えたのであるが、今にして思えば、我々は、人間が生きてゆく上で、最も重要な大切なものを、見失ってしまったのであり、そして、見失っているということにすら、気付かなくなってしまった。我々は数々の効率的な手段の体系を獲得したが、その手段の体系を、何のために用いるのか。善のためであるか、悪のためであるのか。我々は目的を見失っているのではないか。このままで進むかぎり、我々は、現代の袋小路から、ぬけ出すことができないであろう。我々の行く手には、人類の破滅が待ちかまえているであろう。我々は、価値の世界を取りもどすことによって、現代の文明社会を、その科学と技術とを、健全なものに整え直し、発展させることができよう。

道元禅師は、もちろん、現代の科学的知識や、それに基づく技術的知識を知りはしなかった。だが、こうした知識に正しい方向を与え、正しい目的を与え、それを生かす知恵をわきまえていた。いや少なくとも、そうした知恵の本流に棹さしていたということができよう。『随聞記』を読んで、現代の人々がつまずくところに、かえって、現代の人々が、遠い昔に忘れ、いな背を向けてしまった価値の世界への道が、ひそんでいることに気付くであろう。ひとたび、それに気付けば、それは明々白々な道である。それは、人間が、まさに在るべき正しい人間となり得る道である。

# 参考文献


一、寺田透・水野弥穂子校註『道元・正法眼蔵』上・下、「日本思想大系」12・13、岩波書店

一、高崎直道・梅原猛著『古仏のまねび』〈道元〉「仏教の思想」11、角川書店

一、増谷文雄『臨済と道元』春秋社

一、古田紹欽『正法眼蔵の研究』創文社

一、秋山範二『道元の研究』黎明書房

一、和辻哲郎『沙門道元』(「和辻哲郎全集」) 岩波書店

一、田辺元『正法眼蔵哲学私観』岩波書店

# あとがき

　本書の校注訳を、私のような者が執筆することになったのは、講談社の文庫出版部長、梶包喜氏からの切なるお勧めによる。同氏と同行して愛知県貝吹《かいふく》の萬燈山長円寺に伺ったのは、昨年の八月上旬の暑い盛りの夏の日であった。長円寺住持成河仙洲師には、同寺所蔵の『正法眼蔵随聞記』古写本の閲覧と影写を心よく御承諾下さり、書院の一室を提供して、いろいろ御厚遇下さった。ここに記して、同師の法恩に厚く感謝の意を表する次第である。

　撮影には、同行した写真部の山本勝氏が全部やって下さった。以来、この写真版を参看しながら稿を進め、ようやく今年六月初旬に脱稿して印刷に廻した。稿を進めるに当って、前記の先学の方々の校注訳並びに論著から、教わるところ多大であった。茲に記して、謹んで学恩を感謝する次第である。

　本書のような古写本の校注訳の出版に当っては、面倒な配慮と注意が必要であるが、それらはすべて、編集部の高山盛次氏が担当して差配して下さった。厚く御礼申し上げる。

私の存念は、できるだけ古写本のおもかげを伝えながら、しかも、できるだけ読みやすいものにしたいということであったが、しかし考えてみると、これは互いに矛盾するところのある要求である。仲々うまくはゆかない。読者諸賢の御判定をまつところである。そのほか、私自身の読み間違いや理解の至らなさも多々あることと考える。謹んで、諸賢の叱正を乞う所以である。

校了して、いま思うことは、一冊の本が世に出るまでにも、目に見えない多くの人々の御力添えなしには有り得ないということである。茲に記して、感謝の意を表する。

山崎正一記

昭和四十七年九月十九日

本書の原本は、講談社文庫の一冊として、
一九七二年に小社から刊行されました。

山崎正一（やまざき　まさかず）

1912年，東京生まれ。東京大学文学部哲学科卒業。専攻は西洋哲学，比較哲学。東京大学名誉教授。著書に『認識批判』『ヒューム研究』『人間の思想の歩み』，共著に『新・哲学入門』『現代哲学事典』など多数。1997年没。

講談社学術文庫

定価はカバーに表示してあります。

---

正法眼蔵随聞記《しょうぼうげんぞうずいもんき》

山崎正一《やまざきまさかず》

2003年11月10日　第1刷発行
2023年5月8日　第18刷発行

発行者　鈴木章一
発行所　株式会社講談社
東京都文京区音羽2-12-21 〒112-8001
電話　編集（03）5395-3512
販売（03）5395-4415
業務（03）5395-3615
装　幀　蟹江征治
印　刷　株式会社広済堂ネクスト
製　本　株式会社国宝社



---

ISBN4-06-159622-5

# 「講談社学術文庫」の刊行に当たって

これは、学術をポケットに入れることをモットーとして生まれた文庫である。学術は少年の心を養い、成年の心を満たす。その学術がポケットにはいる形で、万人のものになることは、生涯教育をうたう現代の理想である。

こうした考え方は、学術を巨大な城のように見る世間の常識に反するかもしれない。また、一部の人たちからは、学術の権威をおとすものと非難されるかもしれない。しかし、それはいずれも学術の新しい在り方を解しないものといわざるをえない。

学術は、まず魔術への挑戦から始まった。やがて、いわゆる常識をつぎつぎに改めていった。学術の権威は、幾百年、幾千年にわたる、苦しい戦いの成果である。こうしてきずきあげられた城が、一見して近づきがたいものにうつるのは、そのためである。しかし、学術の権威を、その形の上だけで判断してはならない。その生成のあとをかえりみれば、その根は常に人々の生活の中にあった。学術が大きな力たりうるのはそのためであって、生活をはなれた学術は、どこにもない。

開かれた社会といわれる現代にとって、これはまったく自明である。生活と学術との間に、もし距離があるとすれば、何をおいてもこれを埋めねばならない。もしこの距離が形の上の迷信からきているとすれば、その迷信をうち破らねばならぬ。

学術文庫は、内外の迷信を打破し、学術のために新しい天地をひらく意図をもって生まれた。文庫という小さい形と、学術という壮大な城とが、完全に両立するためには、なおいくらかの時を必要とするであろう。しかし、学術をポケットにした社会が、人間の生活にとってより豊かな社会であることは、たしかである。そうした社会の実現のために、文庫の世界に新しいジャンルを加えることができれば幸いである。

一九七六年六月

野間省一